模拟法庭实验教程
（刑事审判卷）

MONI FATING SHIYAN JIAOCHENG
(XINGSHI SHENPAN JUAN)

主　编　李文汇　陈　山
副主编　蔡　鹤　全　亮
撰稿人　（以姓氏笔画为序）
　　　　全　亮　陈　山　李文汇　杨晓红
　　　　南　毅　郭　琦　蔡　鹤

四川大学出版社

项目策划：李勇军
责任编辑：李勇军
责任校对：曾　鑫
封面设计：何东琳
责任印制：王　炜

图书在版编目（CIP）数据

模拟法庭实验教程．刑事审判卷 / 李文汇，陈山主编．— 成都：四川大学出版社，2020.1
ISBN 978-7-5690-3262-8

Ⅰ．①模… Ⅱ．①李… ②陈… Ⅲ．①刑事诉讼－审判－案例－中国－高等学校－教材 Ⅳ．① D925.05

中国版本图书馆CIP数据核字（2019）第272765号

书　名	模拟法庭实验教程（刑事审判卷）
主　编	李文汇　陈　山
出　版	四川大学出版社
地　址	成都市一环路南一段24号（610065）
发　行	四川大学出版社
书　号	ISBN 978-7-5690-3262-8
印前制作	四川胜翔数码印务设计有限公司
印　刷	成都市新都华兴印务有限公司
成品尺寸	170mm×240mm
印　张	17
字　数	321千字
版　次	2020年6月第1版
印　次	2021年12月第2次印刷
定　价	59.00元

版权所有 ◆ 侵权必究

扫码加入读者圈

四川大学出版社
微信公众号

◆ 读者邮购本书，请与本社发行科联系。
电话：(028)85408408/(028)85401670/
(028)86408023　邮政编码：610065
◆ 本社图书如有印装质量问题，请寄回出版社调换。
◆ 网址：http://press.scu.edu.cn

前　言

本书源于教学用于教学。为提高法学学科建设与社会对法治人才高规格高素质需求的契合度，贯彻落实国家对卓越法律人才和卓越法治人才培养计划的要求，我们大胆尝试了高等法学教育课程体系的改革创新。目前我们创新创设了一系列法学学科的实践性应用型课程，而独立成课的模拟法庭刑事审判实验课程是其中之一。该课程创设之目的，意在培养训练法科学生的刑事庭审基本法律技能。由于这门课程教材长期匮乏，已有同行编写的体现各自创意的几本教材又不合我们教学团队的心意，因此，我们边教学边摸索，经过数年的教学实践探索和较深入研究，积累了一些教学经验和研究成果，现将其归纳、总结和提炼编著成这本教材呈现给大家，既固化了教改研究成果又使教学"有章可循"，还有利于同行之间的教学心得交流。本教材系四川师范大学"金课"——刑事司法实务模拟项目之阶段性成果。

本教材有如下三个特点：

一是体例的新颖性和独创性。本教材编著体例具有极强的新颖性和独创性，它遵循了知识转化为技能的认知逻辑和先简单后复杂的实际操作逻辑。全书分三篇：基础知识篇、实验操作篇——单（分）项实验和实验操作篇——综合实验。实验前先集中学习与实验相关的法学基础知识和法律技能基础知识，然后再进行各项单（分）实验和综合实验。单（分）项实验项目从控、辩、审三方不同的诉讼角色进行了实验项目设计，即公诉人模拟法庭刑事庭审基本法律技能实验项目，共八项。例如实验项目二：公诉人庭审讯问被告人；辩护人模拟法庭刑事庭审基本法律技能实验项目，共七项。例如实验项目二：辩护人质证；法官模拟法庭刑事庭审基本法律技能实验项目，共六项。例如实验项目三：法庭辩论的主持。综合实验项目由控、辩、审三方进入模拟法庭共同参与审理同一案件，例如对"苏燕敲诈勒索案"进行模拟法庭审案。而每一个实验项目从六个层面展开教学：实验程序环节，实验目的，实验基本原理，实验内容演示，实验要求、步骤及方法，实验素材选取。这样的体例设计相较于同类教材来说既新颖又独特。

二是保证教学的可操作性和有效性。本教材的编著将自然科学学科实验教学法的基本原理和实验环节步骤,创造性地运用于模拟法庭刑事庭审控、辩、审三方诉讼角色的庭审基本法律技能的实验教学中。即在进行各单(分)项实验项目和综合实验项目教学时,第一步由指导教师讲解实验项目所处的实验程序环节、实验目的、实验原理、注意事项等;第二步由指导教师采用各种方式(如亲自演示;出示图片;播放视频资料等)进行实验项目的示例演示;第三步对学生进行各单(分)项实验项目和综合实验项目的实验指导、点评及成绩记分。这样的教学模式使模拟法庭实验教学具有可操作性,同时保证了教学的相对规范性和有效性。

三是经验成果的资料性汇集。本教材内容编著中,在每一个实验项目下都有实验项目的示例演示,我们选择的绝大部分演示示例来源于优秀公诉人、法官、辩护律师的办案经验成果和学者们的探索性研究成果,个别示例素材选于中国庭审公开网中直播的庭审案件。如全国优秀公诉人熊红文著《公诉实战技巧》;全国优秀法官马军著《法官的思维与技能》;优秀律师徐宗新著《刑事辩护实务操作技能与执业风险防范》;顾永忠、苏凌主编《中国式对抗制庭审方式的理论与探索》;等等。这些内容的汇集编写具有文献资料性质,方便学生查阅和学习实践。

本书共八章,李文汇撰写大纲并统稿,本书编著分工如下:第一章李文汇;第二章李文汇、郭琦;第三章杨晓红;第四章李文汇;第五章陈山、李文汇;第六章李文汇、南毅;第七章全亮、蔡鹤;第八章蔡鹤、李文汇。

本书是法学院法学本科生、法律(学)硕士研究生的模拟法庭实验课的教材,也适合初级法官、法官助理、助理检察官、初级律师业务培训时学习参考使用,以及对法学研习感兴趣的社会各界人士学习参考使用。

本书的出版得到了四川大学出版社李勇军老师的鼓励和大力支持,在此深表谢意!

因时间匆忙,编者水平有限,错误难免,敬请读者批评指正。

编者
2019年1月20日

目 录

基础知识篇

模拟法庭刑事庭审综合实验须知 ………………………………………（3）
第一章　导　论 …………………………………………………………（5）
　一、模拟法庭实验教学的概念、意义 …………………………………（5）
　二、《模拟法庭实验教程（刑事审判卷）》教学简介 …………………（8）
第二章　模拟法庭刑事庭审各诉讼角色地位及职责 …………………（12）
　一、控、辩、审三方角色地位及职责 …………………………………（12）
　二、司法辅助人员角色地位及职责 ……………………………………（16）
　三、其他诉讼参与人角色地位及责任 …………………………………（18）
第三章　模拟法庭刑事庭审程序流程、相关诉讼文书及法律语言规范
　……………………………………………………………………………（22）
　一、刑事一审普通程序流程与相关诉讼文书 …………………………（22）
　二、刑事庭审法律语言规范与技巧 ……………………………………（28）
　三、口头法律用语技巧与规范 …………………………………………（31）
第四章　模拟法庭刑事庭审场景布置及司法礼仪 ……………………（35）
　一、场景布置 ……………………………………………………………（35）
　二、司法礼仪 ……………………………………………………………（37）

实验操作篇——单（分）项实验

第五章　公诉人模拟法庭刑事庭审基本法律技能单（分）项实验 ……（47）
　实验项目一　公诉人宣读起诉书 ………………………………………（47）
　实验项目二　公诉人庭审讯问被告人 …………………………………（49）
　实验项目三　公诉人庭审询问证人、鉴定人 …………………………（61）

实验项目四　公诉人庭审举示物证、书证等证据……………………（70）
　　实验项目五　公诉人庭审质证………………………………………（79）
　　实验项目六　公诉人发表公诉意见和量刑建议……………………（86）
　　实验项目七　公诉人庭审答辩………………………………………（96）
　　实验项目八　公诉人庭审诉讼异议…………………………………（104）

第六章　辩护人模拟法庭刑事庭审基本法律技能单（分）项实验……（109）
　　实验项目一　辩护人发问被告人……………………………………（109）
　　实验项目二　辩护人质证……………………………………………（114）
　　实验项目三　辩护人举证……………………………………………（127）
　　实验项目四　辩护人询问证人、鉴定人……………………………（129）
　　实验项目五　辩护人发表辩护词……………………………………（140）
　　实验项目六　辩护人发表辩论意见…………………………………（144）
　　实验项目七　辩护人的诉讼异议……………………………………（148）

第七章　法官模拟法庭刑事庭审基本法律技能单（分）项实验………（154）
　　实验项目一　开庭的主持……………………………………………（154）
　　实验项目二　法庭调查的主持………………………………………（160）
　　实验项目三　法庭辩论的主持………………………………………（183）
　　实验项目四　被告人最后陈述的主持………………………………（191）
　　实验项目五　评议和宣判……………………………………………（196）
　　实验项目六　庭审突发事件的处理…………………………………（204）

实验操作篇——综合实验

第八章　模拟法庭刑事庭审基本法律技能综合实验……………………（221）
　　实验项目　刑事庭审一审普通程序综合实验………………………（221）

附　录………………………………………………………………………（257）
参考文献……………………………………………………………………（260）
后　记………………………………………………………………………（262）

基础知识篇

模拟法庭刑事庭审综合实验须知

模拟法庭是法律的"实验室"。为了保证模拟法庭刑事庭审综合实验的正常进行，使学生养成良好的实验习惯和工作作风，要求学生必须遵守下列规则：

1. 模拟法庭刑事庭审综合实验前，控、辩、审三方等各角色必须认真学习相关基础知识，必须认真扎实地进行各单（分）项实验。

2. 模拟法庭刑事庭审综合实验前，控、辩、审三方等各角色必须依法认真做好开庭前的各项准备工作；明确综合实验目的和要求；了解、掌握综合实验的基础知识、基本原理；了解、掌握综合实验的程序流程和相关的操作规则（程）；了解综合实验中的注意事项。

3. 模拟法庭刑事庭审综合实验前，认真检查模拟法庭刑事庭审场地的场景布置是否符合规范要求，如大小合适的国徽悬挂是否端正；审判台、公诉台和辩护台等座椅的摆放是否符合规范；被告席设置是否符合规范；证人席设置是否符合规范；桌牌摆放是否正确到位；法槌摆放是否正确到位；庭审所需话筒、电脑、投影等设备是否配备齐全到位。

4. 模拟法庭刑事庭审综合实验前，做好法服准备及穿戴，检查检察官制服、律师袍、法官袍、书记员制服、法警制服、被告人着装等是否符合规范要求。

5. 进入模拟法庭实验室进行刑事庭审综合实验时，必须集中精力、专注庭审，言行仪态符合庭审角色规范要求，依法认真严格按照庭审规则（程）进行庭审综合实验。

6. 进入模拟法庭实验室进行刑事庭审综合实验时，必须遵守实验室纪律和各项规章制度。

7. 应注意保持模拟法庭实验室的整洁和设施设备完好。

8. 模拟法庭刑事庭审综合实验完毕后离开前，必须做好后续处理和闭室的工作，如法服法物、设备等归还原借领处，关闭电源开关、门窗，待指导教师签字后方可离开。

9. 每次模拟法庭刑事庭审综合实验完毕后，必须尽快认真地整理庭审案卷材料并归档，写出刑事庭审综合实验总结报告，并交与指导教师。

第一章 导 论

一、模拟法庭实验教学的概念、意义

（一）模拟法庭实验教学的概念

1. 什么是模拟法庭？

模拟法庭，是法律的"实验室"，又是模拟法庭审案之简称。即模拟法庭审案是按照法定审判程序和有关法律规定对刑事案件、民商事案件或行政案件进行审判，而裁判结果不产生法律效力的一种活动。根据目的和功能的不同，模拟法庭有教学型模拟法庭、科研型模拟法庭、法治宣传型模拟法庭、比赛型模拟法庭等。教学型模拟法庭、法治宣传型模拟法庭是较为常见的模拟法庭类型。

教学型模拟法庭，主要用于法科学生的庭审法律技能训练，即进行法律实验教学。这是我国高等院校法学专业教学中较为常见但又不尽完善的一种实践性、应用型教学方法。

法治宣传型模拟法庭，主要用于对社会民众进行法治宣传教育，使法治教育更生动、形象，更能深入人心，以有效增强人们的法治意识。如在社区进行的模拟法庭审案；在中小学校进行的模拟法庭审案；在企业、乡村进行的模拟法庭审案等。

科研型模拟法庭，主要用于法学研究。如 2008 年在河南省周口市举行的"中国式对抗制刑事庭审方式模拟审判暨研讨会"[①] 就是一种研究型的模拟法庭审案，它是针对我国 1996 年《刑事诉讼法》修改中关于庭审方式改革以及如何有效发挥控、辩、审三方职能等一系列问题进行研究探讨而进行的一种模拟法庭审案活动。又如 2012 年 12 月在成都市武侯区法院进行的"关于非法证据排除程序适用"的模拟法庭审案活动，就是对 2012 年《刑事

[①] 顾永忠、苏凌：《中国式对抗庭审方式的理论与探索》，中国检察出版社 2008 年版，第 4 页。

诉讼法》规定的证据合法性调查程序进行模拟庭审"演习",也是具有一定科学研究性质的模拟法庭审案活动。

比赛型模拟法庭,主要用于常规教学的补充或学生第二课堂的学习实践,同时展示各校法学教育水平,交流人才培养经验的一项活动。如2003年由中国人民大学引进举办的全国杰塞普(Jussup)国际法模拟法庭辩论赛,是目前国际上规模最大、历史最悠久的模拟法庭比赛,几乎每年都有一百多个国家九百余所大学参赛,被誉为国际法学界的"奥林匹克竞赛"。又如我国各省市的大学生文化节中举行的模拟法庭比赛,各高等院校派出竞赛队参加。

2. 什么是模拟法庭实验教学?

实验法是随着近代自然科学的发展兴起的,并随着现代科学技术和实验手段突飞猛进的发展发挥着越来越大的作用。在物理、化学、生物、地理等自然科学学科的教学中,实验法是一种重要的教学方法。所谓实验教学法,是指学生在教师指导下,使用一定设备和材料,通过可控的操作过程,引起实验对象的某些变化,从中获取新知识或验证旧知识的教学方法。它是提高某些学科教学质量不可缺少的方法。

在当代社会科学学科的教学中,也在尝试着运用实验法开展教学,如应用性较强的法学学科、旅游学学科等均在积极尝试实验教学法,积极进行着教学改革,打破传统的一言堂填鸭式的纯理论教学方法之窠臼。

法学学科的实验教学方法多种多样,如审判观摩、模拟法庭、模拟谈判、法律诊所式教学等,模拟法庭实验教学法是其中之一。

所谓模拟法庭实验教学,是指学生在教师指导下,分别承担审判活动中的各种诉讼角色,利用模拟法庭的设施设备,将案件材料作为实验素材,运用诉讼法、实体法、证据法和法律文书写作等相关法律知识和规定,实验法庭审案的庭审程序流程和实体裁判,开展模拟法庭审判活动的一种教学方法。通过这种实践性、应用型的实验教学方法,让学生亲力亲为,亲身体悟所学法学知识,学会运用法学知识解决法律纠纷和问题,以培养他们独立的法律思维能力、法律运用能力和适用能力、庭审法律技能技巧和科学研究的兴趣。这是为适应高素质的卓越法治人才培养而创设的一门新型的教学改革课程。

(二)模拟法庭实验教学的意义

"纸上得来终觉浅,绝知此事必躬行。"法学学科是一门实践性、应用性很强的学科,为使法学知识能真正造福于社会,真正实现法学知识的价值,必须实现法学知识转化为法律技能。因此,法科学生有必要通过模拟法庭实验课程的教学，使其基本法律技能得到训练和提高，以使将来更好地服务于社会和民众。

我们将模拟法庭实验教学课程创设为一门独立的课程，赋予其独立的课程地位，不再像以前那样，将其仅作为传统理论教学中的可有可无的一个实践性教学环节，而是试图改变其课程地位不独立，仅处于附属地位的现状。其意图是将卓越法治人才培养中的基本法律技能训练纳入正式的课程体系中，重构法学教育课程教学体系，顺应我国和世界各国对法律人才培养的要求，我们的这种尝试是有益的，而且意义深远。

1. 顺应我国社会对高素质法治人才的要求

随着我国经济建设的发展和民主法治建设的深入，我国当代的法学教育应肩负着为法律部门和全社会培养高素质法治人才的使命。这种高素质法治人才应是具备法学专业知识、法律职业素养和法律职业技能的统一体。[①] 传统的法学教育仅仅是法学理论知识的传授，无视或忽略法律技能的训练和法律职业素养的培育，这样的教育观念已不能适应和客观反映当代社会所需法治人才培养的全部内涵，不能适应社会对法律职业人才的基本要求，法学教育改革势在必行。为顺应我国社会对高素质法治人才的要求，我们应将法学专业理论知识教育和法律职业教育结合起来，进行实践性教学改革，创设实验实践课程，以弥补传统理论教学的不足。

2. 尝试法学教育课程体系的改革重构

我国的法学教育长期以来是一种学科教育和学历教育，偏向理论教育，与法律职业教育截然分开，对立起来，从而导致培养出来的法科学生不会起草合同、不会办案、不会制作阅卷笔录等，面对案件及案件材料时一片茫然，不知从何下手，不知如何处理，实际操作能力极差。这折射出现有的法学教育制度内缺乏必要的法律职业教育和法律实务技能训练，这是我国当前法学教育的根本缺陷之一，背离了法学教育的宗旨和法律职业的发展要求，阻碍了我国的法治建设。[②] 为解决此问题，应解放思想，勇于探索和改革，应树立新的法学教育观念，将法学的学科教育和法律职业教育有机地结合起来，使两者有合理的分工和制度衔接。

可喜的是，2018 年 10 月 8 日教育部发布了《关于加快建设高水平本科教育全面提高人才培养能力的意见》，其中有"教育部、中央政法委《关于

[①] 参见霍宪丹：《当代法律人才培养模式研究（上卷）》，中国政法大学出版社 2005 年版，第 16 页。

[②] 霍宪丹：《当代法律人才培养模式研究（上卷）》，中国政法大学出版社 2005 年版，第 14 页。

坚持德法兼修实施卓越法治人才教育培养计划 2.0 的意见》（以下简称：《2.0 意见》）"，这是在卓越法律人才教育培养计划基础上制定的卓越法治人才培养计划。该《2.0 意见》指出，引导高校主动适应法治国家建设需求，紧密结合自身特色优势，明确本校法学专业培养目标和建设重点，不断提高专业建设与社会需求的契合度。推动高校健全课程体系，优化课程结构。鼓励高校开发开设实践教学课程，培养学生的实践能力。推进法学学科体系、学术体系、话语体系创新。积极探索新型教学模式，编写出版具有创新性、交叉性的教材等。

因此，我们遵循国家文件精神，顺应顶层设计的要求，对现有法学教育课程体系进行改革重构。我们的教学改革是在现有法学本科四年学制不变的情况下，既保留大部分的法学教育学科课程，使学生先具备较为系统扎实的法学专业理论知识和基本素养，再增加小部分法律职业教育课程，使学生接受法律职业素养教育和法律职业技能训练，最终达到提升法治人才的培养规格和培养质量的目的，努力培养社会所需的高素质法治人才。

独立成课的模拟法庭实验教学课程就是顺应这样的背景和趋势所作的大胆尝试。

3. 学习借鉴外国成熟教育经验重建法治人才培养模式

"他山之石，可以攻玉"。无论普通法系国家的美国、英国和澳大利亚，还是大陆法系国家的日本、德国，虽然在法律人才培养的具体制度上各不相同，但在培养规格上却有共同之处，即对法律家的培养都是由学科教育、职业教育和继续教育共同组成并完成的，他们认为这是由法律职业制度所决定的，而且法律职业决定法学教育的发展方向。[①] 目前，我国法律职业教育制度缺失，学习借鉴外国先进、成熟经验，我们的教学改革试图将法律职业教育中的一些内容创设为独立课程植入到现行法学教育体系中，对改革重建法治人才培养模式做些肤浅但有益的尝试和探索。

二、《模拟法庭实验教程（刑事审判卷）》教学简介

（一）本教程编著目的和基本内容框架概述

1. 本教程编著目的

《模拟法庭实验教程（刑事审判卷）》是为了进一步完善模拟法庭实验教学、使教学有章可循和保证教学质量之目的而编著的，是近年来该课程教学

---

① 参见霍宪丹：《当代法律人才培养模式研究（上卷）》，中国政法大学出版社 2005 年版，第 30 页。

实践经验总结和提炼，也是教改研究和实践的成果呈现。因考虑篇幅问题，本次主要编著了刑事第一审普通程序模拟庭审的实验内容，拟通过刑事一审普通程序庭审基本法律技能的训练，实现一定的法律职业教育的目的。

2. 本教程基本内容框架概述

本实验教程遵循实验教学法的基本规律和环节步骤。全书分为三大部分，也是实验教学的三大环节步骤：第一部分（第一环节步骤）：基础知识篇；第二部分（第二环节步骤）：实验操作篇——单（分）项实验；第三部分（第三环节步骤）：实验操作篇——综合实验。这三大部分之间有着紧密的内在逻辑联系，它遵循知识转化为技能的认知逻辑和先简单后复杂或先单项后综合的操作逻辑，先让学生进行相关基础知识的学习；再进行单（分）项实验；最后进行综合实验。循序渐进，课程结束时使学生基本掌握刑事一审普通程序庭审基本法律技能。

第一部分：基础知识篇。

该篇由导论和基础知识组成。

导论部分：对模拟法庭实验教学作一概述，以使学生了解该课程的内涵和意义，为进一步展开教学做一铺垫。

基础知识部分：对刑事一审普通程序实验教学所需的法学基础知识和法律技能知识进行概要阐述，包括模拟法庭刑事庭审中各诉讼角色地位及职责、相关诉讼文书写作、法律语言规范、场景布置及司法礼仪等内容，为模拟法庭实验教学做好知识准备。

第二部分：实验操作篇——单（分）项实验部分。

这是实验教学操作实验的第一步，属单项或分项实验。即将刑事一审普通程序中控、辩、审三方的庭审法律技能技巧，分角色、分单项或分项逐项进行技能训练，如公诉方的宣读起诉书技能训练、庭审讯问被告人技能训练等；辩护方的庭审发问被告人技能训练、庭审诉讼异议技能训练等；审判方的举证、质证组织指挥技能训练、诉讼异议处理技能训练等。这是一种基础技能训练，是综合技能训练的前提基础和必经环节。

第三部分：实验操作篇——综合实验部分。

这是实验教学操作实验的第二步，属综合实验。即在前述单（分）项实验的基础上，将各项基础技能综合起来进行的实验。就是将前面的单（分）项实验的各项基本庭审法律技能在此阶段进行综合实践运用，从而使学生的刑事庭审综合法律技能得到训练。这既是一次综合实验，又是一次单（分）项实验成果的检验。

（二）本教程实验教学实施概述

本教程实验教学分为两部分：第一部分是单（分）项实验；第二部分是综合实验。

1. 先分后合的实验教学

模拟法庭实验教学是以"学生为主体，教师为主导，能力训练为主题"的原则进行。[①] 实验教学的目的重在培养学生的实际运用能力。而刑事模拟法庭实验教学重在培养学生运用相关法学知识、法律技能知识进行刑事庭审活动的各项技能技巧。因此，该实验教学首先从控、辩、审等各诉讼主体在刑事庭审中所应具备的单（分）项技能实验实训入手，再到综合庭审技能的实验实训。教学活动的开展，将遵循此实验教学规律，即先进行实验操作篇的单（分）项实验，再进行实验操作篇的综合实验。

（1）单（分）项实验以 N 个不同的单（分）项实验项目为载体，从实验程序环节，实验目的，实验基本原理，实验内容演示，实验要求、步骤及方法，实验素材等 6 个方面组织实验教学，以期达到"自主实验、引导性实验"[②] 教学之目的。

需说明的是，单（分）项实验教学时案件材料选择使用的广泛性，即可以选择不同案件素材进行教学，案件材料的选择使用以最有利于各单（分）项实验教学任务的完成为标准。单（分）项实验教学场地，可在教室或模拟法庭实验室完成。

（2）综合实验以 1 个完整同一的案件材料来完成综合实验项目为载体，从实验程序环节，实验目的，实验基本原理，实验内容演示，实验要求、步骤及方法，实验素材等 6 个方面组织实验教学，以期达到"自主实验、引导性实验"[③] 教学之目的。

需说明的是，综合实验教学时案件材料选择使用的同一性和完整性，即每一个综合实验教学控辩审各方选择使用的是同一个完整的案件素材进行教学，案件材料的选择使用以最有利于综合实验教学任务的完成为标准。综合实验教学场地在模拟法庭实验室完成。[④]

[①] 参见尹丽华、严本道：《刑事诉讼法学实验教程》，北京大学出版社 2008 年版，"编写说明"页。

[②] 参见尹丽华、严本道：《刑事诉讼法学实验教程》，北京大学出版社 2008 年版，"编写说明"页。

[③] 同②

[④] 没有模拟法庭实验室的，可将教室作改造以符合刑事庭审场所要求。本教材因篇幅限制，只选择列举了一个案件素材作为实验项目载体开展实验教学。

2. 模拟法庭各单（分）项实验和综合实验点评与总结

（1）单（分）项实验教学部分。该实验教学先针对控、辩、审三方诉讼主体应具备的庭审各单（分）项法律技能进行训练，即从上述六个方面组织教学实验和记录（记录表附后）。具体来讲，先由任课教师确定实验项目，并对每一项目的实验程序环节、实验目的、实验基本原理进行讲解；对实验内容、步骤、方法进行演示；提出实验要求；发送实验素材。指导学生在课堂上进行实验教学（说明：课堂上完不成的部分放在课下完成），要求学生下次课前提交上一次项目实验记录表和完成的作业，再由教师课堂点评及打分记单项实验成绩。

（2）综合实验教学部分。在全部单（分）项实验完成后即进行综合实验项目的演练，地点在模拟法庭进行。指导教师和未参加此次庭审实验的同学参加观摩旁听。实验完毕后进行点评和总结，包括自评、观摩同学评、教师点评和教师总结，最后由教师打分记综合实验成绩。

3. 考核与成绩评定方法

全课程考核成绩由以下部分组成：课堂考勤＋各单（分）项实验成绩的平均值＋综合实验成绩。

各项成绩评定比例：（课堂考勤占10％）＋〔单（分）项实验成绩的平均值占40％〕＋（综合实验成绩50％）＝本门课成绩。

第二章　模拟法庭刑事庭审各诉讼角色地位及职责

一、控、辩、审三方角色地位及职责

现代刑事诉讼中最基本的诉讼主体是控诉方、辩护方、审判方。三方在刑事诉讼中的角色地位不同，承担的诉讼职能不同，分别承担控诉职能、辩护职能、审判职能，因此，其职责也就不同。

（一）控方角色地位及职责

1. 控方角色地位

控方居于控诉地位，是主要的诉讼主体。

控方，简言之，控诉犯罪一方。按照我国刑事诉讼法的规定包括公诉人、公诉案件的被害人和自诉人。我国追诉制度确立的原则是国家追诉为主、自诉为辅。因教学课时所限，本实验教程只涉及公诉人控诉。公诉人在我国刑事诉讼活动中是主要的诉讼主体，在公诉活动中起主导作用，由检察官承当，代表国家提起公诉，追诉犯罪。我国的检察机关整体具有相对独立地位，不受行政机关、社会团体和个人的干涉，整体独立行使检察权，其内部实行检察一体化，上下级之间关系是领导与被领导的关系，检察官个体不独立行使检察权，实行检察长负责制。

2. 职责

其职责与承担的控诉职能相对应，具体包括：

（1）提起公诉。根据司法的被动性原理，"有诉才有审"。因此，对于符合公诉条件的案件，检察机关承担着向有管辖权法院提起公诉的职责。其标志主要是制作刑事起诉书并提交法院，同时将案卷材料、证据移送人民法院。

（2）出庭支持公诉。检察机关指派检察官以国家公诉人的身份出庭支持公诉，代表国家在法庭上指控犯罪、揭露犯罪和证实犯罪。在法庭上的活动依次包括：宣读起诉书；讯问被告人；询问证人、被害人、鉴定人；举示物证、书证等证据；质证辩方证据；发表公诉意见、量刑建议和参加法庭辩论等。

公诉人应当由检察长、检察员或者经检察长批准代行检察员职务的助理检察员一人至数人担任，并配备书记员担任记录。

2019年10月1日起施行的《中华人民共和国检察官法》（以下简称：《检察官法》）第5条规定："检察官履行职责，应当以事实为根据，以法律为准绳，秉持客观公正立场。"第9条规定："检察官在检察长领导下开展工作，重大办案事项由检察长决定。检察长可以将部分职权委托检察官行使，可以授权检察官签发法律文书。"

（3）进行审判监督。根据《中华人民共和国宪法》（以下简称：《宪法》）规定，检察机关是国家的法律监督机关，它对刑事诉讼全过程都有权实施法律监督，对刑事案件审判活动当然也有监督权。出席法庭的检察人员对法庭审理案件有无违反法律规定的诉讼程序的情况记明笔录。发现法庭审判违反法律规定的诉讼程序，应当在休庭后及时向本院检察长报告。人民检察院对违反程序的庭审活动提出纠正意见，应当由人民检察院在庭审后提出。对人民法院在庭审过程中严重违反法定程序影响司法公正的，应当提起抗诉。

（4）依法维护诉讼参与人合法权利。公诉人在法庭上应当依法维护诉讼参与人合法权利。人民检察院在对审判活动进行监督的过程中发现有侵犯当事人和其他诉讼参与人的诉讼权利和其他合法权利的，应当指出并予以纠正。

（二）辩方角色地位及责任

1. 辩方角色地位

辩方居于辩护地位，是诉讼主体（即被告人是主要的诉讼主体、辩护人是次要的诉讼主体）。

辩方，又称被告方，包括被告人及其辩护人。当涉嫌犯罪的人被正式起诉到法院进行审判时，则被称为被告人。刑事被告人具有特定的人身属性，因此，具有人身不可替代性，不可以由他人代替或代理接受审判，只可以有辩护人帮助行使辩护权。

被告人在我国刑事诉讼活动中居于主体地位，而非客体地位，是主要诉讼主体。与控方地位平等。《宪法》还赋予了被告人辩护权，《刑事诉讼法》中进一步明确规定了辩护权。辩护权与控诉权是相对应并相对抗的一对权利。因此，在我国刑事庭审活动中，控辩双方居于平等地位展开对抗，庭审方式是一种中国式的控辩对抗制庭审方式。

辩护权由被告人享有，他可自行行使辩护权，也可委托辩护人帮助其行使辩护权或由法律援助机构指派承担法律援助义务的律师帮助其实现辩护权。

辩护人在刑事诉讼中具有相对独立的诉讼地位，是次要诉讼主体。辩护人本身并不享有辩护权，只是帮助被告人行使辩护权。辩护人常常由执业律师充当，但也可由其他公民充当。本教程只涉及执业律师充当辩护人。

2. 权利与义务、责任

被告人的权利与义务、律师的辩护责任与所承担的辩护职能相对应，具体包括：

一是被告人的权利与义务。

被告人享有的参加庭审的权利：

(1) 2012年《中华人民共和国刑事诉讼法》（以下简称：《刑事诉讼法》）第50条的规定确立了被告人享有"不被强迫自证其罪"的权利，2018年《刑事诉讼法》第52条保留了此规定。这是一项宣示性的权利，也是程序正义的现代诉讼理念，即它宣示了被告人享有自愿供述或者反对任何形式的强迫供述的基本权利。但2012年《刑事诉讼法》第118条延续了"如实供述"的规定，2018年《刑事诉讼法》第120条仍保留了此规定。根据相关立法的精神，"如实供述"可从宽处理。

(2) 被告人有在至迟开庭十日前收到人民检察院起诉书副本的权利；有参加庭前会议的权利。

(3) 有参加全部庭审活动的权利。如有参加法庭调查的权利，包括就指控犯罪事实发表陈述；对证人、鉴定人发问；辨认、辨别物证、书证；听取宣读未到庭的证人证言笔录、鉴定人鉴定意见、勘验笔录和其他作为证据的文书；有权申请通知新的证人到庭、调取新的物证、申请重新鉴定或勘验等。有参加法庭辩论的权利。有向法庭做最后陈述的权利等。

被告人应承担的庭审义务：

(1) 承受检察机关的起诉，在人民检察院提起公诉后，依法按时出庭接受审判。

(2) 遵守法庭纪律和秩序。

(3) 听从审判人员庭审指挥等。

二是辩护人的责任。

(1) 辩护人在刑事诉讼中是相对独立的诉讼参与人，是刑事被告人诉讼权利和其他合法权益的专门维护者，他常常与被告人共同承担辩护职能，履行相应的辩护责任。2018年《刑事诉讼法》第37条规定："辩护人的责任是根据事实和法律，提出犯罪嫌疑人、被告人无罪、罪轻或者减轻、免除其刑事责任的材料和意见，维护犯罪嫌疑人、被告人的诉讼权利和其他合法权益。"即辩护人在刑事诉讼中并不承担证明被告人无罪、罪轻或者减轻、免除其刑事责任的举证责任，但赋予了辩护人进行程序性辩护和实体性辩护的权利。

（2）程序性辩护。这是2012年《刑事诉讼法》规定的新内容，2018年《刑事诉讼法》延续了此内容。在现代刑事诉讼中，辩护已贯穿于刑事诉讼全过程，辩护人根据事实和法律进行程序性辩护，以维护被告人的程序性诉讼权利和其他合法权益。一方面，辩护人应帮助被告人依法正确行使诉讼权利，另一方面在发现被告人诉讼权利受到侵犯或剥夺时，依法向司法机关提出意见，并依法代理申诉或控告。特别是对以刑讯逼供等非法方式取得的证据提出非法证据排除动议，即程序性辩护。

（3）实体性辩护。辩护人在刑事诉讼中具有相对独立的诉讼地位，辩护人在帮助被告人行使辩护权时，应以事实为根据，以法律为准绳来进行辩护，以维护被告人的实体性的合法权益，即为被告人作无罪、罪轻或者减轻、免除其刑事责任的实体性辩护。进行实体性辩护时，既可针对指控的事实和证据存在的问题进行辩护，也可通过辩方提出证据进行辩护，还可从法律适用上进行辩护。辩护人的辩护不受制于被告人意志左右，不是被告人纯粹的代言人、传声筒，而是独立地进行辩护，以维护被告人的实体性合法权益。

（三）审判方角色地位及职责

1. 审判方角色地位

法官居于客观中立的审判地位，是主要的诉讼主体。

我国的人民法院是国家的审判机关，代表国家依法独立行使审判权。审判权是国家权力的重要组成部分。根据我国《宪法》和《中华人民共和国人民法院组织法》（以下简称：《人民法院组织法》）的规定，人民法院依照法律规定独立行使审判权，不受行政机关、社会团体和个人的干涉。审判权只能由人民法院行使，其他任何机关、团体或个人都没有这项权力。法官在刑事诉讼活动中是主要的诉讼主体，在刑事庭审活动中起着组织指挥审判活动的作用。

刑事案件主要由人民法院的刑事审判庭（以下简称：刑庭）负责审判，只有经过人民法院的依法审判，才能确定刑事被告人是否有罪、应否判处刑罚和判处何种刑罚。

2. 职责

其职责与承担的审判职能相对应，具体包括：

(1) 居中裁判。审判方与控诉方相分离，法院在刑事审判活动中，应具有独立的客观中立的诉讼地位，居于诉讼三角形结构中的"正三角形"的顶端，应不偏不倚，居中裁判。

(2) 法庭审判的范围应限定在起诉范围内。根据现代刑事诉讼的控审分离原则和诉审同一原则，法官对刑事案件的审判应受起诉的制约，即未经起诉机关起诉的被告人和犯罪事项，法庭不得审理，也就是起诉范围制约审判范围。公诉方起诉的罪名法院审理后可否直接改判为另一罪名值得研究。

(3) 必须通过一定的审判组织进行裁判。人民法院审判案件必须通过一定的组织形式来实现，即独任庭和合议庭。另，审判委员会具有审判组织的性质，对疑难、重大、复杂案件进行把关。审判组织的成员有职业法官和人民陪审员，依法组成一定的审判组织进行刑事庭审活动。本教程只涉及职业法官，着重对法官的庭审法律技能进行训练。

(4) 法官主持庭审活动的各项职责。做好庭前的各项准备工作；可以主持召开庭前会议；进入庭审后做好开庭的准备工作，并组织指挥开庭；组织、指挥法庭调查和法庭辩论的庭审活动，对与定罪、量刑有关的事实、证据等都应当进行调查、辩论；主持被告人最后陈述；组织评议和宣判。应变和处置好庭审突发事件等。

二、司法辅助人员角色地位及职责

古今中外的司法审判机关根据审理裁判案件的需要，设置有专门化的司法辅助职业制度，如书记员、法官助理、法警等多种类型的司法辅助人员。按照从事的司法辅助事务性质，司法辅助职业可以分为业务性辅助人员和事务性辅助人员两种类型。在现代司法制度中，法官职业与司法辅助职业是一种互为基础、互为补充、互相配合的关系，在司法审判工作中具有各自不可替代的职业功能和作用。[①]

1. 书记员角色地位及职责

(1) 书记员的角色地位。

2013 年 10 月 20 日中共中央组织部、人事部、最高人民法院公布的《人民法院书记员管理办法（试行）》第 1 条规定："书记员是审判工作的事务性辅助人员，在法官指导下工作。书记员实行单独序列管理。"可见，书记员是职业法官审判工作中的配角和辅助人员。根据《中华人民共和国人民检察院组织法》（以下简称：《人民检察院组织法》）的规定，人民检察院也

---

① 杨凯：《书记员和法官助理职业技能培训教程》，人民法院出版社 2010 年版，第 2 页。

设置有书记员。这种司法辅助角色是一种专门性很强的、职业化的司法辅助职业，同时也是法定的司法辅助职业，他们对辅助、配合、协助法官、检察官完成各项司法审判工作和任务具有不可替代的功能和作用。

（2）书记员的职责。

根据 2019 年 1 月 1 日起施行的《人民法院组织法》第 49 条规定："人民法院的书记员负责法庭审理记录等审判辅助事务。"2018 年《刑事诉讼法》第 190 条规定："开庭的时候，审判长……宣布合议庭的组成人员、书记员、公诉人、辩护人、诉讼代理人、鉴定人和翻译人员的名单；告知当事人有权对合议庭组成人员、书记员、公诉人、鉴定人和翻译人员申请回避。"第 203 条规定："判决书应当由审判人员和书记员署名，并且写明上诉的期限和上诉的法院。"第 207 条规定："法庭审判的全部活动，应当由书记员写成笔录，经审判长审阅后，由审判长和书记员签名。"根据《人民法院书记员管理办法（试行）》的规定，书记员的法定职责包括：①办理庭前准备过程中的事务性工作；②检查开庭时诉讼参与人的出庭情况，宣布法庭纪律；③担任案件审理过程中的记录工作；④整理、装订、归档案卷材料；⑤完成法官交办的其他事务性工作。2019 年 1 月 1 日起施行的《人民检察院组织法》第 44 条规定："人民检察院的书记员负责案件记录等检察辅助事务。"

2. 法警角色地位及职责

（1）法警的角色地位。

司法警察也是一种司法辅助人角色，配合、辅助法官完成审判任务。各级人民法院设司法警察若干人。《人民法院组织法》第 50 条规定："人民法院的司法警察负责法庭警戒、人员押解和看管等警务事项。"各级人民检察院根据需要可以设司法警察。《人民检察院组织法》第 45 条规定："人民检察院的司法警察负责办案场所警戒、人员押解和看管等警务事项。"

（2）法警的职责。

根据最高人民法院发布的《人民法院司法警察条例》（自 2012 年 12 月 1 日起施行）的规定，人民法院司法警察是中华人民共和国人民警察的警种之一，最高人民法院领导地方各级人民法院和专门人民法院司法警察工作，上级人民法院领导下级人民法院司法警察工作。

人民法院司法警察的职责如下：

①维护法庭秩序；②对进入审判区域的人员进行安全检查；③刑事审判中押解、看管被告人或者罪犯，传带证人、鉴定人和传递证据；④在生效法律文书的强制执行中，配合实施执行措施，必要时依法采取强制措施；⑤执行拘传、拘留等强制措施，等等。

最高人民法院发布的《人民法院司法警察值庭规则》（自2003年7月16日起实施）规定了人民法院司法警察值庭职责。值庭，是人民法院司法警察在法庭审判活动中，为维护法庭秩序，保证参与审判活动人员的安全，保证审判活动顺利进行所实施的职务行为。值庭的司法警察在法庭审判活动中，根据审判长、独任审判员的指令，依法履行职责。司法警察值庭的职责：（1）警卫法庭，维护法庭秩序；（2）保障参与审判活动人员的安全；（3）传唤证人、鉴定人；（4）传递、展示证据；（5）制止妨害审判活动的行为。值庭的司法警察接取、传递、展示证据时，应注意安全。

三、其他诉讼参与人角色地位及责任

1. 证人的角色地位及责任

（1）证人的角色地位。

证人在诉讼中具有独立的地位，是次要的诉讼主体。证人是独立参与诉讼的人，其与案件结果之间没有直接的利害关系，协助国家专门机关和诉讼当事人进行诉讼活动。

《刑事诉讼法》规定的证人是指除当事人以外的了解案件情况并向公安司法机关作证的人。证人只能是自然人，不能是单位或组织、机构。证人具有不可替代性，不可以随意更换。如果公安司法人员在非执行职务活动时了解案情，在本案中应优先承担证人角色及责任，不应再承担本案的国家专门机关工作人员角色及职责，即"证人优先"原则。

证人证言的表现形式有两种：一种是直接的口头陈述形式；另一种是书面证词形式。

《刑事诉讼法》关于证人制度的规定主要有以下三方面内容：一是仍然强化了证人出庭作证义务。其中，第192条规定："公诉人、当事人或者辩护人、诉讼代理人对证人证言有异议，且该证人证言对案件定罪量刑有重大影响，人民法院认为证人有必要出庭作证的，证人应当出庭作证。"第193条规定："经人民法院通知，证人没有正当理由不出庭作证的，人民法院可以强制其到庭，但是被告人的配偶、父母、子女除外。证人没有正当理由拒绝出庭或者出庭后拒绝作证的，予以训诫，情节严重的，经院长批准，处以十日以下的拘留。被处罚人对拘留决定不服的，可以向上一级人民法院申请复议。复议期间不停止执行。"二是加强证人保护。一般保护与特殊保护相结合。第63条规定："人民法院、人民检察院和公安机关应当保障证人及其近亲属的安全。对证人及其近亲属进行威胁、侮辱、殴打或者打击报复，构成犯罪的，依法追究刑事责任。尚不构成刑事处罚的，依法给予治安管理处

罚。"第 64 条规定，对于危害国家安全犯罪、恐怖活动犯罪、黑社会性质的组织犯罪、毒品犯罪等案件，证人、鉴定人、被害人因在诉讼中作证，本人或者其近亲属的人身安全面临危险的，人民法院、人民检察院和公安机关应当采取以下一项或者多项保护措施：（一）不公开真实姓名、住址和工作单位等个人信息；（二）采取不暴露外貌、真实声音等出庭作证措施，等等。三是对证人出庭作证的合理补助。第 65 条规定："证人因履行作证义务而支出的交通、住宿、就餐等费用，应当给予补助。证人作证的补助列入司法机关业务经费，由同级政府财政予以保障。有工作单位的证人作证，所在单位不得克扣或者变相克扣其工资、奖金及其他福利待遇。"

（2）证人的责任。

证人在庭审时的责任有：①证人应如实作证并在保证书上签字。证人出庭作证时到庭后，审判人员应先核实证人身份、与当事人以及本案的关系，告知证人应当如实提供证言，以及有意作伪证或者隐匿罪证要负的法律责任。证人作证时应当如实地对自己知晓的案情进行客观陈述，陈述的是事实，而不是推测和分析意见。证人作证前应当在如实作证的保证书上签字。②证人应接受交叉询问和法庭询问。公诉人、当事人和辩护人、诉讼代理人经审判长许可，可以对证人发问。向证人发问时，应当先由提请或者要求传唤的一方进行，发问完毕后，对方经审判长准许，也可以发问。审判人员认为有必要时，可以询问证人。③对证人询问应分别进行及作证完毕应退庭。为避免证人之间的相互影响，法庭中对证人发问应分别进行。控辩双方发问完毕或法庭询问完毕后，审判长应告知证人退庭，并且不得旁听对本案的审理。④证人可提供书面证言。当未出现必须出庭情形的证人可以提供书面证言，但若未出庭作证证人的书面证言出现矛盾，不能排除矛盾且无证据印证的，不能作为定案的依据。⑤证人有权查询庭审询问笔录，并可要求补充或修改。⑥证人有权拒绝伪证。证人作证有其独立性，不受外界和他人干扰，证人只能客观陈述所知案情，不可故意捏造歪曲事实，诬陷他人，不可作伪证。证人应遵守法庭秩序和纪律。在审判过程中，诉讼参与人如违反法庭秩序，不遵守法庭纪律的，审判长应当警告制止。对不听制止的，可强行带出法庭；情节严重的，处以 1000 元以下的罚款或 15 日以下的司法拘留。证人是诉讼参与人之一，应遵守法庭秩序和相关规定，这是证人应尽的义务。

2. 鉴定人和有专门知识的人的角色地位及职责

（1）鉴定人的角色地位。

鉴定人属于其他诉讼参与人，是次要的诉讼主体。

鉴定人在诉讼中应具有相对独立的诉讼地位，在英美法中被称为专家证人。在我国刑事诉讼活动中是接受公安司法机关聘请或指派，对刑事诉讼中涉及的专门性问题运用专门知识和技能进行分析判断，并提出鉴定意见的诉讼参与人。鉴定意见以书面形式呈现。按照我国现行刑诉法规定，在刑事诉讼活动中，当事人及其代理人不得自行聘请鉴定人进行鉴定。2005年2月全国人大常委会通过了《关于司法鉴定管理问题的决定》（以下简称：《决定》，该《决定》于2015年进行了修正）。对鉴定人和鉴定机构进行了规范管理。明确规定了司法鉴定人的鉴定资格准入制，人民法院和司法行政部门不得设立鉴定机构，侦查机关内设的鉴定机构不对外，实行鉴定机构统一受理鉴定业务制度和鉴定人负责制。

（2）鉴定人的职责。

一是鉴定人对需鉴定的专门性问题应从科学技术或专门知识的角度提出鉴别、分析和判断意见，解决的是诉讼中的事实争议问题而非法律争议问题，因此，鉴定意见不是就法律问题提供的意见。二是鉴定人出庭作证。《刑事诉讼法》第192条规定："公诉人、当事人或者辩护人、诉讼代理人对鉴定意见有异议，人民法院认为鉴定人有必要出庭的，鉴定人应当出庭作证。经人民法院通知，鉴定人拒不出庭作证的，鉴定意见不得作为定案根据。"三是鉴定人应当客观、全面反映鉴定过程和结果，不得隐瞒或编造虚假情况，如果故意提供虚假鉴定意见，应当负法律责任。四是就同一个专门性问题由两个以上鉴定人鉴定时，可以共同写出一个鉴定意见，也可以分别写出各自的鉴定意见，并均应签字署名。五是庭审时，鉴定人到庭审判人员核实身份等完毕后，鉴定人在说明鉴定意见前应当在如实说明鉴定意见的保证书上签字。六是鉴定人在庭审时应接受控辩双方的交叉询问和接受法庭的询问。七是鉴定人在庭审时应接受分别询问，询问完毕后应依法庭指挥退庭，不得旁听本案审理。

（3）"有专门知识的人"的角色地位及责任。

①"有专门知识的人"的角色地位。

《刑事诉讼法》第197条第2款规定："公诉人、当事人和辩护人、诉讼代理人可以申请法庭通知有专门知识的人出庭，就鉴定人作出的鉴定意见提出意见。"第4款规定："第2款规定的有专门知识的人出庭，适用鉴定人的有关规定。"此处"有专门知识的人"是指鉴定人以外的具有专门知识的人，属于专家辅助人。

在法庭审理过程中，对鉴定意见证据要进行充分的质证和审查判断，必然会涉及案件中的专门性问题，质证就需要专业知识，因此，需要有专门知识的人出庭从专业的角度提出意见，质疑相关问题，解答相关问题，以更好地协助法官审查判断证据。

"有专门知识的人"与鉴定人只是在形式要件上有区别，即鉴定人必须有鉴定人资格证并在鉴定机构执业，而"有专门知识的人"不需这些形式要件，只要其具备进行相关鉴定事项专门性鉴定知识、技术和水平的人即可充任。这是我国新建立的专家辅助人制度，是一项创新的制度。它有利于解决实践中存在的多头鉴定、重复鉴定、对鉴定意见盲目依从，对鉴定意见中专业性问题质证不能或不力等问题，加强鉴定人的责任意识，对法庭更好地审查判断鉴定意见、发现案件事实真相有重要意义。根据法律规定，控辩双方都有权申请有专门知识的人出庭。

② "有专门知识的人"的责任。

一是从实体上讲，有专门知识的人利用其专业知识发现问题，从专业技术的视角对鉴定意见提出质疑和意见，如鉴定方法是否科学、检材的选取是否合适和解答相关问题和疑问，为法庭甄别鉴定意见证据提供参考。如果"有专门知识的人"的意见被采纳，则可能带来相关的鉴定意见不被采信的后果，则该鉴定意见不能成为定案的根据，但是否需要重新鉴定则由法官决定。

二是从程序上讲，根据法律规定，控辩双方都有权申请"有专门知识的人"出庭，"有专门知识的人"经法庭通知出庭的应出庭参加鉴定意见证据的质证。出庭适用鉴定人有关规定。

第三章 模拟法庭刑事庭审程序流程、相关诉讼文书及法律语言规范

2017年2月17日最高人民法院发布了《关于全面推进以审判为中心的刑事诉讼制度改革的实施意见》,2017年12月28日最高人民法院发布了"三规程",即《人民法院办理刑事案件庭前会议规程(试行)》(以下简称:最高人民法院《庭前会议规程》)、《人民法院办理刑事案件排除非法证据规程(试行)》(以下简称:最高人民法院《排除非法证据规程》)和《人民法院办理刑事案件第一审普通程序法庭调查规程(试行)》(以下简称:最高人民法院《法庭调查规程》),2018年10月26日全国人大常委会又通过公布了新修正的《刑事诉讼法》,并于2018年10月26日生效施行。本章内容编写将以此为依据。

一、刑事一审普通程序流程与相关诉讼文书

(一)刑事一审普通程序流程

根据《刑事诉讼法》的规定,刑事第一审程序是所有案件进行审理的必经程序。刑事一审普通程序流程,是指刑事案件在第一审普通程序审判过程中的顺序和步骤安排,其流程顺序依次是开庭前准备、开庭、法庭调查、法庭辩论、被告人最后陈述、休庭评议、宣判和签阅笔录。

见下列图示(图3-1):

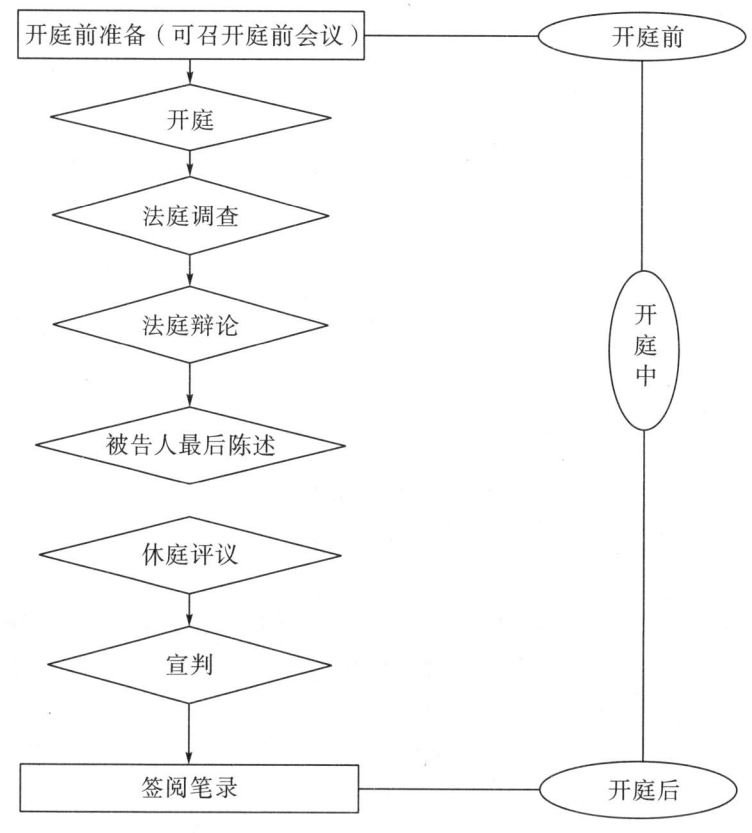

图 3-1 第一审普通程序流程示意图

开庭前的审查：

由人民法院按照审判管辖的规定，对人民检察院提起公诉案件移送的案卷材料和证据进行审查，对于起诉书中有明确的指控犯罪事实的，应当决定开庭审判。

开庭前的准备工作如下：

（1）确定审判长和合议庭组成人员。

（2）将人民检察院的起诉书副本至迟在开庭 10 日以前送达被告人及其辩护人；对于未委托辩护人的被告人，告知其可以委托辩护人为其辩护。

（3）将开庭的时间、地点在开庭 3 日以前通知人民检察院；人民检察院应当派员出席法庭支持公诉。

（4）传唤当事人和通知辩护人、诉讼代理人、法定代理人、证人、鉴定人和翻译人员等的传票和通知书，至迟在开庭 3 日以前送达。

（5）公开审判的案件，应当在开庭 3 日以前先期公布案由、被告人姓名、开庭时间和地点。

（6）可以召开庭前会议。在开庭以前，审判人员可以召集公诉人、当事人和辩护人、诉讼代理人，对回避、出庭证人名单、非法证据排除等与审判相关的问题，了解情况，听取意见。审判人员应当制作庭前会议报告，说明庭前会议的基本情况、程序性事项的处理结果、控辩双方的争议焦点以及就相关事项达成的一致意见等。

需注意：庭前会议程序并非审判必经程序，需视案件情况决定是否召开。分为两种：人民法院依职权决定召开；控辩双方申请由人民法院审查决定召开。

以上活动情形应当写入笔录，由审判人员和书记员签名。

开庭：

开庭是正式进行法庭审判前的准备阶段。

（1）开庭审理前，书记员受审判长委托，应当依法查明公诉人、当事人、辩护人、证人、鉴定人等诉讼参与人是否到庭；并宣读法庭纪律或规则；书记员宣布请公诉人、辩护人入庭；书记员宣布全体起立，请审判长、审判员（人民陪审员）入庭；审判人员就座以后，书记员向审判长报告开庭前的准备工作已经就绪，请示开庭。

（2）审判长宣布开庭，传法警带被告人入庭后，核对被告人身份信息等。

（3）审判长宣布案件的来源；起诉的案由；附带民事诉讼当事人的姓名及是否公开审理；不公开审理的应当说明理由。

（4）审判长宣布合议庭组成人员、书记员、公诉人名单、辩护人、鉴定人和翻译人员等的名单。

（5）审判长应当告知当事人及其法定代理人、辩护人、诉讼代理人在法庭审理过程中应享有的诉讼权利。

对于召开庭前会议的案件，在庭前会议中处理诉讼权利事项的，可在这一告知诉讼权利的环节，一并宣布庭前会议对有关事项的处理结果。

（6）审判长应当分别询问当事人及其法定代理人、辩护人、诉讼代理人是否申请回避、申请何人回避以及申请回避的理由等。

法庭调查：

法庭调查是在审判人员主持下，控辩双方和其他诉讼参与人的参加下，当庭对案件事实和证据进行审查、核实的诉讼活动。其任务是查明案件事实、核实证据。

具体程序步骤如下：

(1) 公诉人宣读起诉书。①
(2) 宣布庭前会议报告的主要内容;② 启动对证据收集合法性进行法庭调查的程序。③
(3) 被告人、被害人就起诉书指控的犯罪事实分别陈述。
(4) 讯问、发问被告人、被害人和附带民事诉讼原告人。
(5) 出示、核实证据:①出示物证应进行辨认;出示书证应进行宣读、辨认;出示书面证人证言或未到庭证人证言笔录应进行宣读;出示未到庭鉴定人鉴定意见应进行宣读;出示勘验、检查、辨认、侦查实验等笔录和其他作为证据的文书,应当庭宣读,也可进行多媒体示证。②询问证人、鉴定人。
(6) 调取新证据。
(7) 申请专家辅助人(有专门知识的人)出庭。
(8) 合议庭调查核实证据。
(9) 建议补充侦查。

法庭调查阶段,视案件情况,可将定罪调查和量刑调查相对分开、独立进行。同时,控辩双方可就证据的质证情况展开局部辩论,甚或对案件事实是否清楚、证据是否确实充分,互相进行辩论,但要听从法庭指挥。法庭指挥停止辩论时则应停止辩论。简言之,在法庭调查阶段可以有调查、有局部辩论。

法庭辩论:

法庭辩论,是指在审判人员的主持下,控辩双方在法庭调查查明案件事实和举证、质证的基础上,对案件事实、证据及法律的适用全面阐述自己的观点和诉讼主张,并进行相互言辞辩论的诉讼活动。这种辩论往往产生多个回合的交锋对抗。具体程序步骤如下:

(1) 先由公诉人发言,即发表公诉词。
(2) 有被害人出庭的,由被害人及其诉讼代理人发言。

---

① 公诉人宣读起诉书后,审判长应当询问被告人对起诉书指控的犯罪事实是否有异议,听取被告人的供述和辩解。对于被告人当庭认罪的案件,应当核实被告人认罪的自愿性和真实性,听取其供述和辩解,确认被告人知悉认罪的法律后果,可以重点围绕量刑事实和其他有争议的问题进行调查。对于被告人不认罪或者认罪后又反悔的案件,法庭应当对与定罪和量刑有关的事实、证据进行全面调查。

② 对于庭前会议中达成一致意见的事项法庭核实后确认;对于未达成一致意见的事项,法庭可以在庭审涉及该事项的环节归纳争议焦点,听取控辩双方意见,依法作出处理。

③ 人民法院决定对证据收集的合法性进行法庭调查的,应当先行当庭调查。为防止庭审过分迟延,有法定情形的可在法庭调查结束前进行调查。

（3）被告人自行辩护。

（4）辩护人发表辩护词。

（5）控辩双方自由辩论（在审判长组织指挥下进行）。

法庭辩论应围绕争议的事实、证据的三性及证明力问题和法律适用焦点问题展开辩论，包括定罪辩论和量刑辩论。辩论过程中应避免重复以及与案件无关的相互指责。

被告人最后陈述：

被告人最后陈述既是法庭审判的一个独立阶段，也是法律赋予被告人的一项重要诉讼权利。合议庭应当保证被告人充分行使这项权利。被告人最后陈述一般不限制发言时间，也不随意打断，尽量让其把话讲完。但如被告人在最后陈述中多次重复自己意见，发表蔑视法庭、损害他人或社会公共利益的意见，发表与本案无关的意见，应当制止。

休庭评议：

被告人最后陈述结束后法庭将休庭进行评议，评议是不公开进行的。评议是合议庭成员在已进行的法庭审理活动基础上，围绕案件事实、证据和法律适用进行讨论、分析、判断，以确定被告人是否构成犯罪、构成此罪或彼罪、罪轻或罪重等。评议遵循少数服从多数的原则，即如果合议庭成员意见分歧，应当按照多数人的意见决定，但少数人意见应当记入笔录。评议笔录由合议庭组成人员签名。

宣判：

宣判是人民法院将判决书的内容向当事人和社会公开宣告，使当事人和广大群众知道人民法院对案件的处理决定。宣判分为当庭宣判和定期宣判。

当庭宣判是在合议庭经过评议并作出决定后，立即复庭由审判长宣告判决结果。当庭宣告判决的，应当在5日内送达判决书。

定期宣判是在合议庭经过评议并作出决定后，另行确定日期宣告判决的活动。定期宣告判决的，应当在宣判前先期公告宣判的时间和地点，传唤当事人并通知公诉人、法定代理人、辩护人和诉讼代理人，判决宣告后应当立即送达判决书。

判决书应送达人民检察院、当事人、法定代理人、辩护人、诉讼代理人，并可以送达被告人近亲属。

签阅庭审笔录：

法庭审理的全部活动记入庭审笔录，由审判长和书记员签名。当事人和其他诉讼参与人阅读后认为无误的进行签名或盖章。拒绝签名的，记明情况附卷。

（二）相关诉讼文书

1. 刑事起诉书——法庭调查阶段的文书

开庭及法庭调查阶段运用的诉讼文书主要是由公诉人代表人民检察院宣读的刑事起诉书。

刑事起诉书是指人民检察院依照法定的诉讼程序，通过公诉人代表国家向人民法院对被告人提起公诉的法律文书，旨在追究被告人的刑事责任。

2. 公诉意见书、量刑建议书、辩护词——法庭辩论阶段的文书

法庭辩论阶段所运用的诉讼文书，主要包括由公诉人发表的公诉意见书、量刑建议书和辩护人发表的辩护词等。

公诉意见书是国家公诉人在法庭审理刑事案件的过程中，在法庭辩论阶段当庭发表的揭露和指控被告人罪行的综合性发言，即过去所说的公诉词。公诉意见书是在人民检察院对刑事被告人提出刑事起诉的基础上，全面地揭露被告人的犯罪行为，分析犯罪行为的性质、后果和对社会的危害，阐明为什么追究被告人的刑事责任，以对检察院提起的公诉进行补充和阐发，从而进一步在事实上、证据上、法律上指控和揭露被告人的犯罪行为。

量刑建议书是指国家公诉人请求人民法院给予被告人一定刑罚建议的文书，一般应当载明人民检察院建议对被告人处以刑罚的种类、刑罚幅度、刑罚执行方式及其理由和根据，从而达到强化法律监督，维护公平正义的效果。对人民检察院以量刑建议书方式提出的量刑建议，人民法院在送达起诉书副本时，将量刑建议书一并送达被告人。量刑建议书可以在法庭辩论阶段宣读，即公诉意见发表完后接着宣读量刑建议书。

辩护词，是被告人及其辩护人在诉讼过程中，根据事实和法律从程序和实体两方面依法提出有利于被告人的发言，部分地或全部地对控诉的内容进行申述、辩解、反驳控诉，以证明被告人无罪、罪轻，或者提出应当减轻或免除刑事责任的意见文书。它不属于法定的法律文书。

3. 庭审笔录——贯穿庭审全过程的文书

庭审笔录是记录法庭开庭审理案件的全部活动的文书。由书记员做记录完成。

4. 合议庭评议笔录——法庭评议阶段的文书

在法庭评议阶段合议庭评议过程中，由书记员就合议庭对案件依法做出裁判或提出处理意见所做的记录文书。合议庭评议笔录，对当事人有保密性，不允许当事人等查阅，因此必须与法庭审理笔录分开，单独制作。

5. 刑事判决书、刑事裁定书、宣判笔录——宣判阶段的文书

在法庭宣判阶段可能运用到的司法文书，包括刑事判决书、刑事裁定书

和宣判笔录。刑事判决书，是人民法院依照刑事诉讼法规定的程序，对刑事案件审理终结，根据查明的事实和证据，依法对被告人定罪量刑的书面决定；刑事裁定书，是指人民法院在刑事案件审理或判决执行过程中，就程序问题和部分实体问题所做的书面决定；宣判笔录是书记员对法庭宣判所作的记录。如果是当庭宣判的，和法庭审理笔录记在一起。如果是定期宣判的，则单独制作宣判笔录。宣判笔录归入审判卷。

二、刑事庭审法律语言规范与技巧

（一）法律语言的概念及特征

1. 法律语言的概念

法律语言（Legal Language）这一术语源于西方，在英语中它原指表述法律科学概念以及用于诉讼和非诉讼法律事务时所选用的语种，后来亦指某些具有法律意义的词语。一般理解的法律语言是指民族共同语在一切法律活动（包括立法、司法和法律科学阐释）中具体运用的语言，是一种有别于日常语言的技术语言。

法律语言与其他技术语言一样，是全民语言功能分化的产物。随着法律在社会生活中的作用不断增强，作为法律逻辑思维的特殊工具，在立法、司法、执法的具体实践中，法律语言成为一套独立的符号系统，一种具有专业特色的语言体系。

同其他语体一样，司法语言根据其载体形式，可以分为书面语言和口头语言。书面语言是指以文字为表述载体的语言形式，书面语言比起口头语言更正式、更严谨。书面法律语言的正式表达形式就是法律文书，是公安机关、人民检察院、人民法院、律师及律师事务所、当事人在诉讼和非诉讼活动过程中制作和使用的具有法律意义和法律效力的文书。口头法律语言是指以口头表达为主要传播方式的有声法律语言。口头法律语言与日常生活中的口头语言最大的不同是该语言具有法律效果，或具有法律意义或具有法律效力，如被告人当庭所作的供述，将作为认定案件事实的依据。

2. 法律语言的特征

法律语言既要为法律得以遵守和执法活动提供最为准确的规范信息，同时又承载着法律实际运行的历史轨迹。法律语言以记述为特征，以实用为目的，不追求语言的形象性、艺术化和个性化，而是把准确性、简洁性当作它最基本的也是最高的要求，庄重朴实的风格则是它的另一个重要特征。

（1）准确严谨。准确严谨是法律语言的灵魂，诚如培根所说："法律之最高品位在于正确。"准确严谨要求法律语言的词句和篇章结构乃至标点都是同一的、非歧义的，且判断推理合乎逻辑。以"好"字为例，它是多义词，在不同的语境有不同的用法，如果不注意使用，将会显得含糊，如果要用法律语言定义"好人"，则应表述为某人品行端正，为人正直善良，而避免使用含混抒情，既不准确也不够严谨的"好人"一词。

（2）简明凝练。简明凝练的意思是言简意赅，避免笼统。这就要求法律语言的使用字词句既要明白清楚，长度适宜，不繁琐、累赘。但要突出案件关键性法定要件，不能遗漏或残缺。

（3）庄重朴实。语言风格是语言运用中某种特点或某些特点的综合及其所具有的格调、气氛和色彩。法律语言的风格要庄重朴实，即评议同时，切忌粉饰、渲染、夸张。句法结构方面多用并列结构和复杂同位成分；在句式选择方面多用结构紧密又不带艺术色彩的句式。在句类选择方面多用陈述句回溯法律事实、界定法律属性等，对疑问句、祈使句、感叹句的使用有较为严格的限制。

3. 刑事庭审中的语言应用

刑事庭审过程中的法律语言运用，集中表现为书面法律语言的运用和口头法律语言的运用。书面法律语言的运用主要体现在与诉讼相关的诉讼文书上；口头法律语言的运用则体现在诉讼各方在庭审过程中的讯问、陈述、辩论等口头表达上。

（二）书面法律语言规范与技巧

1. 书面法律语言的结构划分

庭审过程中书面法律语言的载体是诉讼文书，这些诉讼文书属于司法文书，按其表述形式包括两类：拟制式文书和笔录式文书。

拟制式文书需要依照法律规定，准确简明地叙述案件事实，合于法律论证理由，条理清晰地说明结论。叙述事实、理由、结论是拟制式法律文书的主要组成部分，起诉书、公诉词、判决书、裁定书、辩护词等属于拟制式文书。一般法律文书分为首部、正文、尾部。

（1）首部。

首部包括：文书标题、文书编号、当事人基本情况、案由、案件来源。

司法机关对外的文书标题，通常由制作机关名称+案件性质+文书名称构成，写成两行排在正文中央。

（2）正文。

正文包括事实与证据、理由与法律依据、处理意见三部分。

事实部分采用叙述方式展现案件事实发生、发展、经过、结果的全貌，理清被告人犯罪动机、目的、手段、情节等有关罪与非罪、此罪与彼罪的案情。证据在司法实践中是指证明案件事实的材料,这种材料的形式有书证、物证、视听资料、证人证言、鉴定意见、勘验检查辨认笔录等。要求对证据的深入分析,每一个关键事实都有相应的证据证明,通过证据构建事实。

(3) 尾部。

尾部包括:交代有关事项、致送对象、签名、日期、用印、附注事项。

有关事项部分要根据不同的文书交代不同的事项,如一审刑事判决书需交代上诉事项,包括上诉权、上诉期限、上诉法院和上诉需提交上诉状的份数。

笔录式文书相较于拟制式文书更为灵活简便,但同样要求规范准确。笔录式文书是记录诉讼全过程每一环节、步骤和情况的文书,包括法庭审理笔录、合议庭评议笔录、宣判笔录等。笔录式文书只需要依法准确记录庭审过程即可,没有拟制式文书严格的程序性要求。笔录式文书需要签阅核对。

2. 书面法律语言的写作技巧

书面法律语言的载体是法律文书,刑事庭审中书面法律语言运用包括起诉类文书、裁判类文书以及控辩双方的演说词。法律文书应严格制作,文书写作中应从叙说要素和论说要素两方面加以把握。

(1) 书面法律语言表达的叙说要素。

书面法律语言内容上首先要把握其主旨,即中心意思,其主旨应观点鲜明,明确是非、对错,理由及根据,要突出案件事实的各要素,案件事实的各要素具有特定的法律意义,因此,书面法律语言的正文部分主要就是对案件事实进行叙述、说明,其构成要素包括时间、地点、动机、手段、情节、后果。

A. 时间,即作案时间,包括从犯罪预备到犯罪实施结束的时间和时段。这不仅是确定犯罪事实的关键要素,也与定罪量刑时所涉及的刑事责任年龄、追诉时效及法律适用等问题密切相关。

B. 地点,是指实施犯罪的地点,包括行为发生地和结果地。犯罪地点涉及案件管辖及法律适用问题,因此要在文书中突出强调。

C. 动机,是指行为人欲实施犯罪意识上的起因。动机多是情感上的原因,如私欲、愤恨、嫉妒等负面情感,此外也有因经济上的纠纷引起犯罪的情况。

D. 目的,是指犯罪行为人同时实施犯罪欲实现的目标或达到的结果。这里强调的是犯罪人主观上欲达到的外部结果。这关乎定罪量刑的问题。

E. 手段,是指犯罪行为人实施犯罪时所采用的方式、方法,如暴力、威胁强迫、秘密窃取、欺骗等。

F. 情节，即犯罪行为的全过程中，从犯罪开始到终了具体经过的一系列主观与客观的情状。分为定罪情节和量刑情节。

G. 后果，即犯罪行为所造成的客观损害，包括对人身的损害和对物的损害，这亦是定罪量刑的关键要素。

（2）论说要素。

法律文书在叙述案件事实之上要就案件事实进行论说，主要体现在理由部分，论说的目的旨在确定行为人罪与非罪、此罪与彼罪、罪轻或罪重。论说主要依照以下顺序进行：①结合案件的事实情节的分析、推理，提出对案件事实的结论性意见。②引用相关法条，对案件事实分析、论证，然后定性。③根据相关法律得出结论。论说过程中要注意引用可以证明论点的材料，特别是案件的证据材料阐明法理。[①]

三、口头法律用语技巧与规范

（一）口头法律用语基本技巧

1. 发声技巧

（1）把握重音。把握重音的关键是找到重音的确切位置，这就需要明确讲话的重点，弄清话语主旨，真正把握每句话的表意重点——表意的重点词语往往就是重音的位置。重音的位置对语意有重要影响，正确使用重音，是准确表情达意的关键。

（2）巧设停顿。停顿要得当、得体，应当根据传情表意的需要合理设置停顿。巧设停顿可造成言外之意和弦外之音，让人觉得"此时无声胜有声"。但凡事物都有两面。停顿切不可随意为之，以造成不必要的麻烦。

（3）善用语调。语调由于高低升降的变化，可以表达多种多样的感情和意义。因此，在发声过程中，应有意识地使自己的发音具备更强的表现力。

（4）准确规范。法律工作者吐字应准确规范，这是首要而基本的要求。这既要求每个音的发音部位、发音方法都要准确无误，还要努力提高发音质量，取得比人们日常口语更好的说服效果。

（5）清晰集中。清晰的吐字具有良好的穿透力。发音集中可提高字音的清晰度——这也是积极的发声状态的反映。在法庭的具体环境下，发音集中更利于提高发声效率。

2. 表达技巧

法律工作者要想有效地从事法律活动，就必须善于运用口头语言表达思

[①] 孙懿华：《法律语言学》，湖南人民出版社 2006 年版，第 204 页。

想、交流感情、传播信息。这就要求法律工作者掌握口头语言表达的规律和技巧，努力做到善说与会讲。讲究口头语言技巧，实际上就是强调法律工作者在口头语言的表达过程中应多注意以下几个方面：

（1）法庭语言表达的针对性。法律工作者在庭审时运用口头语言应当根据不同的案件、不同的对象，有针对性地选择话题、语言材料和表达方式，以达到预期的效果。控辩审三方讲话时都应根据自己的角色定位和所身临的具体场景采用不同的语言表达方式，避免闹出笑话。

（2）法庭语言表达的恰当性。在庭审过程中，法律工作者应注意口头语言措辞是否恰当，以保障法律的严肃性是很有必要的。

（3）法庭语言表达的情感性。情感是有声语言表达的核心支柱。有声语言始终伴随着情感。法律工作者的口头语言应当具有情感性，因为不具有情感性的语言不具备感染力。当然，法律工作者口头语言的情感性还要与思想性紧密结合，情感性的口头语言应该真诚、质朴，切忌渲染和夸张。

（二）公诉人的口头法律用语规范

检察官的语言规范和语言技巧首先取决于检察官的角色。而按照修正后的刑事诉讼法的精神，法官淡出了实体调查的职能，注重裁判的中立角色，控辩对抗的功能加强了。因此，公诉人的语言及技巧也就显得更重要了。根据最高人民检察院《检察机关文明用语规则》的要求，公诉人出席法庭用语应当严谨、理性、规范。宣读起诉书、发表公诉意见要声音洪亮，吐字清晰。尊重法庭、服从审判长主持庭审活动，出示证据，询问证人、质证，讯问被告人时用语规范、文明。尊重辩护人，答辩合法、礼貌、说理。

公诉人出庭用语基本规范示例：

示例1."审判长，下面公诉人向法庭举证，证实指控被告人×××的犯罪事实。该证据是××公安局（检察院）于×年×月×日在××地方收集（或提取），主要证明本案××事实。该证据见××卷××页。"

示例2."审判长，本案的有关证据已全部出示完毕。以上证据足以证实起诉书所指控的犯罪事实和情节，请法庭充分考虑并依法采纳。"

示例3."被告人×××，公诉人现就起诉书指控的犯罪事实（就以下问题）对你进行讯问。根据我国法律规定，你应当如实回答，听清楚了吗？"

示例4."审判长，鉴于被告人×××不如实供述犯罪事实，公诉人要求传唤同案被告人×××（或证人×××）到庭对质。"

示例5."审判长，经当庭对质，被告人的辩解理由不能成立，请法庭不予采信。"

示例6."公诉人认真听取了被告人×××及其辩护人的辩护意见，归纳起来，主要有以下×点，现分别答辩如下。"

示例 7. "审判长，对上一轮答辩的×观点，为了使法庭对此有更加全面的了解，公诉人特作如下补充发言。"

示例 8. "公诉人对本案有关意见均已作出答辩，答辩意见全部发表完毕。"

示例 9. "鉴于……根据我国法律规定，公诉人提请法庭休庭，待相关事实查清后再开庭审理。"①

(三) 辩护律师的口头法律用语规范

辩护律师进行辩护的基本手段是"辩"，通过法庭上所表达的言语，达到维护被告人合法权益的目的。口头法律用语作为法律语言的一种，因其独特的场合、对象和职业特征，以及律师特有的思维方式，使得在语言运用上有着独特的规范和表达要求。

1. 口头用语应规范准确运用

辩护律师在法庭辩论时应受到法律的约束，要追求准确严谨的表达方式，使其表达的内容有着严密的逻辑推理，语言准确恰当，因此律师口头用语应当具有规范性。最为体现律师口头语言规范性的就是要恰当地使用"法言法语"。辩护律师在辩论中必须严格按照其法律含义清晰准确适用。法律专业术语的恰当使用，可以把事实与法律合理地结合起来，有助于语言的准确表达，并且可以提高律师法庭辩论的严肃性和权威性。要注意的是，律师在采用某些容易混淆和误解的词语时，要准确地辨析它们的词义再采用，切不可望文生义。如果误用，就会造成法庭诉讼过程发生混乱等严重后果。

2. 通俗语言与"法言法语"相结合，增强语言的表现力

律师口头表达语言的运用，既要符合法律语言的语体特征及自身特征，又要易于法庭审判人员、诉讼参与人的理解、接受。因此辩护律师发问语言在坚持语言专业化的前提下，也要兼顾语言的通俗化。尤其是对专业化的法律术语作深入浅出的解释，便于引出被问者对本案案情的陈述，也易于审判人员、法庭参与人员听得明白，记得清楚，有利于辩护律师与各方人员的沟通，达成共识。从律师自身来说，便于律师在表达中语气语调、语速节奏等语言手段的掌握运用，使其语言更加流畅清晰，意思表现更明白。然而，由于通俗语言本身缺乏严肃性，对于有关法律内容及概念，通俗语言是无法准确表达出来的。因此，在必须使用规范性语言的地方，决不能使用通俗

---

① 《检察机关文明用语规则》(2010年6月9日最高人民检察院第十一届检察委员会第三十八次会议通过，并发布实施)。

语言。

3. 书面语言与口头语言辩证统一，以语言的书面化为重心

语言的书面化是对辩护律师发问时的庄重性、严肃性的必然要求，它不是指语言的形式表现为书面文字，而是指语言的内容不论是通过文字表达，还是口头表达，都应当是书面化的，即要求用语准确规范，句式严密完整、逻辑严谨周密。用语的准确简洁表现在句式结构上，就是要求不论使用文字表达还是通过口头表达，发问的辩护律师都应该多使用短句、散句，即将问题分解成一个一个具体的问题。这种句式结构紧凑、集中，从而能把复杂的事物层次分明地表达出来，使被问者不至于因为句型太复杂、太长影响理解，也较为容易回答，同时法官听起来也不吃力。

（四）法官的口头法律用语规范

开庭审理案件，法官应当善听慎言、语言规范、语气庄重，语速适当，中立、公正地对待双方当事人，不得使用带有倾向性的语言进行提问或者表现出对双方当事人态度上的差异。制止庭审过程中诉讼参与人的不当言行，应当遵守相关规定、注意语言文明，避免简单指责、粗暴训斥。

在庭审过程中，法官应当根据具体情况参考使用如下文明用语：

（1）请你围绕诉讼请求陈述案件事实和相关理由，正面回答法庭提出的问题。

（2）这些事情刚才你陈述过了，法庭已经认真听取并记录在案，由于时间关系，请不要再作陈述。

（3）请根据你的诉讼请求（答辩意见），向法庭提供相关证据材料。

（4）请注意法庭秩序，遵守法庭纪律，让对方把话说完。未经法庭许可，请不要向对方发问。

（5）旁听人员请遵守法庭纪律，保持肃静。

（6）这是法庭审理笔录，请你认真阅看，如有遗漏或者错误，可以申请补正；如无异议，请在笔录上签名、捺印。

（7）你的证言法庭已经记录在案，谢谢你的配合。休庭后将请你阅看庭审笔录中的证言部分，现在请你到庭外休息。

（8）请你保持冷静。法庭已充分注意到你反映的情况，判决是根据事实、依照法律慎重作出的。如果你对本判决不服，可以在法定期限内向上级法院提起上诉。[1]

---

[1] 《人民法院文明用语基本规范》（最高人民法院 2010 年 12 月 6 日发布实施）。

第四章　模拟法庭刑事庭审场景布置及司法礼仪

一、场景布置

1993年12月8日最高人民法院发布了《关于法庭的名称、审判活动区布置和国徽悬挂问题的通知》（以下简称：《通知》），至此，我国的审判场景布置有了规范要求，各人民法院应遵照执行。教学使用的模拟法庭应参照《通知》执行。

（一）审判法庭

（1）审判法庭是指人民法院严格按照法律规定的诉讼程序依法开庭审理各类案件的法定场所。根据《通知》规定，人民法院用于审判工作的整体建筑称为"审判法庭"。

（2）法庭是指人民法院的房屋建筑中专门用于开庭审理案件的房间。在各"法庭"前常冠于序数，如第一法庭、第二法庭等。

（二）审判活动区布置

法庭由审判活动区和旁听区组成，以审判活动区为主，保证审判活动能够依法顺利进行。人民法院开庭审理刑事案件时，审判人员、公诉人员、辩护人员及被告人的位置安排，按最高人民法院、最高人民检察院共同发布的"法（司）发〔1985〕11号"文件规定执行，即《关于人民法院审判法庭审判台、公诉台、辩护台位置的规定》，将法庭布置为"八字形"。审判区正面设审判台，审判台右侧设公诉台，左侧设辩护台，公诉台与辩护台呈"八字形"。控、辩、审三方席位都位于审判台上，被告席则被单独置于台下，位于法官席的正前方，常采用"囚笼"式的铁栅栏。1996年《刑事诉讼法》修改后，将我国刑事审判法庭的布局进行了调整，将原"八字形"布局变为"四方形"布局，其中，公诉席旁增设了被害人席位，证人、鉴定人席位在审判台的右下方。被告人席位不变，仍居于台下，位于审判台正面，一律采用低栅栏,不再用囚笼式的高栅栏。此法庭布局沿用至今。①

示意图见图4-1;真实刑庭场景图见图4-2。

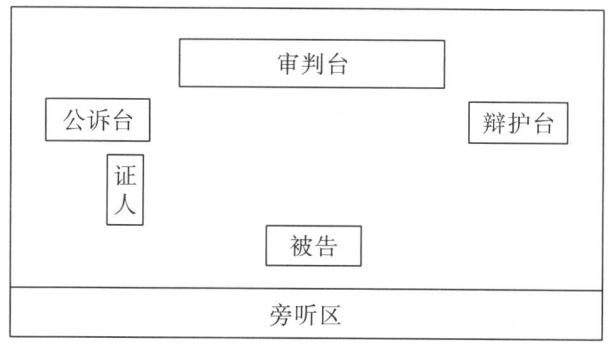

图4-1 法庭布置示意图

图4-2 真实刑庭场景图　　　　　　　　　蒲军 摄影

(三)审判台布置

审判活动区正中前方设置审判台,审判台的面积应满足审判活动的需要,高度为20至60厘米。审判台上设置法桌、法椅。审判台为审判人员席位,审判长的座位在国徽下正中处,审判员或人民陪审员分坐两边。书记员席位在审判台前方,紧邻审判台。审判台右侧设公诉台,左侧设辩护台。法

---

① 参见刘仁文:《论我国刑事法庭被告人席位的改革》,载《政法论坛》2017,35(4):112-124。

桌、法椅的造型应庄重、大方，颜色应和审判台及法庭内的总体色调相适应，力求严肃、庄重、和谐。

（四）国徽悬挂

根据《中华人民共和国国徽法》的规定，人民法院应当按下列规定悬挂国徽：人民法院、人民法庭的法庭内审判台后上方正中处悬挂国徽。国徽直径的通用尺度为：基层人民法院、人民法庭：60厘米；中级人民法院：60厘米；高级人民法院：80厘米；最高人民法院：100厘米。

模拟法庭课程是法学专业的实验课程，模拟法庭场所是法学专业教学的实验室。所以，模拟法庭的布置应参照正规人民法庭的场景进行布置，使学生在模拟法庭实验教学中有亲历感、真实感，从而提高学生学习兴趣和学习积极性，以利于实验教学的顺利进行。

二、司法礼仪

形式沉淀内容。仪式、礼仪本身是历史文化、心理的传统沉淀产物。司法礼仪当然是司法文化和心理的历史沉淀，其本身或许并非有强烈的形式美，但它是司法活动的外在化表现，是司法活动实质性内容的重要体现，是司法活动赖以存在的形式基础，它可营造和彰显司法的公正、尊严和权威。所以，法庭庭审司法礼仪是我们必须对法科学生进行训练的内容。

所谓司法礼仪，是司法活动的主体，包括法官、检察官、律师、当事人和其他诉讼参与人以及其他参与司法活动的人员，在司法活动中应当遵循的习惯性礼节、仪式和必须持有的仪表举止、行为态度和交流方式。

司法仪式在世界各国都有着明确规范，但在我国却因各种原因，现行的司法礼仪没有统一的规范。因篇幅所限，本书的司法礼仪主要指庭审司法礼仪，主要包括以下几方面。

（一）法服与法物

2000年年初，我国最高人民法院、最高人民检察院与财政部联合发布《关于做好2000式审判服检察服换装试穿工作的通知》，法官袍等法服正式进入人们的视野和法庭；2002年年初，最高人民法院发布《人民法院法槌使用规定（试行）》的通知，法槌也正式进入法庭。这两项司法礼仪的改革体现了司法理念的变革，即由原来的军事色彩较浓的大盖帽、肩章式的司法服装所彰显的"无产阶级专政""刀把子"的司法理念，变革为由法袍、法槌所彰显的庄严、肃穆与公正、权威的司法理念。

1. 法服

法官服：法官袍、西服式制服两种款式。

法官袍的颜色为黑色，一种沉静颜色，代表庄重和严肃；法官袍的袖口为松散式的，如此设计显示大气；袍身的前襟是红色的并配有四颗金黄色的领扣，这一色彩搭配与国旗的红黄配色相一致，体现了人民法院是代表国家行使审判权；领扣上的天平代表着公平与正义，四颗领扣代表着我国现行的四级法院，象征审判权由四级人民法院行使，同时也象征人民法院忠于党、忠于人民、忠于事实、忠于法律。

西服式制服的法官服。春秋装和冬装为黑色；夏装为浅灰色；法官身着西服式制服时必须佩戴镶嵌有黄色"麦穗、齿轮、天平、华表"图案的红色徽章。

检察官服：西服式制服。

2000年10月1日，首都3500余名检察官开始统一试着2000式检察制服。2000式检察制服是西服式制服，在西服款式基础上设计，为小翻领三粒扣式服装，分冬、春秋和夏装，并采用国际检察官通行的蓝色系列，庄重、大方、简洁，能体现司法的严肃性和权威性。并配有国际通用的且以国徽为主要图案特征的胸徽作为执法标志，以及用"检察"二字汉语拼音缩写作为花纹的纽扣彰显了检察官身份。这套制服少了些原大盖帽检察制服的威严，多了些亲切。正如一检察官所言，这套服装在贴近大众的同时，又保留了以往的庄重，体现了检察机关保护人民与打击犯罪的双重功能，包含了预防与惩治犯罪相结合、激浊扬清相统一、加强监督与服务大局的新理念。

律师服：律师袍。

中华全国律师协会2002年3月20日第四届第十二次会议常务理事会通过，并于2003年1月1日起施行的《律师出庭服装使用管理办法》第3条规定："律师出庭服装由律师袍和领巾组成。"第4条第（2）规定："律师出庭统一着装时，应按照规定配套穿着：内着浅色衬衣，佩戴领巾，外着律师袍，律师袍上佩戴律师徽章。下着深色西装裤、深色皮鞋，女律师可着深色西装套裙。"这是继法官、检察官出庭统一着装后，对律师出庭着装的规定要求。律师出庭统一着装，既是对法庭的一种尊重，又是对自身法律地位的一种确认，也体现律师职业的专业性和特殊性，有利于法律职业的保护，维护法庭的尊严。

法警制服：九九式制服。

人民法院的司法警察是人民警察的一个警种，一直着公安警察服装。2000年10月为了与国际接轨，法警制服换成了现在的九九式制服。穿着新式制服的法院司法警察警容严整，举止端庄，佩戴警衔标志、臂章、警号，庄重中不失亲切感，从另一方面体现了法律的尊严。法警的主要任务是通过行使职权,预防、制止和惩治妨碍审判活动的违法犯罪行为,维护法庭秩序,保障审判工作的顺利进行。

2. 法物

法槌:

司法活动作为庄严而神圣的活动,应该具有严格的程序和形式规范。法槌作为法官主持庭审活动的一种器物,对塑造法官形象非常重要。2001年9月14日,福建省厦门市思明区人民法院敲响了"中国法槌"的第一槌。2002年1月8日最高人民法院下发正式文件,从2002年6月1日起人民法院审判人员开庭审理案件时使用法槌。

法槌的构造与寓意。中国法槌槌身及其底座取材于名木海南檀(又称花梨木),呈红褐色,纹理清晰均匀,质地坚硬而有光泽,抗弯曲耐腐蚀,寓意司法的公正廉洁及人民法官的刚直不阿和坚韧不拔。法槌的槌身为圆柱形,底座为矩台形,此方圆相衬,其寓意为司法的公正及法律的原则性和灵活性相结合,取"智圆行方"之意,象征法官应是智慧与正义的化身。庭审时,法官手持法槌,创造司法程序的礼仪性,营造一种庄严而神圣的气氛,既体现法官客观中立形象及驾驭庭审活动的仪态,又起着一种威慑、警示作用,从而维护司法的权威和法律的尊严。

法槌的使用。法槌只在庭审活动中使用,主要用来划分庭审阶段、维持法庭秩序、规范庭审活动。按照规定,只有独任审判员和审判长才可使用法槌。法槌应当放置在审判长或独任审判员的法台前方。在使用法槌时,原则上一次使用时敲击一次,但如出现诉讼参与人或者旁听者妨碍庭审活动时,法官也可连续敲击数下。

法槌的使用分为必须使用(强制性规定)和可以使用(灵活运用)两种情形。一是必须使用的情形:宣布开庭、继续开庭时——先敲击法槌,后宣布开庭、继续开庭;宣布休庭、闭庭时——先宣布休庭、闭庭,后敲击法槌;宣布判决、裁定时——先宣布判决、裁定,后敲击法槌。也即是以敲击法槌开始庭审活动,同样以敲击法槌结束庭审活动。二是可以使用的情形:对于诉讼参与人、旁听人员违反法庭规则,妨碍审判活动,扰乱法庭秩序的;或诉讼参与人的陈述与本案无关及重复陈述的;或审判长、独任审判员认为有必要使用法槌时,可根据庭审时遇到的具体情况灵活运用。也即是对于上述情形使用法槌的,应当先敲击法槌,后对庭审进程作出指令。[①]

---

① 赵日新:《庭审驾驭能力培训读本(刑事卷)》,人民法院出版社2005年版,第60页。

(二）各主要诉讼角色庭审司法礼仪规范要求（着装、仪容仪表、言行举止）

法庭作为国家司法审判场所以及集各方利益代表者参与的重要法律活动场所，理应具备其应有的威仪与庄严。而法庭的威仪与庄严，不仅在于法庭的建筑与装饰布置得体恰当，还在于庭审活动的参与者的仪容仪表、言行举止规范得体。我国现行的司法礼仪还没有统一的规范要求，主要以司法机关或律师行业的内部制度、规章或人们公认的习惯行为组成，但仍可起到一定的导引规范作用。

所谓庭审司法礼仪规范要求，是指各诉讼角色在庭审中从着装、仪容仪表、言行举止等方面要求应符合庭审礼仪规范，体现职业特点和要求。通俗地讲，就是指各诉讼角色在庭审中应当或不应当有什么样的着装和态度、什么样的形象、什么样的仪表；该说或不该说什么样的话、该做或不该做什么样的事。

现就庭审中各主要诉讼角色庭审司法礼仪规范要求做如下概述。

1. 法官或审判人员

法官作为司法的最终裁判者，在进行庭审活动时，应严格地遵守庭审司法礼仪规范，这是法官综合素质的外化反映。庭审时法官的神色仪态、言行举止都是对法律的生动塑造。法官内在的高尚职业道德修养、法律思想和智慧的光芒、司法技能的娴熟无不体现在优雅端庄的特殊职业气质中，彰显于司法礼仪的形式中。在西方将法官比喻为"仅次于上帝的人"（完人），他们应是彰显礼仪风范的典范，法官的庭审司法礼仪将有益于塑造法官职业形象和事关司法公信力。

法官的符合"法仪"的言行举止将无声地影响着案件诉讼参与人，影响他们对司法的理解和对案件的看法，从而便于纠纷的解决。公众可以通过法官的符合"法仪"的言行举止，即法官谨慎的言行、高雅的举止、端庄的仪容，直接、真切地感受到司法的公正、权威与关怀，从而增强司法的公信力，实现人民法院实体公正、程序公正和形象公正的有机统一。

2010年12月6日最高人民法院重新发布的修订后的《中华人民共和国法官职业道德基本准则》（以下简称：《准则》）和2010年12月6日正式发布修订后的《法官行为规范》中有关规定，是对法官行为举止及司法礼仪的规定。如该《准则》第24条规定，法官应该坚持文明司法，遵守司法礼仪，在履行职责过程中行为规范、着装得体、语言文明、态度平和，保持良好的职业修养和司法作风。第22条规定，法官应当尊重当事人和其他诉讼参与人的人格尊严，避免盛气凌人、"冷硬横推"等不良作风；尊重律师，依法保障律师参与诉讼活动的权利。《法官行为规范》第 8 条规定:"加强修养,坚持学习,不断提高自身素质;遵守司法礼仪,执行着装规定,言语文明,举止得体,不得浓妆艳抹,不佩戴与法官身份不相称的饰物,不得参加有损司法形象的活动。"第 30 条规定:"庭审中的言行:(一)坐姿端正,杜绝各种不雅动作;(二)集中精力、专注庭审,不做与庭审活动无关的事;(三)不得在审判席上吸烟、闲聊或者打瞌睡,不得接打电话,不得随意离开审判席;(四)平等对待与庭审活动有关的人员,不与诉讼中的任何一方有亲近的表示;(五)礼貌示意当事人及其他诉讼参加人发言;(六)不得用带有倾向性的语言进行提问,不得与当事人及其他诉讼参加人争吵;(七)严格按照规定使用法槌,敲击法槌的轻重应当以旁听区能够听见为宜。"第 36 条规定:"宣判时注意事项:(一)宣告判决,一律公开进行;(二)宣判时,合议庭成员或者独任法官应当起立,宣判裁判文书声音要洪亮、清晰、准确无误;(三)当庭宣判的,应当宣告裁判事项,简要说明裁判理由并告知裁判文书送达的法定期限;(四)定期宣判的,应当在宣判后立即送达裁判文书;(五)宣判后,对诉讼各方不能赞赏或指责,对诉讼各方提出的质疑,应当耐心做好解释工作。"

总的说来,在庭审礼仪中,法官的言谈举止要中立,庭审要严肃。

可视、可感、可触的庭审礼仪,让公众感受到司法的公正、尊严和关怀。①

法官忌语:(1)别再说了。(2)你是法官还是我是法官。(3)你懂法还是我懂法。(4)你说了算还是我说了算。(5)听你的还是听我的。(6)不同意调解对你可没好处。(7)你这个案件肯定要输(赢)的。(8)你这个律师怎么当的?(9)法院不是为你一个人开的。(10)烦人。(11)我就这样判了,你去告好了,想找谁找谁,想去哪告去哪告。

2. 公诉人(检察官)

我国的刑事追诉制度,实行公诉为主、自诉为辅的原则。公诉职能由人民检察院专有行使。因此,公诉人应由检察官担任。检察官作为公诉人出庭支持公诉,自然应对检察官庭审司法礼仪作出必要要求。2002 年 3 月 7 日最高人民检察院发布了《检察官职业道德规范》,对检察官提出了八字要求,即忠诚、公正、清廉、严明。2009 年 9 月 3 日最高人民检察院发布了《中华人民共和国检察官职业道德基本准则(试行)》,进一步细化了八字要求。

---

① 参见马文欣:《规范司法礼仪树立司法形象——鸡西市鸡冠区法院立足司法礼仪加强队伍建设》,《人民法院报》2010 年 7 月 18 日。

2016年11月4日最高人民检察院通过并发布了《中华人民共和国检察官职业道德基本准则》，共五条，概括要求是：忠诚、为民、担当、公正、廉洁。这对检察官司法礼仪制度的建设极其有益。2010年最高人民检察院发布的《检察官职业行为基本规范（试行）》中规定了检察官的职业礼仪的内容，即（1）遵守工作礼仪，团结、关心和帮助同事，爱护工作环境，营造干事创业、宽松和谐、风清气正的工作氛围；（2）遵守着装礼仪，按规定着检察制服、佩戴检察徽标。着便装大方得体。（3）遵守接待和语言礼仪，对人热情周到，亲切和蔼，耐心细致，平等相待，一视同仁，举止庄重，精神振作，礼节规范。使用文明礼貌用语，表达准确，用语规范，不说粗话、脏话。（4）遵守外事礼仪，遵守国际惯例，尊重国格人格和风俗习惯，平等交往，热情大方，不卑不亢，维护国家形象。

检察礼仪规范是为维护司法公正、法律权威和尊严及广大人民群众的利益而存在的，是检察干警依法履行职责的客观要求与行为准则，是执法程序的重要组成部分，是通过程序体现公平正义的一种方式，是检察工作发展过程中逐渐形成并积淀下来的一种检察文化，是检察人员职业道德的一个重要组成部分。

检察官作为公诉人参加庭审时，应按规定着装；仪表规范、用语文明、保持威严肃穆；充分尊重当事人和其他诉讼参与人的人格尊严，注重倾听，避免言语的随意性和倾向性，既保持司法工作的权威感，又不显得高高在上、咄咄逼人；灵活运用法言法语，使询问、讯问、质证、抗辩等更具职业特点，态度庄重不失文明；对不同类型的对象采取不同的方式、方法，做到不歧视、不冷淡、不烦躁。

总之，做到仪表得体、举止优雅、语言文明、态度谦和，树立良好的检察官形象。

从检察制度的历史考察来看，现代检察制度是在法国检察制度确立的模式基础上建立起来的，最突出的特点就是检察官是国家的诉讼代表，即我们常说的国家公诉人，因此，检察官的待人接物、言谈举止，莫不代表一个国家形象。

从角色作用看，检察官充当了追诉犯罪的重要角色，并被认定为是保护公众抵御来自被告人的某种形式的威胁之目的而站在人民一边的，因此，更易被看成"正义的化身"（而辩护律师有时被看成"魔鬼的代言人"）。因此，他们不应是庸常无为之徒，而是负载了民众厚望的人，当然也不应是粗俗无礼之辈。

检察官的意识构造内应有正义意识、道德意识、人权意识。这样的意识构造对其采取的行为和待人处事的态度至关重要。在检察官的庭审行止中应体现出这样的意识构造。

检察官的职业特点是庄重、干练、明快、积极。在诉讼中，检察官应积极追诉犯罪，但同时也应恪守客观义务和诚实义务，以客观态度检视案件，以客观、诚实的态度收集证据，不欺骗对方获取证据，对犯罪嫌疑人、被告人有利和不利的证据都应加以注意收集、举证，不歪曲事实真相，不隐瞒有利于对方的证据。

检察官应对公民自由权利有一种敬畏感，有此敬畏感，则检察官不像"官"，没有官架子和官气，从而保持谦抑的姿态。

3. 辩护人（律师）

律师作为刑事被告人的辩护人或被害人等的诉讼代理人参加庭审活动，是其执业活动中的重要事项，律师参加庭审活动，应具备应有的礼仪和仪容仪表。同时，也应按规定穿着律师袍并佩戴律师徽章出庭，这些都是重要的职业要求，它对塑造律师形象、树立律师权威、维护律师职业尊严都具有极其重要的意义。否则，将有损律师职业形象，有损法庭形象、尊严和威仪。

现摘录 2006 年 9 月 18 日××市司法局××市律师协会《关于进一步规范律师出庭行为的通知》中关于"律师参加庭审礼仪"的规定，供同学们学习体会和借鉴。

一是应有良好的文化修养和风度，尊重其他诉讼参与人，不得有不恰当的、过激的言辞和行为。二是律师出庭应穿着律师袍或职业装，律师出庭服装应当保持清洁、平整、不破损。三是出庭时男律师不留披肩长发，女律师不施浓妆，不佩戴过分醒目的饰物。四是使用语言规范、文明、准确。五是严禁酒后参加庭审。六是庭审中坐姿端正，仪表端庄；集中精力，专注庭审。七是不得使用通信工具，不得随意进出法庭。

律师作为主要的刑事辩护人，应依法履行辩护职责，以事实为根据，以法律为准绳，在法庭上为被告人进行无罪或罪轻辩护，进行减轻、从轻、免除处罚的辩护，最大限度地维护被告人的诉讼权利和其他合法权益。因此，庭审中切忌充当第二控诉人，这就要求律师发表辩护意见时应采用辩护的语言而不是指控的语言。如辩护律师可以说："被告人张某具有自首的情节，请求法庭依法从轻判决。"而不可以说："被告人张某罪该万死，请求法庭狠狠地判！"围绕对被告人进行无罪或罪轻等的辩护积极地举证、质证、发表辩护意见。

4. 被告人

2016 年 4 月 13 日最高人民法院发布了修正后的《中华人民共和国人民

法院法庭规则》(以下简称:《人民法院法庭规则》,自 2016 年 5 月 1 日起施行)。修正后的《人民法院法庭规则》更加注重人权保障,如第 13 条规定:"刑事在押被告人或上诉人出庭受审时,着正装或便装,不着监管机构的识别服(囚服)。人民法院在庭审活动中不得对被告人或上诉人使用戒具,但认为其人身危险性大,可能危害法庭安全的除外。"

实验操作篇
——单（分）项实验

第五章　公诉人模拟法庭刑事庭审基本法律技能单（分）项实验

实验项目一　公诉人宣读起诉书

一、实验程序环节

刑事案件第一审普通程序中"法庭调查"阶段的公诉人宣读起诉书。

二、实验目的

通过实验公诉人宣读起诉书项目，意在使学生认识到宣读起诉书是我国刑事庭审活动的启动程序，是公诉人在刑事庭审中履行控诉职能的首要的、必经的、基础性的诉讼活动，它将为公诉方在庭审中展开进一步的指控打下基础。起诉书的宣读水平和质量，是公诉人综合素质和能力的集中体现和初次展现，也是优秀公诉人必备技能之一。因此，对起诉书的规范宣读，既可提高公诉质量，也可增强公诉效果，有利于维护检察机关的形象和权威。因此，宣读起诉书的实验有着不容忽视的意义。实验的主要目的是使学生根据起诉书宣读的基本原理和基本规范要求，掌握起诉书宣读的相关技能技巧。

三、实验基本原理

（一）依法应当宣读起诉书

《刑事诉讼法》第191条规定，公诉人在法庭上应当宣读起诉书。公诉人宣读起诉书是代表国家指控犯罪，提请人民法院对被告人依法审判。也即通过宣读起诉书来依法启动刑事庭审程序，并限定审判内容和范围，防止法官审判权的滥用。同时，也为辩护人的辩护奠定一定基础。还可使旁听群众了解案情，监督庭审活动，并发挥一定的法制宣传教育作用。

（二）站立宣读起诉书

根据最高人民检察院《公诉人出庭行为规范（试行）》的有关规定，公诉人宣读起诉书时，应保持姿势端正。即公诉人必须站立宣读起诉书。站立宣读起诉书是公诉规范化的硬性要求，同时也可展现公诉人的良好形象，增强庭审效果。

（三）准确、完整宣读起诉书

宣读起诉书时，首先应保证宣读的准确性。尽量避免口误和临场的不恰当的随意发挥或想象猜测，以准确性保障公诉的严肃性和权威性。其次，应将规范制作的起诉书的内容全面地向法庭宣读，保证内容的完整性。起诉书是公诉机关指控犯罪的诉状，是公诉机关制作的一份严谨、严肃的法律文书，其制作与宣读的质量高低将直接反映公诉机关的司法形象。如果随意断章取义、添枝加叶或歪曲宣读，将严重破坏和影响公诉的规范性、严肃性及公诉效果。因此，对起诉书的宣读应当准确完整，不可随意更改和增删。

（四）宣读起诉书的语速、气势等要求

公诉人宣读起诉书时，语气、语调、语速、气势、神采等均对公诉效果有一定影响。公诉人既代表国家追诉犯罪又应履行客观真实义务，这样的角色定位要求公诉人必须理性对待案情，全面、客观审查被告人的行为是否构成犯罪，不可感情用事，出现明显的情绪波动，不要做愤怒的指责、贬损和污蔑等，应尽量做到冷静客观，使用中性的语气语调，适中的语速，洪亮而铿锵的声音气势，沉稳而内敛的神采，使起诉书的宣读字字珠玑，掷地有声，富有感染力、说服力，并能引起法庭内的一定共鸣，从而彰显法制的理性和威慑力。

需注意的事项：当多名公诉人出庭时，应按顺序进入法庭，第一公诉人（即宣读起诉书的那位公诉人）坐在靠近审判席的一侧。如果案件材料较多，可将有关材料先行放到公诉席上。

四、实验内容演示

公诉人宣读起诉书时，姿态方面，应做到站立宣读，并且举止沉稳，表情庄重严肃，冷静自然，淡定从容。因此，应坚决杜绝和避免因胆怯、紧张、不自信等原因造成身体颤抖等不良情况的发生。

以下两个示例均展现了公诉人站立宣读起诉书符合规范要求，且表现极

佳，充分体现了国家公诉人的良好形象。

实验内容演示 1. 站立宣读起诉书。

示例："上海市金山区检察院出庭公诉被告人陆建忠非法经营案"直播回放（直播时间：2011 年 8 月 9 日）。"现在进行法庭调查，公诉人宣读起诉书"（备注：可上网观摩本案庭审直播视频）。

实验内容演示 2. 宣读起诉书的语调、语速、声音气势。

宣读时，公诉人应做到叙述清晰流畅，语气语调平稳自然，凝练有力，不失铿锵；语速适中；声音气势平缓，冷静客观淡定，不可太显强势等。总之，宣读时做到准确无误，字正腔圆，铿锵有力，富有感染力。

示例：

辽宁省铁岭市中级人民法院一审开庭审理中国足协裁判委员会原秘书长张建强犯受贿罪和非国家工作人员受贿罪时，公诉人站立宣读起诉书（时长达两小时左右）。

（备注：可上网观摩本案的庭审视频）

五、实验要求、步骤及方法

（1）先由指导教师对公诉人宣读起诉书的规范要求和基本原理作指导讲解，并要求学生查阅《刑事诉讼法》及相关规范性文件的规定，让其了解熟知宣读起诉书的法律依据和规范要求。

（2）指导教师通过示例做公诉人宣读起诉书项目的实验演示，并让学生观看、观摩宣读起诉书的图片资料和视频录像资料。

（3）指导教师先行要求学生课前熟悉实验素材，写好起诉书，提前做好实验准备。

（4）实验时可将实验先分成站姿和宣读两部分进行，然后再综合起来进行实验。

实验采用普通话进行。

（5）将学生 2 人一小组分成若干组，每一小组中一人宣读时另一人倾听，相互轮换进行实验。教师在各组间巡查指导。

（6）实验项目演练完毕后先由学生对项目实验情况作自评、他评，再由指导教师点评、总结和打分评定成绩，记入实验记录表中。

六、实验素材（略。教师自备。建议选择宣读时长约 3－5 分钟的起诉书作为实验素材）

实验项目二　公诉人庭审讯问被告人

一、实验程序环节

刑事案件第一审普通程序中"法庭调查"阶段公诉人讯问被告人。

二、实验目的

通过实验公诉人庭审讯问被告人项目，意在使学生了解控辩式庭审中公诉人庭审讯问被告人的目的、作用，即针对起诉书指控的犯罪事实对被告人发问并要求其回答，以证明公诉主张、查清事实真相。[①] 通过庭审讯问被告人实验，训练学生制作讯问提纲、制定讯问策略，并初步实践公诉人庭审讯问被告人的基本技能技巧，提高学生分析问题解决问题的能力。

三、实验基本原理

《刑事诉讼法》第 191 条规定："公诉人在法庭上宣读起诉书后，被告人、被害人可以就起诉书指控的犯罪进行陈述，公诉人可以讯问被告人。"

（一）公诉人庭审讯问被告人的目的及性质

按照我国法律规定，公诉案件人民检察院必须派员出席法庭支持公诉，参加整个的庭审活动。由于我国刑事审判模式由原来的职权主义模式逐步转向有一定对抗因素的控辩式模式，因此，庭审讯问由原来的法官先讯问，改为由控辩双方先讯（发）问，法官只在必要时才讯问，而控辩双方先讯（发）问时又是由公诉人先讯问。在法庭调查阶段公诉人讯问被告人是庭审公诉活动之一，且是最重要、最基础性的工作。其目的在于，公诉人通过庭审讯问被告人初步揭露和展现犯罪事实、证实犯罪事实、反驳被告人辩解，并为最终展示完整的证据体系，支撑自己的公诉主张打下基础。庭审中的讯问与侦查、审查起诉中的讯问有所不同，侦查、审查起诉中的讯问目的在于收集证据、核实证据，以发现犯罪嫌疑人和查清案件事实，而庭审中的讯问在于利用被告人的回答重现案件真相，对于不认罪的或当庭翻供的，通过讯问揭露被告人辩解的虚假性，从而印证起诉书指控犯罪事实的正确性，并为后面的举证和辩论打下基础。

其实，公诉人庭审讯问被告人虽不处于举证环节中，但仍具有举证的性

[①] 参见黄海波：《出庭公诉实战技能》，中国检察出版社 2012 年版，第 72 页。

质。因为，我国刑诉法虽规定法庭调查分为讯问（询问、发问）和庭审举证两个环节，但被告人的供述与辩解是法定的证据来源之一，公诉人庭审讯问被告人，被告人作认罪供述和检举、揭发同案犯犯罪行为的陈述就是证据，具有印证指控犯罪事实的作用，因此，具有举证的性质，只是讯问应遵循自愿供述原则，而不能强迫自证其罪。

（二）公诉人庭审讯问被告人的作用

一是当被告人供认犯罪事实时，公诉人通过讯问被告人展示案件事实全貌，为支持公诉提供较有力的直接证据。当然，对被告人自愿认罪案件也可以不讯问。但对于死刑案件、有重大社会影响案件、被告人认罪但经审查认为可能不构成犯罪的案件、共同犯罪案件中有被告人不认罪的案件，即使被告人当庭认罪也应当讯问。

二是当被告人不供认犯罪事实时，通过讯问被告人审查其辩解的真实性及辩解理由是否成立，从而揭露虚假陈述，驳斥无理辩解，还原案件事实真相。

三是当被告人当庭翻供时，通过讯问查清被告人翻供的情况和理由，甄别理由的真伪，以审查口供的真实性，从而保障无罪之人不受刑事追究，同时也为驳斥无理翻供寻找突破口。

（三）公诉人庭审讯问被告人应遵循的基本规则

一是禁止诱导性讯问。所谓诱导性讯问是指在对人证进行讯问（询问、发问）时，应是开放式提问而不是封闭式提问，不能有强烈暗示被问人按照提问人意图做回答的性质。禁止诱导性讯问的目的在于防止言词证据的不客观真实性。

最高人民检察院《人民检察院刑事诉讼规则》（以下简称：最高人民检察院《刑诉规则》）第402条规定，讯问被告人，应当避免可能影响陈述或者证言客观真实的诱导性讯问以及其他不当讯问。

二是关联性规则。公诉人讯问被告人的内容应当与案件有关，讯问内容应当与犯罪事实和证据之间有紧密联系。应当围绕犯罪构成要件事实或犯罪行为发展轨迹进行讯问，围绕案件中影响到罪与非罪、此罪与彼罪界限的犯罪事实以及重要的量刑情节进行讯问。这样的讯问才有助于审判人员和旁听人员对案件事实的了解和清楚认识，有利于案件的正确处理，提高庭审效率。

最高人民检察院《刑诉规则》第400条规定，公诉人讯问被告人应当围绕下列事实进行：（一）被告人的身份；（二）指控的犯罪事实是否存在，是否为被告人所实施；（三）实施犯罪行为的时间、地点、方法、手段、结果，被告人犯罪后的表现等；（四）犯罪集团或者其他共同犯罪案件中参与犯罪人员的各自地位和应负的责任；（五）被告人有无刑事责任能力，有无故意或者过失，行为的动机、目的；（六）有无依法不应当追究刑事责任的情况，有无法定的从重或者从轻、减轻以及免除处罚的情节；（七）犯罪对象、作案工具的主要特征，与犯罪有关的财物的来源、数量以及去向；（八）被告人全部或者部分否认起诉书指控的犯罪事实的，否认的根据和理由能否成立；（九）与定罪、量刑有关的其他事实。

三是禁止威胁规则。我国现行刑诉法虽要求被告人应如实供述，但不能因此威逼其进行供述，应遵循自愿供述原则回答公诉人提问。因为采用威胁性语言讯问有可能获得的是不真实的供述，从而不利于案件事实真相的查明。

四是禁止损害被告人人格尊严和诉讼权利规则。我国刑诉法明文规定，人民法院、人民检察院和公安机关应当保障诉讼参与人依法享有诉讼权利。因此，庭审讯问时公诉人应尊重被告人人格尊严，保障其诉讼权利的实现，耐心听取被告人的回答或辩解，对其合理内容认真分析和吸收。

（四）公诉人庭审讯问被告人的方式、方法

公诉人讯问的基本技能主要体现在讯问的方式、方法上，讯问被告人的方式、方法是多样的，根据不同的案情，使用不同的方法。如直接讯问法、间接讯问法、两难讯问法和矛盾讯问法等。

四、实验内容演示

实验内容演示 1. 制作讯问提纲

公诉人庭审讯问一问一答的内容都会即时地被法庭记录在案，为提高讯问质量和诉讼效率，防止出现讯问不当导致无法挽回的局面，公诉人庭前制作有针对性的讯问提纲是非常必要的。庭审讯问是公诉人"明知故问"的过程，即所有问题的设置均与犯罪相关联且有证据可以佐证。[1]

示例：对包某某故意伤害案如何拟定讯问提纲[2]

案情简介：包某某故意伤害案。被告人包某某在某工地 49 号楼内施工时，因施工质量问题，与该工地管理员王某某在该楼二楼楼梯处过道上发生口角。包某某用脚踢踹王某某的腹部，致王某某在被踹后退时，从二楼楼道中摔至一楼。王某某经送医院抢救无效死亡。经法医鉴定：王某某系左颞顶

---

[1] 参见王勇：《公诉人出庭的方法与技巧》，法律出版社 2015 年版，第 63 页。
[2] 参见王勇：《公诉人出庭的方法与技巧》，法律出版社 2015 年版，第 64—67 页。

部遭受钝性外力作用致颅脑损伤死亡。案发后被告人主动投案，如实供述。

本案看似简单，但争议焦点若未厘清，将造成罪与非罪的争议。本案争议焦点有二：一是被害人坠楼的介入因素是否阻断了被告人先前的危害行为与死亡结果之间的因果关系。即是成立故意伤害罪或者过失致人死亡罪？二是被告人是否能够认识到危害结果的发生，即其主观上是否具有伤害被害人的故意或者成立意外事件？围绕上述焦点问题，可按下列思路设置问题对被告人包某某发问。

一是考虑被告人案发后主动投案并如实供述，认罪态度好，在公安机关和人民检察院的供述稳定。所以，公诉人讯问初始时，应针对以往供述的真实性进行发问，以保障其原有罪供述能够作为证据为法庭所采信。据此，公诉人的发问设计（讯问提纲）如下：

（1）被告人包某某，鉴于你以往在公安机关及检察机关讯问时多次供述犯罪，认罪态度较好，下面公诉人将就起诉书所指控的故意伤害的主要事实进行发问，希望你能如实回答公诉人的提问，你听明白了吗？

（2）你对起诉书指控的事实在时间、地点、经过、结果等方面有无异议？

（3）你原来在公安机关的侦查阶段和检察机关审查逮捕、审查起诉阶段所作的供述是否属实？

二是围绕被告人的行为与被害人死亡结果之间是否具有因果关系的焦点进行发问。本案中被害人坠楼是介入因素。但是这个坠楼行为完全是包某某殴打行为造成的被害人本能反应，没有介入被害人任何的个人意志。案发现场是宽仅1.1米的狭小空间，被害人被打击之后猝不及防而后退坠楼，坠楼行为完全依附于先前被告人之加害行为，因此，介入因素不能隔断被告人先前的危害行为与死亡结果之间的因果关系。因此，可设置如下问题对被告人进行发问：

（1）你当时工作的这个平台在什么地方？
（2）这个楼道有多长、多宽、有无护栏？
（3）这个楼道平时两个人是否可以并排走过去？
（4）（出示现场勘查照片）你是在这个楼道吗？你在什么位置施工？
（5）你是否认识本案的被害人？案发当时为什么与被害人发生争执？
（6）发生争执时王某某站在什么位置？你站在什么位置？
（7）（出示现场勘查图）是在这个位置吗？
（8）你们怎么打起来的？你为什么踢被害人？
（9）从你踢被害人到被害人坠楼，中间有多长的时间？

（10）当时被害人是怎么掉下去的？他摔下去时是否带了安全帽？

（11）（出示现场勘查图）你看一下他是否摔在这个位置？

三是围绕被告人主观故意的焦点进行发问。

一方面犯罪故意由两个因素构成：①认识因素，即明知自己的行为会发生危害社会的结果；②意志因素，即希望或者放任危害结果的发生。本案中，经公安机关调查该地此前发生过多次施工人员坠楼的情况，被告人包某某对此情况明知，也即包某某可以认识到踢打被害人可能会发生坠楼的危险。从意志因素上看，被告人包某某在认识到踢打被害人可能造成其坠楼的危害后果时，仍然踢打被害人，也没有采取任何措施防止被害人坠楼，持听之任之的放任心态。

另一方面被告人主观上是故意伤害还是故意杀人？这要从被告人与被害人的平日关系、犯罪的起因、打击的手段与部位等因素入手进行分析和判断。本案中被告人对被害人存有伤害故意，但对被害人坠楼死亡结果存有放任心态，因此，公诉人认为被告人属于结果加重犯，即构成故意伤害（致死）罪。

对主观要件，在讯问过程中要从客观行为入手。因此，设问如下：

（1）被告人你在工地做什么工作？

（2）案发时你在做什么？

（3）为什么与被害人发生冲突？

（4）上文"围绕被告人的行为与被害人死亡结果之间具有因果关系的焦点进行发问"一段中设置的11个问题。

（5）你们工地上以前是否有过人摔下去？

（6）楼道有无防护？

（7）既然没有防护，且有过人掉下去的先例，你在打架的时候，是否想到这个问题？

（8）案发后，你是如何归案的？到案后有无向民警如实供述整个案发事实经过？

实验内容演示 2. 讯问基本方式方法

公诉人庭审讯问被告人主要采用问答式方法讯问，即公诉人问、被告人答的方式。

示例：一起故意伤害案件的庭审讯问（片段）

审判长：下面由公诉人向被告人发问。

公诉人问：被告人，你和本案的被害人是什么关系？

被告人答：我们是同学关系。在之前我和马某、徐某某我们一起吃饭。

案发当天马某来找我的时候,叫我下去,说他们找我有事,然后我就下去了。

公诉人问:下去后你们干什么了?

被告人答:下去后他们就问有多少钱?我回答了60元钱,他们就叫我拿出来,说他们要拿去开房,我说给了你们我就没有钱了,他们说不拿就要弄我,然后我们就发生了打斗。

公诉人问:打斗时你手上的刀是哪儿来的?

被告人答:刀子是从马某身上抢过来的,当时情况很乱,所以我就将被害人刺伤了。保安来的时候,我已经将被害人刺伤了。

公诉人问:榔头是你的吗?

被告人答:是的。我回寝室拿了一个榔头,但是我没有拿出来打人。

……

实验内容演示 3. 对认罪案件的讯问方法

可采用直接讯问法。

公诉人宣读起诉书后,被告人对起诉书指控的犯罪事实无异议的,即被告人当庭认罪的,公诉人可以就全部犯罪事实和量刑情节进行直接、正面的讯问,要求被告人作出明确供述。

示例 1. 单独犯罪的直接讯问

一起故意伤害案件的庭审讯问。

公诉人问:被告人你和被害人之前是什么关系?

被告人答:我和被害人是男女朋友关系。我用水果刀将被害人刺伤的,刺伤后我把被害人送往医院,当时在现场的有我和一个朋友。我刺伤被害人后将凶器扔了。我主动到公安机关投案的。我实际没有向被害人赔偿。

公诉人问:你为什么刺伤了被害人?

被告人答:当时是因为冲动,所以将被害人刺伤了,最后,我将被害人送进了医院。当时我去向朋友借了500元钱的。我到医院后,医生说要通知被害人的家属,我通知了被害人的家属之后,就没有付钱了。

公诉人:没有问题了。

由此可见,通过直接讯问,将被告人的故意伤害罪的犯罪事实揭示出来了。

示例 2. 共同犯罪的直接讯问

在共同犯罪案件中,公诉人应先就共同犯意的联络进行讯问,再就犯罪构成要件事实、各被告人在共同犯罪中的作用和地位等法定量刑情节进行讯问。讯问顺序上可一般按起诉书指控的被告人顺序依次进行,但不拘泥于此。因为共同犯罪中各被告人认罪态度不同，有好有坏，为使讯问达到公诉目的，使法官和旁听者建立起被告人确实实施了犯罪的内心确信，在进行讯问时公诉人可根据审查起诉阶段掌握的被告人的认罪态度情况做一个庭审讯问排序，将认罪态度较好的放在前面先讯问，态度较差的放在后面讯问，这样可使整个讯问的印证指控效果突出出来。

一起三人共同盗窃窨井盖案件。某年某月某日晚，李某、张某、王某三人合谋到一交通要道上盗窃窨井盖8个，后被巡逻队员抓获，但王某趁机逃跑。李某、张某被检察机关向法院提起公诉。庭审时，公诉人分别对李某、张某进行讯问，即先问明共同犯意的联络，再问其他（法庭调查阶段，张某先退庭，公诉人讯问李某）。

公诉人问："是谁提出去偷窨井盖的？"

被告人李某答："是老王。"

公诉人问："当时老王是怎么提议的？"

被告人李某答："记不清楚了。老王说了去偷，我就跟张某说了。"

公诉人问："张某怎么说的？"

被告人李某答："张某答应。"

（问到此时，李某退庭，张某到庭，公诉人问张某）

公诉人问："是谁提议去偷窨井盖的？"

被告人张某答："是老王。"

公诉人问："你怎么知道要去偷？"

被告人张某答："他喊我们出去耍，顺便提两个窨井盖回来。"

公诉人问："他提议之后，你们是怎么说的？"

被告人张某答："我们说那个又卖不到钱。"

公诉人问："那你们为什么去偷？"

被告人张某答："他开车到那儿就喊我们去拿两个。"

公诉人问："你们商量分工没有？"

被告人张某答："没有。"

由此可见，通过直接讯问法，将李某、张某、王某盗窃窨井盖的事前犯意联络揭示出来了。

实验内容演示 4. 对不认罪案件的讯问方法

公诉人在庭审讯问时被告人可能会狡辩或拒不认罪，会使公诉人感到棘手。面对被告人不认罪的局面，公诉人仍可进行有策略的讯问，力图使被告人认罪。下面介绍几种讯问策略，供学习实验参考。

1. 迂回讯问法

示例：一起共同受贿案的讯问技巧。①

案情简介：江西省上饶地区地委书记王兴豹与妻子文献兰共同受贿、巨额财产来源不明案的庭审中，被告人王兴豹对其为行贿人王子江牟利及被告人文献兰先后十三次收受王子江人民币共计60万元的犯罪事实拒不供认，辩解其与王子江是同族叔侄关系，王子江经常到他家吃饭，逢年过节送点钱是人情往来，不是受贿。针对这种情况，公诉人在讯问被告人的时候，有意避开被告人的辩解，而是迂回包抄，讯问由远及近，首先就被告人文献兰在1994年—1999年王兴豹在上饶任地委书记期间每次收受王子江钱财的事实讯问文献兰，文一一回答每次收受王子江钱财的时间、地点、数额，并回答每次事后都告诉了王兴豹。在文献兰回答完这13次收钱的事实后，公诉人突然话题一转，讯问被告人王兴豹调任南昌后的情况，这看似与本案无关，实则是公诉人为了揭穿被告人的狡辩而故意设计。

公诉人问："被告人文献兰，在王兴豹调任江西省政府发展中心主任后，王子江是否还主动送过钱给你们？"

被告人文献兰答："没有！没有！"

公诉人问："被告人王兴豹，你一再辩解王子江送钱给你是人情往来，那为什么你一调到南昌来工作王子江就再也不送钱给你了呢？这还是正常的人情往来吗？这不充分表明王子江送钱给你是冲着你是上饶地委书记这个职权来的？"面对公诉人迂回包抄的讯问，被告人王兴豹顿时措手不及，无言以对，从而揭穿了被告人辩解的虚假性。

2. 矛盾讯问法

在面对被告人对犯罪事实提出异议时，公诉人可通过审查被告人的辩解与案件其他证据之间的矛盾来展开讯问，从矛盾处入手，使被告人无法做出合理解释，从而迫使其如实供述犯罪事实。

示例：一起故意伤害致死案件中的讯问②

一起故意伤害致死案件的庭审中，被告人接受讯问时供述说杀了被害人一刀，但尸检照片清晰可见死者胸部有数个刀痕，显然与被告人供述仅捅一刀相矛盾。公诉人讯问时从此矛盾入手展开讯问，戳穿其虚假供述，揭示了事实真相。

公诉人："你捅了死者几刀？"

---

① 熊红文：《公诉实战技巧》，中国检察出版社2007年版，第128—129页。
② 参见熊红文：《公诉实战技巧》，中国检察出版社2007年版，第131页。

被告人:"就一刀。"

公诉人:"真的是一刀吗?"

被告人:"当然是一刀。"

公诉人:"刚才公诉人向法庭出示的刑事照片显示死者胸部有四处刀痕,怎么可能只捅一刀呢?"

被告人眼见陷入矛盾中无法解释,只得供认是有四人作案。原来被告人邀约其他三人到歌厅来唱歌,在结账时与歌厅小工发生矛盾,自己和邀来的朋友张某分别拿出随身携带的水果刀刺杀小工后逃跑,案发后自己被抓,出于义气自己想一人揽下罪责,殊不知被公诉人识破,只好交代出其他被告人。

3. 驳斥讯问法

当被告人认罪态度恶劣,拒不认罪极力狡辩时,公诉人可从其他事实入手进行讯问,步步推进,使虚假陈述的矛盾暴露,进而驳斥被告人的狡辩,还原案情真相。

示例:一起盗窃案件的庭审片段①

在一起盗窃案件的庭审中,有证据证明被告人张某趁好友李某家中无人时盗走一辆摩托车,法庭审理时被告人张某当庭拒不认罪,狡辩说是向李某借车。公诉人没有直接和被告人纠缠是借车还是偷车,而是从被告人当天到李某家中去过两次都未提出借车的事实入手,另辟蹊径展开讯问,最后,揭露其辩解的虚假性。

公诉人:"你以前供述这天到李某家去过两次,属实吗?"

被告人:"属实。"

公诉人:"这两次李某家有人吗?"

被告人:"有。"

公诉人:"李某家有人,你不向车主借车,家中无人你却将车开走,难道这是借车吗?"

被告人:"……"

被告人面对驳斥讯问自感无路可退,无奈只好承认了偷车的犯罪事实。

实验内容演示 5. 针对翻供案件采取的讯问方法

所谓当庭翻供是指被告人在庭审讯问时否认原在侦查阶段和审查起诉阶段做过的有罪供述。被告人翻供的动机不外乎两种,一是通过翻供说明以前在侦查阶段或审查起诉阶段的供述是虚假的,如曾遭遇刑讯逼供而作虚假供

---

① 参见熊红文:《公诉实战技巧》,中国检察出版社 2007 年版,第 108 页。

述，现在要来澄清事实真相；二是通过翻供进行抵赖，以逃脱或减轻法律制裁。对于前者可先通过完整听取被告人供述与辩解，然后讯问有关细节以审查翻供理由是否成立，如翻供理由成立的应排除被告人口供；对于后者公诉人问清细节使其破绽和矛盾尽可能充分暴露以显示翻供无理，从而揭露被告人供述的虚假性，并予以驳斥，使被告人达不到翻供目的。被告人当庭翻供将使公诉难度增大。所以，公诉人应对当庭翻供理由进行认真分析，做好准备，有针对性采取措施，进行有效处置。

针对翻供案件，下面介绍几种讯问方法应对无理翻供。

（1）终（停）止讯问法。如果公诉方有充分的证据证明被告人实施了指控的犯罪事实，则公诉人可考虑不直接通过讯问来戳穿被告人的虚假供述来反驳翻供，即终止讯问，在下面的举证示证环节通过其他证据来证明指控的犯罪事实。当然是先有针对性地对辩解的核心部分出示最有杀伤力的证据，[1] 再逐步举示其他证据证明。

（2）圈套讯问法。这种讯问法的原理是公诉人通过细节上的讯问，使被告人辩解与其他证据和事实之间的矛盾暴露出来。设置圈套是指公诉人围绕被告人的不实辩解设置许多问题，一个个问题就是一个个圈套，这些问题具有一定的隐蔽性，其意图不为被告人一眼看穿，从而逐步引导（不是诱导）被告人向矛盾点靠近，待矛盾暴露时予以揭露。

示例：被告人黄某某抢劫案庭审中的讯问[2]

被告人黄某某抢劫案庭审中，被告人当庭翻供，并否认其在审查起诉阶段的有罪供述，因为公诉人提审被告人是在看守所进行，没有刑讯逼供的条件，所以被告人就以公诉人提审时给他烟抽为由意图暗示公诉人诱供，面对被告人突如其来的狡辩，公诉人冷静处置，以平静的语气向被告人讯问了几个关于给烟抽的情节，被告人不知公诉人讯问意图，不经意间一一如实作答，岂料已陷入公诉人设置好的讯问圈套，陷入自相矛盾，狡辩目的成为泡影。

公诉人问："你在公安局讲的是否属实？"被告人答："不是事实，是警察打得我乱招的。"问："我提审你时，讲的是否事实？"答："也不是事实，是照在公安局提审时讲的一样。"问："我打了你吗？"答："没有，但你给了我烟抽。"问："你当时想抽烟吗？"答："好想抽。"问："是我主动给你的，还是你向我要的？"答："是你主动给我的。"问："我又不知道你会抽烟，更

---

[1] 参见顾永忠、苏凌：《中国式对抗制庭审方式的理论与探索》，中国检察出版社2008年版，第226页。

[2] 熊红文：《公诉实战技巧》，中国检察出版社2007年版，第126—127页。

不知道你想抽烟,怎么会主动给你烟抽呢?"答:"我记错了,是我向你要的。"问:"你向我要烟抽,我是不是马上就给你了?"答:"是的。"问:"你抽完烟作了笔录吗?"答:"作了。"问:"你看了笔录吗?"答:"看了。"问:"签字了吗?"答:"签字了。"问:"既然是你向我要烟抽,我马上就给你了,没有向你提任何条件,你抽完烟以后还是如实供述了犯罪事实,我拿烟给你抽和你交代犯罪有什么因果关系呢?"答:……

(3) 借言反驳讯问法。

当公诉人在庭审中面对被告人的毫无根据的无理辩解时,可通过借言反驳的讯问,以子之矛攻子之盾,戳穿不实辩解从而攻破被告的谎言,摧毁其翻供心理。

示例:被告人赵某受贿案件,庭审时被告人当庭翻供称与行贿人是十多年的好友,两家关系很好常礼尚往来,未有行贿受贿。但事实上受贿人根本不认识行贿人,为戳穿受贿人谎言,公诉人采取借言反驳的讯问法,当庭使其谎言败露,从而使被告人放弃翻供,如实交代犯罪事实。

公诉人问:"你以前供述为什么说不认识王某?"

被告人答:"我认识。当时我糊涂了。"

问:"你现在清醒了吗?"

答:"现在清醒。"

问:"李某的女儿今年多大了?结婚了吗?"

答:"他女儿今年二十多岁了,结婚了。"

问:"你去没去?"

答:"去了。老关系了,当然要去,还送了礼。"

公诉人:"审判长,被告人撒谎。李某没有女儿,只有儿子,儿子还在大学读书,没有结婚。"

被告人目瞪口呆,再无力狡辩。

尚需说明,在侦查阶段、审查起诉阶段讯问犯罪嫌疑人时所作的同步录音录像,既固定了口供,又为应对翻供提供有力证据。在庭审时选择时机出示该证据以驳斥被告人虚假供述,制止翻供,并使翻供达不到目的。

五、实验要求、步骤及方法

(1) 先由指导教师对公诉组同学集中讲解庭审公诉人讯问被告人的目的、作用及应遵循的讯问规则、方式方法等原理内容,并使学生了解侦查阶段、审查起诉阶段和审判阶段讯问的异同。

(2) 指导教师通过示例对庭审公诉人讯问被告人项目作实验演示。

(3) 指导教师根据实验素材指导学生制作讯问提纲、制定讯问策略和预案，特别注意研究针对翻供的对策实验。

(4) 指导教师根据实验素材指导学生进行各种讯问方法的实验，要注意不拘泥于本教材介绍的方法，可拓展实验。本教材介绍的几种方法只是列举示范，并未穷尽所有方法。况且讯问方法也没有一成之规，应根据个案情况和被告人特点随机应变。

(5) 实验时可让公诉组内同学分别扮演公诉人、被告人进行实验；也可协调辩护组提供被告人配合实验。

(6) 实验项目演练完毕后先由学生对项目实验情况作自评、他评，再由指导教师点评、总结和打分评定成绩，记入实验记录表中。

六、实验素材（略，教师自备）

实验项目三 公诉人庭审询问证人、鉴定人

一、实验程序环节

刑事案件第一审普通程序中"法庭调查"阶段公诉人询问证人、鉴定人。

二、实验目的

通过实验公诉人庭审询问证人、鉴定人项目，意在使学生掌握公诉人庭审询问证人、鉴定人的目的、作用和询问应遵循的规则，通过庭审询问实验，训练学生制作询问提纲、制定询问策略和预案，并初步实践公诉人庭审询问证人、鉴定人的基本技能技巧。

三、实验基本原理

庭审中公诉人询问证人、鉴定人主要是为了出示证据、核实证据，否定虚假证言，查明事实真相，以证明起诉书认定被告人所犯罪行的正确性。其基本原理有：

一是公诉人在法庭上不仅要询问控方证人，也要询问辩方证人。证人当庭提供的证言可能证明被告人有罪，也可能证明被告人无罪或罪轻，前者的询问具有举证的性质，后者的询问具有核实证据的性质。

二是根据《刑事诉讼法》第194条规定，公诉人、当事人和辩护人、诉

讼代理人经审判长许可，可以对证人、鉴定人发问。即控辩双方均可以在法庭上向证人、鉴定人进行询问。实践中，向证人、鉴定人发问，应当先由提请传唤的一方进行，发问完毕后，对方经审判长准许，也可以发问。对一个证人或鉴定人的交叉询问可以多次进行。这种交叉询问既是举证的过程，也是双方进行质证的过程，对于调查核实证人证言的客观真实性具有重要作用，可以使证人证言、鉴定意见在法庭上充分接受检验，为法庭正确采信证据提供比较有效的保障。①

三是 2019 年最高人民检察院《刑诉规则》第 402 条规定，询问证人应当避免可能影响证言客观真实的诱导性询问以及其他不当询问。辩护人对证人进行诱导性询问以及其他不当询问可能影响证言的客观真实的，公诉人可以要求审判长制止或者要求对该项证言不予采纳。

四是询问证人应当个别进行。

五是 2019 年最高人民检察院《刑诉规则》第 406 条规定，证人在法庭上提供证言，公诉人应当按照审判长确定的顺序向证人发问。公诉人可以要求证人就其所了解的与案件有关的事实进行陈述，也可以直接发问。证人不能连贯陈述的，公诉人也可以直接发问。对证人发问，应当针对证言中有遗漏、矛盾、模糊不清和有争议的内容，并着重围绕与定罪量刑紧密相关的事实进行。发问应当采取一问一答形式，提问应当简洁、清楚。证人进行虚假陈述的，应当通过发问澄清事实，必要时还应当宣读证人在侦查、审查起诉阶段提供的证言笔录或者出示、宣读其他证据对证人进行询问。当事人和辩护人、诉讼代理人对证人发问后，公诉人可以根据证人回答的情况，经审判长许可，再次对证人发问。

这是中国式的交叉询问制度，是对言词证据的法庭调查方式之一，交叉询问是在庭审中判断证言真实性不可缺少的环节，主要功能在于追求发现事实真相。

六是法庭询问应当遵循的规则：相关性规则，即询问的问题必须与起诉书指控的犯罪事实有关，否则证人有权拒绝回答；禁止诱导规则，即不能对证人提出诱导性问题；合理引导规则，即用简洁的开放式问题，引导证人陈述案件情况；禁止损害人格尊严规则，即询问证人时用语规范，不威胁辱骂证人。

---

① 姜伟、钱舫、徐鹤喃、卢宇蓉：《公诉制度教程》，中国检察出版社 2007 年版，第 316 页。

四、实验内容演示 1. 询问证人

示例 1. 一起故意杀人案件中公诉人对证人赵坚强的询问[①]

……

审判长：下面由公诉人进行举证。

公诉人：首先向法庭提请传证人赵坚强出庭作证，他能够证明案发的经过以及案发现场的客观情况。

审判长：请司法警察传证人赵坚强到庭。

审判长：证人赵坚强你今年多大了？

赵坚强：我生于 1945 年，现年 62 岁。

审判长：你什么文化程度？

赵坚强：小学。

审判长：你与本案的被告人王远方以及本案的被害人是什么关系？

赵坚强：被害人是我的女儿，王远方是我女儿的男朋友。

审判长：你与被害人赵莉莉是父女关系？

赵坚强：是的。

审判长：证人赵坚强，你到法庭作证，应当如实提供证言，如有意作伪证或隐匿罪证，你将承担相应法律责任，你清楚法律后果吗？

赵坚强：我知道。

审判长：请值庭法警让证人在《证人如实作证保证书》上签字。

审判长：下面请公诉方对证人赵坚强进行询问。

公诉人：证人赵坚强，你认识本案的被害人赵莉莉吗？

赵坚强：认识，她是我女儿。

公诉人：你是如何发现她被害的？

赵坚强：事情是这样的，在 5 月 15 日上午十点左右，就是我们家莉莉事发那天，我突然有事情想找我女儿说一说，于是我上二楼，敲她的房门，但是没有回应，我想可能还没有起床，然后我下楼等了她十几分钟，结果她仍然没有下来，我怕她出事，于是我上二楼拿钥匙打开房门，打开房门之后，我发现她躺在地上，身上盖着被子，然后我一边喊她的名字，一边掀开被子，结果发现她已经被人杀害了，我当时特别震惊。

公诉人：是谁向公安机关报的案？

[①] 参见顾永忠、苏凌：《中国式对抗制庭审方式的理论与探索》，中国检察出版社 2008 年版，第 29—31 页。

赵坚强：是我。

公诉人：你报案之后去哪儿了？

赵坚强：因为我发现女儿被害，所以一时不知所措，等我缓过神后就赶紧下楼报案，然后我突然意识到，因为刚才太过紧张没有把二楼的门锁上，所以我赶紧回到楼上把门锁好，等警察过来，先是派出所的人过来，然后是刑警队的人过来。

公诉人：这意味着你报案以后没有其他的相关人员进入室内？

赵坚强：是的。

公诉人：你最后一次见到你女儿是什么时间，什么地点？

赵坚强：是在莉莉事发的前一天晚上，我和莉莉还有她男朋友一块儿吃的晚饭。当天晚上六点左右，莉莉和王远方说他们要和好朋友马小红一起唱歌，然后他们出去唱歌了。到底几点回来的，我不是很清楚。

公诉人：那你在案发之前最后一次看到王远方是在什么时间？

赵坚强：案发之前看到王远方？是这样的：王远方他不经常来我们家，一般不会来我们家吃饭的，所以在案发之前具体什么时候见过王远方，我已经记不得了。

公诉人：从你发现王远方之后到发现你女儿被害，这之间你去哪儿了？

赵坚强：你是说哪一次看到王远方？

公诉人：案发当天，5月15日上午。

赵坚强：是这样的：案发当天即5月15日上午9点钟左右，我在我们家小区的院子里遛弯的时候看到王远方，当时他刚从楼上下来，急急忙忙地，说他要回家办事，还说我们家莉莉还在睡觉，然后他就回家了，之后我想我们家莉莉既然正在睡觉，我也不能上去打扰她，我就没有上楼，我就在家自己待着。

公诉人：王远方经常来你们家吗？

赵坚强：不经常。

公诉人：那你女儿前几天回家吃晚饭吗？

赵坚强：基本上每天都在家吃晚饭。

公诉人：前几天王远方和你女儿到你们家吃过晚饭吗？

赵坚强：事发前一天晚上在我们家吃饭，在那之前没有到过我们家，也没有跟我们一块儿吃过晚饭。

公诉人：你刚才讲到，本案的被告人和你的女儿是恋人关系，你认为他们的关系怎样？

赵坚强：在我看来，我们家莉莉和王远方的关系还是挺好的，但是偶尔也会吵架。我知道在莉莉事发之前曾经吵过一次架。大概是因为王远方的父母希望王远方能够尽快结婚，但是当王远方向我们家莉莉提出结婚的要求时，莉莉拒绝了，说等到明年再说。

公诉人：你刚才还讲到，你进案发现场是用钥匙打开的门？

赵坚强：是的。

公诉人：我想问一下，案发现场203室是谁的房屋？

赵坚强：是我二弟和弟妹的房子，因为二弟和弟妹到国外帮他们的儿子看孩子了，他们走的时候就把房子交给我，让我看管，后来莉莉说我们家住着不方便就上楼到我二弟家住去了。

公诉人：是你二弟把钥匙交给你还是其他人？

赵坚强：是我二弟亲手交给我的。

公诉人：那莉莉的钥匙呢？

赵坚强：我有两把，一把给莉莉了。

公诉人：这个房屋只有两把钥匙？

赵坚强：是的。

公诉人：你们父女之间的关系怎么样？

赵坚强：我们关系很好，交流也很顺畅。

公诉人：你知道你女儿还配过其他的钥匙吗？

赵坚强：据我所知，她没有再配过钥匙。

公诉人：在侦查机关第一次向你取证的时候，你曾经向侦查员说过，好像是两个星期前，你在你女儿的房间里看到过现场的那把刀？

赵坚强：是的。

公诉人：究竟什么时间？

赵坚强：你让我先想一下。大概是在五一期间。

公诉人：那你五一期间为什么去你女儿房间？

赵坚强：我女儿不太爱整理房子。五一了，我想家里可能添客人，想上去看一看房子有没有收拾干净，要不然来客人了不方便。但是，毕竟女儿大了，我也不能随便进她屋。我先没拿钥匙上去的，敲门，她没有回应的时候，我才下来拿的钥匙。

公诉人：你怎么注意到有这样一把刀呢？

赵坚强：因为莉莉一般不会在家里做饭的，她的厨房里本来没有刀。我突然看到有一把刀，样子既不像厨房里的刀，也不像普通的水果刀，所以，就比较注意。

公诉人：审判长公诉人的询问暂时到此。

审判长：公诉人还有发问没有？

公诉人：没有。

示例 2. 公诉人对证人赵坚强的补充询问[①]

......

审判长：好！请问控辩双方对证人赵坚强还有补充发问没有？

公诉人：公诉人有补充发问。你在回答辩护人的问题的时候，你说当你发现女儿被害之后，你很震惊？

赵坚强：是的。

公诉人：作为一个父亲我很理解这种心情，在这种心情状态下，你发现女儿没有呼吸，你是否还有心情长时间的仔细观察她的面部情况？

赵坚强：肯定没有。在那种非常紧张的情况下或者说不知所措的情况下，我肯定是没有长时间，也不可能长时间地观察我女儿的面部情况。刚才辩护人问我的时候，我只是说我大概注意到她鼻子那一块有点异常。

公诉人：你刚才讲你只有小学文化程度，对吗？

赵坚强：是的。

公诉人：你有专门的医学教育背景吗？

赵坚强：没有。

公诉人：所以你感觉的异常只是你个人的瞬间判断？

赵坚强：是的。

公诉人：你发现女儿被害之后到你报案，中间的时间间隔长吗？

赵坚强：并不是很长，因为我发现女儿被害之后，有一两分钟我一下子不知道该怎么办，等我缓过神之后，就想到要报警，中间时间并不长。

公诉人：报警之前你是没有缓过神的？

赵坚强：是这样的，可能有一两分钟，我真的不知所措了，但等我缓过神之后我就赶紧报警了。

公诉人：你说5月15日早上大概9点钟的时候，你看到过王远方？

赵坚强：是的。

公诉人：你看到他当时拿着什么东西吗？

赵坚强：我记得他当时拿了一个很小的手提包。

公诉人：谢谢。

[①] 参见顾永忠、苏凌：《中国式对抗制庭审方式的理论与探索》，中国检察出版社2008年版，第34页。

五、实验内容演示 2. 询问鉴定人

示例：一起故意杀人案件中公诉人对鉴定人的询问[①]

审判长：请控方继续举证。

公诉人：下面请法庭传鉴定人贺江宁作证，他是东江市公安局法医，能够证明被害人的死亡时间。

审判长：请司法警察传鉴定人贺江宁到庭。

审判长：鉴定人贺江宁，你今年多大？

贺江宁：33 岁。

审判长：你什么文化程度？

贺江宁：大学。

审判长：你从事什么职业？

贺江宁：法医。

审判长：是什么部门的法医？

贺江宁：东江市公安局的法医。

审判长：你与本案是什么关系？

贺江宁：我是本案的现场法医。

审判长：鉴定人贺江宁，你出庭做鉴定说明，应当向法庭如实作证，如有意做虚假鉴定，将承担相应的法律责任。你清楚吗？

贺江宁：清楚。

审判长：请值庭法警让鉴定人在如实说明鉴定结论保证书上签名。下面由申请方对鉴定人贺江宁进行当庭询问。

公诉人：2007 年 5 月 15 日的杀人案件你知道吗？

贺江宁：知道。

公诉人：你是怎么知道的？

贺江宁：公安局接到报案后通知我们去现场。

公诉人：你对尸体进行了检验，你能说一下检验结论吗？

贺江宁：因为锁骨上插有一把刀，所以我们进行了常规检验，测量了直肠温度，然后看尸斑、尸僵的情况，其余的检验是公安局做的。

公诉人：你能宣读一下鉴定结论吗？

贺江宁：可以。我主要鉴定死亡原因和死亡时间，经过鉴定认为：赵莉

[①] 顾永忠、苏凌：《中国式对抗制庭审方式的理论与探索》，中国检察出版社 2008 年版，第 40—42 页。

莉系被他人用单刃刀刺及颈部。死者身长约为160cm，发育正常、营养良好，尸斑分布于尸体背侧未受压部位，深紫红色，指压不褪色。尸僵存在于全身诸关节，颜面部青紫肿胀，可见较多出血点。双眼睑结膜散见多处出血点，角膜中度混浊，耳鼻未见明显异常，口唇黏膜青紫。

左颈部下段胸锁骨关节上方有益纵行创口，长2.0cm，创角一锐一钝，创缘整齐，创壁光滑，深达左胸腔，左胸腔内积血1500ml。搬动尸体时有较多血液流出。死者阴道擦拭有大量精子。

根据现场尸检情况，死者系被人用单刃刺器刺伤左颈部，致大量失血性休克而死亡。根据现场测量尸温（直肠）温度为28℃，测量时间为2007年5月15日13时，环境温度（现场室温）20℃，推测死亡时间为12个小时左右，即死于2007年5月15日凌晨1时许。

综上所述，我们认为赵莉莉是被他人用刀刃刺器刺伤左颈部，致失血性休克死亡。死亡时间约在2007年5月15日1时许。

公诉人：你的结论认为死者是被害的？

贺江宁：从凶器的插入角度判断，完全可以确认是他杀造成的。

公诉人：为什么你认为死者是在检验之前12小时死亡的？

贺江宁：根据就是对杀人现场的尸体检验以及死亡时间的鉴定。死亡时间的鉴定技术是非常成熟的，所以我们采用了传统的以直肠温度为主线结合尸僵、尸斑，综合各种情况来判断的传统方法进行鉴定。

公诉人：你为什么在下结论的时候，只使用了尸温，而没有提到尸斑和尸僵？

贺江宁：因为在传统的鉴定过程当中，直肠温度实际上是主要的依据。尸僵这些情况只是作为综合判断的因素。在法医鉴定死亡时间的过程中很大程度上是要结合具体的一些情况进行综合分析判断的，但是，在制作鉴定结论过程中，为了表述简练，往往只使用尸温。

公诉人：你的结论认为被害人是被刺伤左颈部致失血性休克死亡的。尸体特征中有没有不符合失血性休克的情况。

贺江宁：有。尸体的面部青紫肿胀，有一些出血点，这里表现出被害人在遭受致命伤之前，可能存在窒息现象。

公诉人：你认为这个窒息现象是不是致命的？

贺江宁：不是致命的，从刀的插入角度、深度、部位来讲，完全可以肯定致命伤是由利器的刺杀所造成的。

公诉人：你认为通过尸温、尸僵、尸斑的判断，最后确定的死亡时间有没有可能存在误差？

贺江宁：误差是存在的，但是误差的范围应该是非常小的。

公诉人：一般情况是多少？

贺江宁：一到两小时左右。

公诉人：你在尸体检验的过程当中，是不是还发现了其他异常的情况？

贺江宁：没有其他异常的情况。

公诉人：在死者的阴道中，擦拭有大量的精子，对于这个情况，你有没有关注？

贺江宁：因为是女性被害人，体液检查是常规检查，所以我们进行了提取。

公诉人：这种情况下，能不能通过精子的存活的情况判断最后死亡时间？有没有这个可能？

贺江宁：目前来说，对精子排出体外的时间进行鉴定的技术是非常不成熟的，也就是说这种鉴定的误差非常大的，所以我们一般不做这样的鉴定。

公诉人：死者的手腕上还有一些轻微的创伤，对于这些伤口你有没有注意到？

贺江宁：已经注意到了，但是这些都非常轻微，表现出被害人死前有过轻微的反抗。

公诉人：审判长，我们的询问完毕。

实验内容演示 3. 询问证人、鉴定人视频资料（略）

需注意的事项：（1）询问要有预知性，要问那些你知道答案或者能够控制答案的问题，不要询问任何连你自己都不知道答案或者没有把握的问题，防止被对方所利用而陷入被动。（2）应当询问有利本方的信息，质疑不利信息。（3）交叉询问的关键在于控制，如果确有必要，可以将问题分解处理，分成几个简单问题一步一步得出所要的答案。[①]

六、实验要求、步骤及方法

（1）先由指导教师对公诉组同学进行庭审公诉人询问证人、鉴定人和有专门知识的人之目的、作用及应遵循的询问规则等相关原理内容的集中讲解，并使学生了解庭前询问（证人等）和庭审中询问的不同。

（2）指导教师通过示例对庭审公诉人询问证人、鉴定人等项目作实验演示。

---

① 参见顾永忠、苏凌：《中国式对抗制庭审方式的理论与探索》，中国检察出版社 2008 年版，第 100 页。

(3) 指导教师根据实验素材指导学生制作询问提纲、考量询问策略和设计预案。

(4) 指导教师根据实验素材指导学生进行各种询问方法的实验，但注意不拘泥于本教材介绍的方法，可拓展实验。

(5) 实验时可让公诉组内同学分别扮演公诉人、证人、鉴定人和有专门知识的人进行诉讼角色互动互换询问实验。

(6) 实验项目演练完毕后先由学生对项目实验情况作自评、他评，再由指导教师点评、总结和打分评定成绩，记入实验记录表中。

七、实验素材（略，教师自备）

实验项目四　公诉人庭审举示物证、书证等证据

一、实验程序环节

刑事案件第一审普通程序中"法庭调查"阶段公诉人举示物证、书证等证据。

二、实验目的

公诉案件的庭审举证活动，是指公诉人在出庭支持公诉过程中，通过向法庭举示各种证据，同时揭示证据之间、证据与案件事实之间的逻辑关系，以证明起诉书指控的案件事实和公诉主张能够成立。通过实验公诉人庭审举证项目，使学生根据庭审举证的基本原理和基本规范要求，初步掌握合理安排举证层次和秩序，考量举证策略，增强证据的证明力和对法庭的影响力，有力地支持公诉的技能技巧。公诉人的庭审举证是公诉人在刑事庭审中履行控诉职能的核心诉讼活动，是重要的庭审技能之一，也是优秀公诉人必备技能之一。因此，公诉人庭审举证实验有着不容忽视的意义。

三、实验基本原理

2018年最高人民检察院发布施行《人民检察院公诉人出庭举证质证工作指引》（以下简称：《指引》第2条规定）："举证是指在出庭支持公诉过程中，公诉人向法庭出示、宣读、播放有关证据材料并予以说明，对出庭作证人员进行询问，以证明公诉主张成立的诉讼活动。"举证是构筑己方主张最根本的基础。2012年最高人民法院《关于适用〈中华人民共和国刑事诉讼

法〉的解释》（以下简称：最高人民法院《刑诉法解释》）第 63 条规定："证据未经当庭出示、辨认、质证等法庭调查程序查证属实，不得作为定案的根据，但法律和本解释另有规定的除外。"举证是连接取证与质证的中间环节，通过举证使证据进入法庭审理程序中以接受法律的考察。公诉人出庭代表国家履行控诉职能，在法庭上就是运用证据揭示犯罪、证明犯罪，公诉举证是检察官出庭公诉的核心任务之一，需合理有序、明确有力地进行公诉举证。

其基本原理是：

（一）举证的范围和内容

举证的目的是证明己方的诉讼主张成立，该目的直接决定了举证的范围。

公诉方举证的范围是被公诉机关采信的有罪、罪重或者罪轻的证据。对于无罪证据、未被采信的有罪证据，公诉人不负有举证责任。[1] 如果辩护方当庭要求公诉人宣读出示该类证据时，公诉人可以建议法庭决定由辩护方宣读出示，公诉人在质证时阐明不采信理由即可。法庭采纳辩护申请要求公诉人宣读出示的，公诉人应当出示。

公诉方举证的内容，根据 2012 年最高人民法院《刑诉法解释》第 64 条规定，需要运用证据证明的案件事实包括：①被告人、被害人的身份；②被指控的犯罪是否存在；③被指控的犯罪是否为被告人所实施；④被告人有无刑事责任能力，有无罪过，实施犯罪的动机、目的；⑤实施犯罪的时间、地点、手段、后果以及案件起因等；⑥被告人在共同犯罪中的地位和作用；⑦被告人有无从重、从轻、减轻处罚、免除处罚情节；⑧有关附带民事诉讼、涉案财物处理的事实；⑨有关管辖、回避、延期审理等的程序事实；⑩与定罪量刑有关的其他事实。

根据 2019 年最高人民检察院《刑诉规则》第 401 条规定："在法庭审理中，下列事实不必提出证据进行证明：（一）为一般人共同知晓的常识性事实；（二）人民法院生效裁判所确认并且未依审判监督程序重新审理的事实；（三）法律、法规的内容以及适用等属于审判人员履行职务所应当知晓的事实；（四）在法庭审理中不存在异议的程序事实；（五）法律规定的推定事实；（六）自然规律或者定律。"

（二）举证的基本原则

一是系统性原则。举证需要围绕一个核心，即起诉书指控的事实。起诉书涵盖了公诉机关所指控的犯罪事实、量刑事实以及适用法律的意见。向法

---

[1] 王勇：《公诉人出庭的方法与技巧》，法律出版社 2015 年版，第 92 页。

庭举证不是单个证据的简单叠加，而是要形成一个证据体系，运用整体逻辑思维，梳理证据之间的内在逻辑关系，排除证据之间的矛盾，形成证据之间的相互印证，共同证明得出被告人有罪的唯一结论。因此，公诉人举证应围绕犯罪构成要件和争议焦点遵循系统性原则精心策划和安排举证的顺序及详略。

二是关联性原则。关联性是指证据必须与案件事实有实质性联系，同时必须对证明刑事案件具有某种实际意义。[①] 关联性是证据的一种客观属性，是证据事实与案件事实之间的客观联系，而不是人们的主观想象。证据与案件事实之间的关联性是复杂多样的。因此，在举证时公诉人既应当梳理证据之间的关联性，以利于证据组合充分发挥证据的证明力作用，又应当梳理展示证据与事实之间的关联性，通过在案证据最大限度还原案件事实真相，使公诉方的控诉主张清晰明了。

三是重点原则。为提高庭审效率，公诉人举证应围绕争议焦点重点举证，对于控辩双方无异议的证据可简化举证。对于被告人不予认可的关键性事实，公诉人应重点举证。[②]

（三）举证的方法、策略

举证，首先应统筹归纳考量全案证据，积极解决证据之间存在的矛盾和问题，然后选择合适的举证方法，采取恰当的举证策略。

举证方法一：庭审举证要以最合适的举证方法来推进诉讼进程，完成指控任务。一般来讲，在举证方法上，可以采取的方法有：单个举证法；分组举证法；分组举证和单个举证结合法。具体采用哪种方法，要从案件实际情况出发来做选择，应以追求最佳举证效果为目标。单个举证的方法，即一证一举；分组举证的方法，即一组一举，其基本思路是：一是将证明方向一致或者证明内容相近的证据材料连接起来，形成一个整体，使其从不同的层次、不同的角度共同证明同一内容，将这些证据材料归为一组；二是划分组别后，按照时间顺序、犯罪过程、侦破过程等再将各组别衔接起来。[③]

举证方法二：不同的法定证据种类有不同的具体举证方式。

讯问被告人；询问证人；宣读有关言词证据（如未出庭证人之书面证言、未出庭被害人之书面陈述）；宣读鉴定意见书；出示物证、辨认物证；出示书证、宣读书证内容、辨认书证；宣读勘验、检查笔录等；播放视听资

---

① 宋英辉、甄贞等：《刑事诉讼法学》（第五版），中国人民大学出版社2016年第5版，第176页。
② 王勇：《公诉人出庭的方法与技巧》，法律出版社2015年版，第96—97页。
③ 参见王勇：《公诉人出庭的方法与技巧》，法律出版社2015年版，第100页。

料、电子数据。

举证方法三：多媒体示证。

多媒体示证，是指在法庭调查中，公诉人运用计算机多媒体技术出示各种证据的示证方式，是一种新型的示证方式。其基本方法是：在庭审前，把公诉人需要在法庭上出示的各种证据材料通过扫描、照相、摄像等方法形成数据信息，借助输入设备存储到电脑中或者刻制成光盘，根据举证方案，借助示证软件，对各种证据材料按出示顺序进行编排。在庭审示证时，由专门人员操作电脑，将各种证据通过大屏幕同步显示出来。[1]

举证策略：

一般来讲，根据不同的案情有不同的举证策略。在此因篇幅所限，略加介绍。

举证策略一：选择好举证顺序。[2]

包括各组证据的排列顺序和每组内证据的排列顺序。

在多被告一犯罪事实、一被告一犯罪事实的案件中，应先出示定罪组证据，后出示量刑组证据。定罪的各组证据之间，又可采用一定的排列方法：①客观证据、主要证据优先法，即能够对核心问题作出证实的客观证据、关键证据，应先行出示；②时间顺序法，即依照犯罪发生的时间阶段进行证据分组；③侦查循迹法，即可以循着侦查进程，将侦查的不同阶段所取得的证据各自成组，依顺序出示。

举证策略二：突出举证重点。[3]

公诉人在举证中要根据案件的证据状况及对辩护意见的预测，确定举证的重点。在决定定罪量刑的重点问题上要加大力度，突出重点，以收到扼住要害的显著效果。举证的重点有：①证明犯罪构成要件中核心事实的证据，如故意伤害案件中证明伤害程度的证据；盗窃案件中证明盗窃数额的证据。②证明被告人犯罪实施阶段的证据。③证明共同犯罪案件中主犯犯罪行为的证据。④证明经预测可能成为控辩焦点的事实与情节的证据。如证明被告人主体身份是否属于国家工作人员的证据，证明被告人行为能否认定为情节严重的证据。总之，公诉人举证要紧紧围绕指控的犯罪事实，分清主次，重点突出。

举证策略三：举证和辩证结合。

---

[1] 参见姜伟、钱舫、徐鹤喃、卢宇蓉：《公诉制度教程》，中国检察出版社2007年版，第337页。

[2] 参见王勇：《公诉人出庭的方法与技巧》，法律出版社2015年版，第106页。

[3] 参见熊红文：《公诉实战技巧》，中国检察出版社2007年版，第152—153页。

在举证的过程中,对辩方或者其他诉讼参与人对证据的答疑要同步进行,及时解惑,阐明证据的真实性、合法性和关联性。①

(四)举证要求②

(1)举示每一份(组)证据前,公诉人应先就证据的种类、名称、收集主体和时间以及所要证明的内容向法庭做概要陈述。(2)举示每一份(组)证据时,一般应出示证据的全部。根据案件的具体情况,也可以摘要出示,但不得随意删减、断章取义或曲解原意。(3)举证应结合被告人的认罪态度,根据庭审情况,及时调整举证时机和举证内容,突出重点,繁简得当。(4)举证完毕后,应对出示的证据进行归纳总结,明确证明目的。

5. 在公开审理的案件中,举示的证据涉及国家秘密、商业秘密或者个人隐私的,应当建议法庭转为不公开审理。

四、实验内容演示

实验内容演示 1. 一组一举

示例:一组一举

案例:张某某、冯某某等人抢劫案。③

案情简介:2007年5月30日凌晨,被告人张某某伙同冯某某、刘某某、潘某某、刘二某(均已判刑)等人持刀、钢管至某市经济技术开发区某村1组被害人郑某某的暂住地,破门入户,抢走被害人郑某某的诺基亚手机一部(价值人民币489元)及旅行箱1个,内有衣服、证件等物(价值人民币319元)。被告人张某某于2011年8月10日向某市公安局派出所投案,但未如实供述主要犯罪事实。

本案是一起多人参与的共同抢劫案件。案件的核心在于张某某在共同犯罪中的作用以及是否应认定为入户抢劫。

本案的举证提纲如下:

审判长,公诉人将根据本案的争议焦点,分五组宣读、出示相关证据,这五组证据将分别证明:(1)被告人张某某参与抢劫预谋、纠集人员、准备作案工具等情况;(2)被告人张某某等人采用暴力、暴力胁迫手段实施抢劫行为;(3)被害人郑某某住所具体情况;(4)被抢财物及价值情况;(5)被告人张某某的归案情况以及自然身份情况。

---

① 黄海波:《出庭公诉实战技能》,中国检察出版社2012年版,第91页。
② 参见黄海波:《出庭公诉实战技能》,中国检察出版社2012年版,第87页。
③ 王勇:《公诉人出庭的方法与技巧》,法律出版社2015年版,第101-105页。

下面将通过"一组一举"的方式举证：

（1）第一组证据。

说明：本组证据由四位证人的证言以及相关辨认笔录组成，这四位证人均系被告人张某某的同案犯，主要证明被告人张某某参与抢劫预谋、纠集人员、准备作案工具等情况。

①证人潘某某的证言（侦查证据卷第×××——×××页）

证实："老三"认为一个洋房子木箱里有钱，打算去弄。2007年5月29日20时左右，踩点后，找到张某某，"老三"问他有货搞不搞，张某某说"搞"，"老三"讲要4、5个人，张某某说人由他安排，工具也由他们带。次日凌晨1点左右，接了张某某、长毛（经辨认，即证人冯某某）等5人，他们上车时还带了4根铁棍及一把大约80厘米长的刀。

证人潘某某的辨认笔录（侦查证据卷第×××——×××页）

证实：其经混合辨认，辨认出同案犯张某某、冯某某等人。

②证人冯某某的证言（侦查证据卷第×××——×××页）

共两份证言：

第一份证言（侦查证据卷第×××——×××页）

证实：听张某某说是那老头找的他，他再找了其，"明明""老虎"也是张某某叫的。

第二份证言（侦查证据卷第×××——×××页）

证实：2007年5月29日晚上9点左右，张某某打电话让其准备几根钢管，其就准备了一把刀和三根钢管。次日凌晨1时左右，一辆面包车来接，张某某将棍子、刀拿到车上。途中，一个年纪较大的人讲这次是到××去抢一种药，他已经踩点了几个月，还讲速度一定要快，其他东西也可以多抢点，车上的人都听到的。

证人冯某某的辨认笔录（侦查证据卷第×××——×××页）

证实：其经混合辨认，辨认出同案犯张某某、刘某某、潘某某、刘二某等人。

③证人刘某某的证言（侦查证据卷第×××——×××页）

证实：2007年5月30日凌晨1时左右，"老三"叫其开车去接他和潘某某，后到张某某住处接了4、5个人，他们拿了钢管上车。途中，"老三"对那些人说到了之后有人要踢门，说是抢一种药，抢的时候一定要快。

证人刘某某的辨认笔录（侦查证据卷第×××——×××页）

证实：其经混合辨认，辨认出同案犯张某某、冯某某等人。

④证人刘二某的证言（侦查证据卷第×××——×××页）

证实：2007年5月30日凌晨左右，其、张某某、潘某某及开着面包车的司机等人到一民宅踩点、抢劫。途中张老三说"如果门锁着，就撞门进去拿，如果有人，也要尽量拿，动作要快"，大家都同意了。到了后，有人将门踢开，里面有个女子叫了一声，后抢了一个箱子。

证人刘二某的辨认笔录（侦查证据卷第×××——×××页）

证实：其经混合辨认，辨认出同案犯张某某、冯某某、潘某某等人。

归纳：本组证据证实在"老三"提出抢劫犯意后，被告人张某某积极响应，纠集了同案犯冯某某等人，并让冯某某准备了作案工具带至现场，途中，"老三"安排如何抢劫，被告人张某某在明知将要抢劫的情况下仍积极参加，具备入户抢劫目的非法性的要件。在犯罪预备的过程中，被告人张某某纠集人员、指使他人准备工具，行为积极，作用明显，表现突出。

审判长，本组证据宣读、出示完毕，请法庭质证。

预测质证意见：被告人或辩护人若提出证人刘某某证言与证人潘某某证言存在矛盾，证实被告人张某某参与抢劫预谋的证据是孤证。公诉人将发表三点意见：一是二者之间确实存在不一致，但仅在被告人张某某是否参与踩点这方面存在矛盾，在其参与抢劫预谋上是一致的，均证实参与预谋抢劫；二是证人潘某某证言得到证人刘某某证言印证，证实被告人张某某没有参与踩点，根据证据采信原则，公诉人没有认定被告人张某某参与踩点；三是证人潘某某关于被告人张某某参与抢劫预谋、纠集人员、准备工具的证言，得到证人冯某某证言印证，在案证据足以认定被告人张某某参与抢劫预谋。

（2）第二组证据。

说明：本组证据由被害人郑某某的陈述，两份证人（系被告人张某某同案犯）证言，被告人张某某在侦查机关的供述，作案工具照片及扣押物品清单组成，主要证明被告人张某某等人采用暴力、暴力胁迫手段实施抢劫的情况。

①被害人郑某某的陈述（侦查证据卷第×××——×××页）

证实：案发当天凌晨1点，其听到踢门声音，有人把其头按在床上，还说不许叫，后被抢。

②证人冯某某的证言（侦查证据卷第×××——×××页）

证实：张某某一脚踢开房门，其、张某某等6人拿好刀和棍子冲进屋，有两个拿棍子的人用棍子指着屋内一个女的让她不要动，后其上前用棍子指着那个女的叫她不要动，那个女的突然尖叫，其赶紧上前用右手去捂她的嘴。

③证人潘某某的证言（侦查证据卷第×××——×××页）

证实：张某某、老三、长毛等6个人拿上4根铁棍及一把刀向那有箱子的房间去了，张某某一脚把门踢开，他们6个人全部进入屋内。

④被告人张某某的供述（侦查证据卷第×××——×××页）

证实：其对抢劫事实无异议，但当时其跟着进去找东西，什么东西都没有拿。

⑤作案工具照片（侦查证据卷第×××——×××页）

证实：作案工具棍子、砍刀情况。

归纳：本组证据证实被告人张某某等人在被害人郑某某居住的房间内实施了暴力以及暴力胁迫。在犯罪实行阶段，被告人张某某踢门，并进入房间搜找财物。

审判长，本组证据宣读、出示完毕，请法庭质证。

在此需注意出示物证的规范做法：公诉人出示物证需交由法警让当事人、证人辨认。如果针对该物证还有刑事科学技术鉴定，可以在辨认后宣读鉴定书。公诉人出事的物证应当是原物，只有在原物不便搬运、不易保存或者依法应当先予返还被害人时，才可以出示足以反映原物外形或者内容的照片、录像。①

（3）第三组证据（略）。

（4）第四组证据。

说明：本组证据由被害人郑某某的陈述、被抢物品照片、扣押物品、文件清单、发票、估价鉴定结论书组成，主要证明被抢财物及价值情况。

①被害人郑某某的陈述（侦查证据卷第×××——×××页）

证实：被抢了手机、箱子，其中箱子内有身份证、工资卡、两块电池和两个充电器、沐浴露、洗面奶、围巾等物品。

②被抢物品照片（侦查证据卷第×××——×××页）

证实：从冯某某处扣押所劫物品的情况。

③发票（侦查证据卷第×××——×××页）

证实：被抢的手机型号、时间、单价。

④估价鉴定结论书（侦查证据卷第×××——×××页）

证实：被抢的手机价值人民币489元，床单、毛裤等各种物品价值人民币319元。

归纳：本组证据证实被害人郑某某被抢了手机、床单等物品，价值共计人民币808元。

审判长，本组证据宣读、出示完毕，请法庭质证。

---

① 参见姜伟、钱舫、徐鹤喃、卢宇蓉：《公诉制度教程》，中国检察出版社2007年版，第330页。

(5) 第五组证据（略）。

需注意：当庭出示的证据、宣读的书证、证人证言、鉴定结论和勘验检查笔录等，在出示、宣读后应即交付法庭。

实验内容演示 2. 分组举证和一证一举的结合

示例：分组举证和一证一举的结合

被告人陈某涉嫌抢劫案的举证。[①]

案情简介：2008 年 7 月 16 日 4 时 50 分许，被告人陈某窜至深圳市罗湖区嘉宾路某大厦 8 楼 801 房，从窗户爬入被害人张某某（女）的住处准备盗窃财物时被发现，陈某即刻用手捂住被害人嘴巴，并威胁被害人不许喊叫求救，否则，便强奸被害人，致使被害人不敢反抗后陈某将被害人的手脚绑住且蒙住其眼睛，劫走索尼爱立信手机一部（经鉴定，价值人民币 990 元）、现金人民币 300 元、银行卡三张。随后逼迫被害人说出银行卡密码并逃离现场。次日，陈某持被害人的银行卡取款 500 元。

证明被告人抢劫的证据有：

①书证、物证（具体卷宗页码略）

第一份书证是接受刑事案件登记表：证实被害人于案发当日报警。

第二份书证是银行柜员机取款记录：证实被害人银行卡于案发后被取款 500 元。

第三份书证是被告人陈某个人身份信息材料及指纹卡：证实被告人具有完全刑事责任能力。

物证：扣押索尼爱立信手机一部：证明该手机是被害人所有，系警方从被告人陈某身上查获。

（说明：以上证据为一组一举）

②证人证言

某派出所民警田某、刘某某出具的抓获经过：证实在 2008 年 7 月 28 日 20 时抓获被告人陈某的经过，缴获索尼爱立信手机一部。

③被害人陈述

被害人陈述了案发当晚正在睡觉，听到动静就起来看，发现有个人在屋里，刚想喊就被用被子捂住头，接着用枕巾反绑手脚，然后就翻东西，拿走一部索爱手机、现金 300 元及三张银行卡，逼被害人说出银行卡密码后就走了。被害人说银行卡内只有一张里面有 500 元，其他两张卡内没钱。

被害人辨认出陈某就是抢劫男子，辨认出其被抢的手机及被告人用来绑

---

① 参见黄海波：《出庭公诉实战技能》，中国检察出版社 2012 年版，第 94 页。

其的浴巾和睡裤。

④被告人供述和辩解

被告人陈某在公安机关供述了其案发当晚发现被害人居所有房间窗户没关,就从窗户爬进去准备偷东西,结果被里面睡觉的一个女子发现了,她就想喊,陈某赶紧用手捂住她的嘴,威胁她如果喊就强奸她。该女子就没出声了,被告人从睡床上拿了一条白色浴巾和睡裤将该女子的手反绑,并用一张被单套住她的头,接着就翻看了房间的东西,发现了一部手机、三张银行卡及300元人民币,询问她银行卡密码,威胁她不说就强奸她,她就说了。然后就拿了手机、钱和三张银行卡开门逃跑了。第二天用抢来的银行卡取了500元人民币,另两张银行卡内没钱。钱都被花掉了。被抓获时公安从被告人身上缴获了抢到的手机。

辨认出抢得的手机,对用于捆绑被害人的被单、浴巾和睡裤进行了辨认。在取款机监控录像截图中辨认出其本人。

⑤鉴定结论

深圳市价格认证中心出具的涉案财产价格鉴证结论书:经鉴定,索尼爱立信 W595C 手机一部价值人民币 990 元。

⑥勘验、检查笔录及照片

公安机关对案发现场进行勘验、检查时形成的现场勘查笔录、现场图和现场照片。

⑦视听资料

自动取款机监控录像截图:被告人在柜员机上操作。证实被告人陈某持被害人银行卡取走 500 元。

(说明:以上证据为一证一举)

五、实验要求、步骤及方法

(1) 先由指导教师对公诉组同学进行公诉人庭审举证之目的、作用及应遵循的举证原理和规范要求等进行集中讲解,使学生知悉庭审举证的重要性和举证策略的考量。

(2) 指导教师通过示例对公诉人庭审举证项目进行实验演示。

(3) 指导教师根据实验素材指导公诉实验小组学生制作举证提纲、制定举证策略。

(4) 指导教师根据实验素材指导公诉实验小组学生进行公诉人庭审举证各种方法的举证实验,并将公诉组同学分成若干小组(每一小组由 2—3 人组成,一大组常有 4 或 5 个小组)进行实验。

(5) 实验时各小组之间可以相互观摩旁听，实验完毕后由观摩旁听的同学简要发表观摩意见，供实验的公诉小组同学学习参考。

(6) 实验项目演练完毕后先由学生对项目演练情况作自评、他评，再由指导教师点评、总结和打分评定成绩，记入实验记录表中。

六、实验素材（略，教师自备）

实验项目五　公诉人庭审质证

一、实验程序环节

刑事案件第一审普通程序中"法庭调查"阶段公诉人庭审质证。

二、实验目的

公诉人的庭审质证活动，是指公诉人在出庭支持公诉过程中，在审判人员的主持下，就辩方出示的证据来源、形式和内容及证明力进行质疑、论证和辩驳的诉讼活动。质证是法庭调查中的核心诉讼证明环节，是调查核实证据的重要手段，是法庭辩论的基础，是直接言词原则的体现，可以防止虚假或非法证据进入认证程序，是控辩双方捍卫己方主张并质疑对方观点的重要手段，是法庭审查事实和采信证据的前提。[1] 通过实验公诉人庭审质证项目，以训练学生根据庭审质证的基本原理和基本规范要求，掌握公诉人刑事庭审质证的基本技能技巧。公诉人的庭审质证是公诉人在刑事庭审中履行控诉职能所应具备的重要庭审技能之一，也是优秀公诉人必备技能之一。因此，公诉人庭审质证实验有着不容忽视的意义。

三、实验基本原理

2018年最高人民检察院发布施行的《指引》第 2 条规定："质证是指在审判人员的主持下，由控辩双方对所出示证据材料相互进行质疑和辩驳，以确认是否作为定案依据的诉讼活动。"2012 年最高人民法院《刑诉法解释》第 63 条规定："证据未经当庭出示、辨认、质证等法庭调查程序查证属实，不得作为定案的根据，但法律和本解释另有规定的除外。"质证是诉讼证明中的核心环节，直接关乎证明的质量，是证据认证的前提，所有证据必须经

---

[1] 黄海波：《出庭公诉实战技能》，中国检察出版社 2012 年版，第 103 页。

过法庭质证后经过法院认证成为定案依据，否则构成严重的程序违法。质证应当是质疑、反驳、辩论的统一。①

（一）公诉人质证的范围和内容

公诉人质证的范围有：辩方向法庭提交的全部刑事证据；公诉案件中被害人提交的证据；法庭依职权调查的证据。

公诉人质证的内容，是指辩方等所提交法庭的所有证据材料的证据能力（证据资格）和证明力，也即证据的客观性、关联性和合法性及证明力。

（二）公诉人庭审质证技能技巧

简言之，有答辩、质证、对质之技能技巧。公诉人在庭审质证中，应根据辩方所出示证据的内容以及对公诉方控诉证据提出的质疑，进行质疑、论证和辩驳。具体包括：公诉人对辩方质证的答辩技能技巧；公诉人对辩方出示证据的质证技能技巧；公诉人与辩方进行对质的技能技巧。

公诉方答辩技能技巧：

辩方对公诉人当庭出示、宣读、播放证据的合法性、客观性和关联性提出质证意见的，公诉人应当进行答辩。公诉人答辩一般应在辩方提出质证意见后立即进行，也可以根据需要在法庭辩论阶段结合其他证据综合发表意见，但应当向法庭说明。

举例1：对辩方质疑庭审中所举示的物证、书证、勘验、检查等笔录的答辩。公诉人可以从取证主体、程序、手段合法等方面进行答辩，论证物证、书证和勘验、检查等笔录的真实性和合法性。对于公诉方出示原件原物有困难，或者原件原物已不存在的，要从有充分证据证明复制件、复制品与原件原物完全一致等方面进行答辩。

举例2：对辩方质疑鉴定意见的答辩。公诉人可以从鉴定人身份、鉴定资质、鉴定能力、鉴定程序、鉴定标准等方面进行答辩，论证鉴定意见来源合法、结论科学，足以证明案件的相关事实。

举例3：在庭审质证中，公诉人对被告人及其辩护人断章取义，片面理解证据内容发表意见的，公诉人应立足证据认定的全面性、同一性原则，综合全案证据予以驳斥。

公诉方质证技能技巧：

公诉人针对辩方提请出庭的证人证言中的疑问进行质证。

一是证人与案件事实的关系；二是证人与被告人、被害人的关系；三是证人证言与其他证据的关系；四是证人证言的内容及其来源；五是证人感知

---

① 熊红文：《公诉实战技巧》，中国检察出版社2007年版，第185页。

案件事实时的环境、条件和精神状态;六是证人的感知力、记忆力和表达力;七是证人作证是否受到外界的干扰和影响;八是证人的年龄以及生理上、精神上是否有缺陷;九是证人证言前后有矛盾。

公诉方针对辩方出示的物证、书证的质证技能技巧:

对物证的质证主要是查清提取物证的程序是否合法,物证是否与案件有关联性。对书证的质证主要包括:一是书写人是否受到利诱、欺诈或者其他违背真实意愿因素的影响,内容是否反映其真实意思;二是内容是否明确,前后是否矛盾;三是是否与案件事实有联系,是否能证实案件真实情况。

物证、书证的质证重点是其鉴真问题,即必须要用相关证据鉴别物证、书证的真伪、来源的可靠性、提取的合法性等。司法实践中,一般通过以下几种证据来完成物证、书证的鉴真证明过程:一是勘验、检查笔录证明物证、书证的来源;二是证据提起笔录证明物证、书证的来源和提取经过;三是搜查笔录,是对强制性搜查手段的记载,主要包括搜查对象、搜查经过和搜查获得的相关物证、书证;四是扣押清单,是搜查完毕制作的扣押物证、书证的清单,能证明物证、书证的来源;五是辨认笔录,对现场或物证、书证的辨认在一定程度上也是鉴真的过程。①

公诉人与辩方进行对质的技能技巧:

对辩方出示的鉴定意见和提请出庭的鉴定人,公诉人在必要时可以要求有专门知识的人出庭,与辩护方提供的鉴定人对质。在对质过程中,公诉人应突出证据之间的矛盾点进行发问并适时运用其他证据揭露虚假的证据材料。

(三)质证的方法、策略

在庭审质证中,公诉人应掌握科学的方法,围绕证据的三性,即客观性、关联性、合法性进行质证。常见质证方法有:①一证一质;即每举一个证据便进行一次质证。这种方法一般适用于证据较少、比较简单的案件。②数证一质;即将数个证据全部举出,然后一次质证。这种情况下,证据较多,但证明力大小可能不同,如有的是原始证据,有的是传闻证据,因此,公诉人质证时应分清主次,重点针对起主导作用的证据进行质证。③分组质证。对应分组举证,可进行分组质证。对举出的每一组证据的质证,根据案件情况可采用一个证据一个证据的分别质证;也可采用对举出的每一组证据一次一并进行质证。质证策略上,要抓住实质,击中要害,切忌舍本求末,在枝节问题上纠缠不休,要实事求是,讲求效果。④及时质证和质证与辩论

---

① 参见黄海波:《出庭公诉实战技能》,中国检察出版社2012年版,第112页。

的交叉。及时质证指的是控方或辩方举证之后立即就单份证据或单组证据进行质辩，而不是一方证据全部举证结束后再作质辩。质证与辩论的交叉，是指质证与法庭辩论不再截然分开，而是在质证阶段控辩双方就证据的客观性、关联性、合法性展开局部争辩，等于将部分法庭辩论的内容提前到法庭调查中进行。①

（四）质证的基本程序

按照我国司法解释的规定，当庭出示的物证、书证、视听资料等证据，应当先由出示证据的一方就所出示证据的来源、特征等作必要的说明，然后由另一方进行辨认并发表意见，控辩双方可以互相质问、辩论。②

（五）质证的要求

一是在出庭前要制定质证提纲，做好质证预案。

二是公诉人对辩方断章取义、片面理解证据内容发表意见的，公诉人应立足于证据认定的全面性、同一性原则，综合全案证据予以驳斥。

三是对于辩方提出的质证意见，确实需要进行补充侦查的，公诉人可以建议延期审理。对辩方出示的对定罪量刑有重大影响的证据，而当庭又难以准确判断的，符合延期审理条件的，公诉人应当及时建议法庭延期审理。

四是根据罪责刑相一致原则，公诉人既要重视定罪证据的质证，也要重视量刑证据的质证，对辩护方提出的量刑证据要进行质证。

五是质证应当有目的、有条理、有重点；质证应做到质疑有据、答辩到位、证明有力；必要时，可简要概括已经法庭质证过的其他证据来质疑或反驳。

四、实验内容演示

实验内容演示1. 公诉人对辩方关于证据能力质证的答辩

示例：③

辩护人质证：公诉人所举示的该证人证言的证人在侦查阶段前后有多份证词，几份证词内容有多处存在矛盾，就同一事实其证言反反复复，因此，该证人的诚信值得怀疑，不具有作证的资格，其证言不能作为定案的依据。

公诉人答辩要点：是否能因为同一证人的证言存在反复，或者确实其内容有部分为假，就否定该证人的作证资格？《刑事诉讼法》规定，除了生理上、精神上有缺陷或者年幼，不能辨别是非、不能正确表达的人不能作证人

---

① 参见熊红文：《公诉实战技巧》，中国检察出版社2007年版，第183页。
② 熊红文：《公诉实战技巧》，中国检察出版社2007年版，第183页。
③ 参见熊红文：《公诉实战技巧》，中国检察出版社2007年版，第191页。

外，其他人都有证人资格。即使是一个平常喜欢说谎话的人，也不能因此剥夺其作为案件证人的作证资格，也不能断定其在本案中所作证言就是虚假的。当然，证人证言存在太多的水分及与其他证据存在矛盾，必然削弱其整个证言的证明力，但辩护人仍然不能因此否定证人的作证资格。

实验内容演示 2. 公诉人对辩方关于证明力质证的答辩

示例 1.[①]（对证明力质证的答辩）

辩护人质证：公诉人所举证据只能证明有犯罪的发生，不能证明犯罪系被告人所为。

公诉人答辩要点：要证明被告人实施犯罪当然首先要证明有犯罪事实的存在，公诉人刚才所举的证据虽然不能直接证明实施犯罪的人系被告人，但证明了被告人犯罪的时间、地点、手段及造成的后果，是案件非常重要的间接证据。

示例 2.[②]（对证明力质证的答辩）

辩护人质证：公诉人所举的这份证人证言的证人系被害人的亲属，与本案有重大利害关系，其证词不能采信。

公诉人答辩要点：《刑事诉讼法》规定，凡是知道案件情况的人都有作证的义务。除了生理上、精神上有缺陷或者年幼，不能辨别是非、不能正确表达的人不能作证人外，其他人都有证人资格。辩护人所提的是证据的证明力问题，不是证据能力问题。因此，公诉人刚才所举证人证言的证人具有作证能力，其证言应当采用。虽然该证人与被害人有利害关系，单独来看其证言的证明力相对要弱一些，但放到本案的证据体系中，该证据能与其他证据相互印证，共同形成证据锁链，足以证明该证据的客观真实性。

实验内容演示 3. 公诉人对辩护人举证的质证

示例 1.

......

审：辩护人有无证据向法庭出示？

辩：有二份证据要出示。第一份证据是四川西南司法鉴定中心出具的对王某的鉴定意见书。

这份证据要证明的内容是王某属于限制刑事责任能力人。2017 年因发生车祸，王某到西南司法鉴定中心进行的鉴定，结论是：王某脑外伤导致智力障碍，伤残等级为九级。请法庭在量刑时考虑。

[①] 熊红文：《公诉实战技巧》，中国检察出版社 2007 年版，第 193 页。
[②] 熊红文：《公诉实战技巧》，中国检察出版社 2007 年版，第 193 页。

审：这份证据的来源？

辩：四川西南司法鉴定中心。

审：谁委托的？

辩：委托方李某梅，交通事故的当事人。

审：是因为什么事？

辩：交通事故伤到王某的头部，对其精神做司法鉴定。道路交通事故案件法院已经审判了，赔偿款已支付了。

审：下面由辩护人继续举证。

辩：下面这份证据是一份证明。是由王某所在的村委会、镇政府出具的证明王某是失地农民，现正在享受失地农民低保的证明。因为毒品犯罪涉及财产刑，请求法庭对王某适用财产刑时予以考虑。

审：法警，把这两份证据交由公诉人查阅。

公诉人：这份鉴定意见证据对本案的直接关联性不足。第一，委托方是交通道路事故当事人，不是公安司法机关，委托主体不合法。第二，原鉴定时间是2016年，本案是2018年3月7日发生，原鉴定不是在本案中的鉴定。第三，精神、智力伤残等级评定为九级，从其影响来看，不足以据此认定为王某属于限制刑事责任能力人。

第二份证据，即村委会出具的证明王某是失地农民享受低保的证据，本公诉人认为其与本案无直接关联性。

审：辩护人提供的这两份证据将在合议庭休庭评议时再作决定是否采信。

示例2. 辩护人向被害人取证之程序合法性的质证

《刑事诉讼法》第43条第2款规定："辩护律师经人民检察院或者人民法院许可，并且经被害人或者其近亲属、被害人提供的证人同意，可以向他们收集与本案有关的材料。"实践中，辩护律师经常有意或无意疏漏这一程序，对违反这一程序规定的，公诉人应当及时提出辩护人所举证据无效。[①]

如：有一诈骗案中，辩护律师未经人民检察院或者人民法院许可，径直向本案的被害人取证，当辩护律师将此份证据（书面的被害人陈述）提交到法庭后，公诉人质证此份证据取证程序不合法，后法庭采纳公诉人质证意见将此份证据排除。

示例3. 涂改处没有证人签章或捺印的书面证词的质证[②]

---

① 参见熊红文：《公诉实战技巧》，中国检察出版社2007年版，第195页。
② 熊红文：《公诉实战技巧》，中国检察出版社2007年版，第196页。

如：江苏省有一位律师在调查取证中，制作了十余份证人证言，但每份证词均有不同程度的涂改，且涂改处没有证人签章或捺印。庭审中，律师举示这些证据后，公诉人对证据中的这些问题提出质疑，律师答辩时辩解这些涂改处系不紧要处，有的是写错了，有的是笔误。公诉人坚决反驳道：第一，律师涂改了对被告人不利的内容，保留了对被告人有利的内容，必然影响证人陈述的全面性与客观性；第二，法律并没有规定所谓的"不紧要处"可以涂改，且涂改无须签章、捺印，辩护人的辩解于法无据。最后，法庭采纳了公诉人的质证意见，当庭裁决律师提供的十余份证人证言无效。

示例 4. 没有盖章的证据复印件的质证[①]

我国法律及司法解释规定，书证的副本、复制件，物证的照片、录像，只有经与原件、原物核实无误或者经鉴定证明真实的，才具有与原件、原物同等的证明力。实践中，有的辩护人当庭提供的协议书、合同、借条等证据复印件皱皱巴巴，字迹模糊不清，没有证实与原件核对无误的盖章，不能证明证据复印件的来源，对此，公诉人应当提出该证据不具有证明力，建议法庭不予采信。

五、实验要求、步骤及方法

（1）先由指导教师对公诉组同学进行公诉人庭审质证之目的、作用及应遵循的质证相关原理进行集中讲解，使学生了解庭审质证的重要性。

（2）指导教师通过示例对公诉人庭审质证项目作实验演示。

（3）指导教师根据实验素材指导学生制作质证提纲和质证预案。

（4）指导教师根据实验素材和前一项举证技能训练时各小组已有的举证提纲和举证内容，指导各个公诉实验小组（一般为 2—3 人为一小组；一大组常有 4 或 5 个小组）进行质证技能演练。

（5）实验时公诉组同学可以相互观摩旁听，实验完毕后由观摩旁听的同学简要发表观摩意见，供实验的公诉小组同学参考。

（6）实验项目演练完毕后先由学生对项目演练情况作自评、他评，再由指导教师点评、总结和打分评定成绩，记入实验记录表中。

六、实验素材（略，教师自备）

[①] 熊红文：《公诉实战技巧》，中国检察出版社 2007 年版，第 196 页。

实验项目六　公诉人发表公诉意见和量刑建议

一、实验程序环节

刑事案件第一审普通程序中"法庭辩论"阶段公诉人发表公诉意见与量刑建议。

二、实验目的

通过实验公诉人庭审发表公诉意见与量刑建议项目,意在使学生了解公诉人庭审发表公诉意见与量刑建议是法庭辩论阶段的第一环节,让学生知悉其目的、作用和应遵循的原理和规则。通过庭审发表公诉意见与量刑建议实验,训练学生写作公诉意见书、量刑建议书,发表公诉意见、提出量刑建议,以促使学生掌握全面概括法庭调查情况的基本技能技巧,促使学生习得法律文书制作、法庭口头表达的基本技能技巧。

三、实验基本原理

法庭调查阶段结束之后进入法庭辩论阶段。法庭辩论是在审判长主持下,在法庭调查的基础上,控辩双方就案件的证据、事实和法律适用等问题各自提出系统综合的意见和主张,充分阐述理由和根据,并互相反驳、论辩。通过控辩双方的法庭辩论交锋,使法庭对被告人作出公正的定罪量刑。《刑事诉讼法》第198条规定:"法庭审理过程中,对与定罪、量刑有关的事实、证据都应当进行调查、辩论。经审判长许可,公诉人、当事人、辩护人、诉讼代理人可以对证据和案件情况发表意见并且可以互相辩论。"按照法律规定,法庭辩论的顺序是:①公诉人发表公诉意见(量刑建议);②被害人及诉讼代理人发言;③被告人自行辩护;④辩护人发表辩护词;⑤控辩双方互相辩论。

(一)公诉人发表公诉意见的目的及性质

公诉人庭审发表公诉意见具有突出的国家控诉犯罪的性质。发表公诉意见是在法庭调查结束后,公诉人代表国家对法庭查明的证据与事实系统地发表意见,提出适用法律主张的活动,具有承前启后的作用。一方面,法庭调查阶段结束,法庭审理进入辩论阶段,公诉人发表公诉意见。公诉人所发表的公诉意见应当对法庭调查阶段的举证、质证情况进行概括归纳总结,阐述公诉人控诉犯罪的证据与事实基础。另一方面，公诉人发表公诉意见后，辩护方会针锋相对地发表辩护意见，公诉人要在此基础上进一步答辩，所以公诉人所发表的公诉意见应当对法庭辩论进行宏观布局，阐明适用法律的主张，深刻分析被告人走上犯罪道路的原因，进行必要的法制宣传和教育。无论是承前，还是启后，公诉人发表公诉意见都应当紧紧围绕着国家控诉犯罪而展开，概述法庭调查的基本情况是申明被告人承担刑事责任的事实基础，阐明适用法律的主张是阐明被告人承担刑事责任的法律根据，分析被告人走上犯罪道路的原因是确立被告人承担刑事责任的社会意义。

在法庭审理过程中，对与定罪、量刑有关的事实、证据都应当进行辩论。经审判长许可，公诉人、当事人和辩护人、诉讼代理人可以对证据和案件情况发表意见并且可以互相辩论。庭审中的辩论，可以分为法庭调查中的辩论与法庭辩论中的辩论，前者是分散辩论，包括"质证"与"答辩"，后者是集中辩论，包括"公诉人发言""被害人及其诉讼代理人发言""被告人自行辩护""辩护人辩护""控辩双方进行辩论"。其中"公诉人发言"即公诉人发表公诉意见，它是法庭辩论阶段的第一项内容。

（二）公诉人发表公诉意见的作用

一是系统地概括归纳作用。公诉意见要求公诉人对庭审调查阶段的举证、质证活动进行概括归纳总结。由于法庭调查阶段的举证、质证具有"片段化"的特点，通过发表公诉意见系统地概括法庭调查阶段举证、质证的作用就十分突出。在法庭调查阶段，公诉人为证明案件事实情况，通过分组分类的形式，逐个将证据一一向法庭出示，每组每类证据中的具体证据原则上都是被"分解"出示的，这种举证形式决定了无法通过整体性地出示证据，从彼此的联系中说明案件事实，最后可能导致出现的结局是：所有的"点"无法通过自身独立地还原为"线"。这就需要进行总体上的概括归纳总结，通过系统地回顾，揭示证据与证据之间的关系，以及全部证据形成的案件事实整体状况。如果将公诉人所举证据比喻为布料，那么发表公诉意见就是将布料制成衣服的过程。公诉人要通过归纳总结构建一个完整的证据体系，凸显每份证据的证明价值，强化法庭以及旁听人员对证据的感性认识。

二是法律适用的论证与说理作用。公诉意见要求在对法庭调查进行系统概括总结的基础上对法律适用进行论述，对法律适用的疑难问题进行深刻的法理分析。公诉意见书与起诉书最突出的区别之一是，起诉书是叙述性和确认性的，而公诉意见书则应当具有论证性和解释性。公诉人出庭除了负有举证义务外，还负有说服义务，即说服法庭接受公诉机关指控的意见。

三是法制宣传与教育作用。对公诉人而言，出庭公诉的主要职能是控诉犯罪，追究被告人的刑事责任。但是，公诉人行使检察权不仅仅在于直接的控诉犯罪，也包括对法制的宣传和教育。公诉人在公诉意见中对被告人犯罪原因进行深入的剖析，引起被告人深刻反省，对促成被告人认罪服法，积极接受刑罚处罚，充分发挥刑罚作为教育刑、改善刑的功能有重要意义。同时，引起旁听群众的共鸣，对发挥刑罚的一般预防效果以及促成社会认同刑事判决也有重要的价值。从这个意义上，公诉意见书应当是一篇优秀的法治讲演。因此，公诉意见书应当是说理充分的、逻辑清晰的、准确而有力的宣传演讲。公诉人应当利用发表公诉意见的机会，结合案件事实，讲解法律法规，宣传法制精神。

（三）公诉人发表公诉意见应遵循的基本规则

1. 反对脱离起诉书规则

起诉书是人民检察院控诉犯罪的基础性法律文件，起诉书所陈述的基本犯罪事实与证据及指控的罪名对法庭调查与法庭辩论都有统摄意义。根据"不告不理"的诉讼原理，超出起诉书范围的事实、证据及其意见都将不予认定或者采纳。

在法庭辩论环节公诉人发表公诉意见也应当紧密围绕起诉书进行。不得提出与起诉书不同的公诉意见。最重要的是，不能在公诉意见中变更指控罪名或者添加指控罪名，或者发表不构成犯罪的公诉意见。针对庭审过程中所出现的不同情况，公诉人应当作出不同的应对，而不应当发表与起诉书不一致的公诉意见。

因此公诉人只能依照起诉书发表公诉意见，展开法庭辩论。在庭审过程中，由于新的事实和证据出现，公诉人认为需要变更、追加或者撤回起诉应当报经检察长或者检察委员会决定，并以书面方式在人民法院宣告判决前向人民法院提出。

2. 切忌与法庭调查脱节规则

公诉意见是在概括法庭调查基础上，由公诉人当庭发表的法律意见，公诉意见的内容切忌与法庭调查相脱节。在实践中有两种常见的与法庭调查相脱节的情况：一是"照本宣科"。实践中，公诉意见往往已由公诉人在庭前准备中就草拟完成。但是，庭前准备的公诉意见并不能完全反映庭审中的真实情况，如果"照本宣科"，可能会产生负面的效果，即失去对辩护方提出质证意见再做答辩的机会。二是"各行其道"。公诉人发表的公诉意见缺乏对法庭调查的准确概括，实际呈现的情况与公诉意见差距较大。产生这种情况的原因，往往是因为公诉人对案件情况不熟悉，没有准确地认识相关证据材料的证明能力，形成了实际情况与理解的"落差"或者是缺乏经验，语言表达没有到位，形成了实际情况与表述的"落差"。

3. 反对一味追求从重、从严的规则

公诉人代表国家出庭支持公诉，代表国家追究犯罪、惩罚犯罪。但是，公诉人的公诉活动应当以事实为根据，以法律为准绳，追究犯罪、惩罚犯罪并不意味着要一味追求从重、从严。在我国，公诉人是基于检察权而出庭支持公诉的，检察权的本质是一种法律监督权。如果公诉人故意违背事实和法律提出公诉意见，显然违背了检察职能，使得法庭审理的社会效果显著降低，对于国家机关的权威形象有重大损害。

（四）公诉人发表量刑建议

对于公诉案件，人民检察院可以提出量刑建议，并应当制作量刑建议书，与起诉书一并移送人民法院。根据案件情况，人民检察院也可以在公诉意见书中提出量刑建议。量刑建议书中一般应当载明人民检察院建议对被告人处以刑罚的种类、刑罚幅度、刑罚执行方式及其理由和依据。对人民检察院以量刑建议书方式提出的量刑建议，人民法院在送达起诉书副本时，将量刑建议书一并送达被告人。根据最高人民检察院《刑诉规则》第418条规定："人民检察院向人民法院提出量刑建议的，公诉人应当在发表公诉意见时提出。"

四、实验内容演示

实验内容演示1. 制作公诉意见书（公诉词）和量刑建议书

（1）公诉意见书范本

广州市人民检察院
公诉意见书

被告人许某

案由盗窃

起诉书号穗检公二诉〔2007〕176号

审判长、人民陪审员：

今天，广州市人民法院依法开庭，公开审理本院提起公诉的被告人许某盗窃一案。根据《中华人民共和国刑事诉讼法》第一百五十三条和《人民检察院组织法》第十五条之规定，我们受广州市人民检察院的指派，以国家公诉人的身份出席法庭支持公诉，并依法履行法律监督职责。

在刚才的法庭调查过程中，公诉人依法讯问了被告人许某，宣读并出示了大量书证、物证、证人证言等，已经清楚地说明本院起诉书认定被告人许某所犯盗窃罪的事实是清楚的，证据是充分的。被告人许某目无国法，伙同郭某山，利用银行系统升级出错之际，疯狂地从该自动取款机中取款，前后共达一百七十次之多，总计人民币175000元。之后，许某又携款潜逃。至今未退还赃款。对此，我院认为，许某的行为性质恶劣，情节严重。为了保障国家、集体、个人的财产不受侵犯，对被告人许某必须绳之以法，严惩不贷。现对本案证据和案件情况发表如下公诉意见，请合议庭评议时，充分考虑并采纳。

（一）被告人许某以非法占有为目的，盗取财产数额特别巨大，并携款潜逃，性质恶劣，社会影响极坏，已构成盗窃罪。

根据我国《刑法》第二百六十四条的规定，所谓盗窃罪，是以非法占有为目的，秘密窃取公私财物数额较大或多次盗窃公私财物的行为。

1. 本罪侵犯的客体是公私财物的所有权，即对国家、集体、个人所有的各种财物的侵犯。根据广州市商业银行出具的报案陈述，发现自动柜员机在4月21日21时56分至4月22日12时34分期间内短款196004元，并且查明其中一张提款的银行卡的卡号户名为许某。从上述事实，我们可以证明，该商业银行的财产被非法占有。

2. 本罪的客观方面表现为秘密窃取公私财物数额较大或多次盗窃公私财物的行为。所谓秘密窃取，指行为人采用自认为不会被财物的所有者、保管者、经手者察觉的方法，暗中窃取财物。案发当晚21时56分，被告人许某在取款时意识到银行自动柜员机出现异常，能够超出账面余额取款且不能如实扣账。于是在21时57分至22时19分、23时13分至19分、次日零时26分至1时06分三个时间段内，持银行卡在该自动柜员机指令取款170次，共计取款174000元。随后，被告人许某告知郭某山该台自动柜员机出现异常后，郭某山亦采用同样手段取款19000元。从中看出，被告人许某自认为不会被发现，以银行客户身份作为掩护，利用ATM取款机故障，窃取不属于本人的钱款，属于秘密窃取。并且根据最高人民法院的《关于审理盗窃案件具体应用法律若干问题的解释》第三条规定，个人盗窃公私财物价值人民币三万元至十万元以上的，为数额特别巨大。被告人许某窃取数额达174000元，属于数额特别巨大。

3. 本罪的主体只能是年满十六周岁具有辨认能力和控制能力的自然人。被告人许某生于1983年2月7日，在案发时已经年满16周岁，具有辨认能力和控制能力。

4. 本罪的主观方面要有故意，即必须意识到所盗窃的是公私财物或他人财物，并且具有非法占有的目的。作为一个心理正常的成年人，许某应当明白发生本案这种情况时，他完全可以打电话告知银行或告知单位的领导。而且自动柜员机出错是记账的错误，完全没有必要将钱取出来保管。在案件发生后,被告人许某完全有充分的时间报案,但是许某却没有报案,而是匆匆逃离了广州,这些行为充分说明被告人具有非法占有的目的,而不像其所称是"为了保护银行的财产"。被告人许某在明知自己的银行卡里只有170多元的情况下,利用自动柜员机的错误,在被害单位不知情和自动柜员机出错的情况下,主动多次向自动柜员机发出取款1000或2000元的指令,其非法占有的目的显而易见。

综上所述,被告人许某的行为已符合《刑法》盗窃罪的构成要件,犯罪事实清楚,证据确实充分,依法应当追究刑事责任。

(二)我们认为对于此案的争议问题在于:

1. 关于"秘密窃取"的问题。

许某在发现自动柜员机出现异常后,分别于夜间三个时间段内进行取款。进行盗窃的时间是不易被发现的晚上。辩护方所称的许霆是以自己的银行卡,在有监控录像的情况下进行提款,不能构成秘密窃取。但我们再次强调,秘密窃取是以主观意识为判断标准,只要行为人主观上自认为不会被发现,即构成秘密窃取。而且以其取款的方式、次数和持续的时间,均表明被告人许某自认为自己的行为不会被银行工作人员马上发现,一而再再而三地进行多次取款,表明其客观上实施了秘密窃取的行为。

2. 关于ATM机是否属于金融机构

根据《关于审理盗窃案件具体应用法律若干问题的解释》第八条"刑法第二百六十四条的盗窃金融机构,是指盗窃金融机构的经营资金、有价证券和客户的资金等,如储户的存款、债券、其他款物,企业的结算资金、股票,不包括盗窃金融机构的办公用品,交通工具等财物行为"的规定,我们认为ATM机并不属于金融机构。因为在现行法律未对盗窃金融机构中的金融机构做出明确规定的情况下,根据刑法解释的基本原则,应当从有利于被告人的角度来阐述,所以不应当将ATM机认定为金融机构。

(三)被告人许某盗窃一案给人们的启示

被告人许某作案时是一名基层的普通保安,高中文化程度,应该说接受的教育程度还是比较高的。那么,作为一个普通的劳苦大众,正值青年,是什么让他走上了犯罪道路?

反观本案犯罪过程,许某在正常取款时,发现自动柜员机出现异常,能够超出余额取款且不能如实扣账之后,本可以告之银行相关工作人员进行修理,防止银行财产的损失。但是面对巨大的金钱诱惑,最终走上了犯罪道路。并且他心存侥幸心理,以为携款逃匿能够逃避法律的制裁。然而"天网恢恢,疏而不漏",在详细确凿的证据面前,经过公安机关迅速有力的追捕,终于在陕西省宝鸡市将被告人许某抓获归案。

被告人许某携款潜逃之后，由于畏罪心理，长达一年之久都没有看望家乡的老父母，不仅给公民财产造成了巨大的损失，也给年迈的父母造成了无法弥补的心理伤害。许某今年二十四岁，正是有所作为，用自己的劳动回报父母、回报社会的年龄，但是，由于其不劳而获的心理，利用银行系统升级出错之机进行盗窃，辜负了社会和养育他成人的父母的期望。我们可以设想一下，倘若许某有着作为一个青年应当具备的责任感和正义感，他本可以将ATM取款机的故障告知银行方面，也一定会得到应有的奖励和感谢。我们相信现在坐在被告席上的许某一定对当时的贪图小利而后悔，一失足成千古恨，许某最终为他一时的贪婪付出了代价。

许某案的教训告诉我们，在市场经济高速发展的现在，公民个人的道德修养和精神文明建设至关重要。只有不断加强自己对应各种利益诱惑的防线，才能在市场经济发展的大浪里不迷失方向。许某走上犯罪道路的原因有ATM机故障这一偶然因素，但更多则是他不劳而获的心理和享乐主义在作祟。如果不能自觉地以国家的法律来约束自己，就有可能导致违法犯罪行为的发生。因此我们要在社会生活中树立正确的人生观、价值观，以顺应和谐社会发展的时代步伐。最后，我们希望更多的人能够从该案中吸取教训，引以为戒，从而加强法制观念，使自己成为一名遵纪守法的公民。

综上所述，本案事实清楚，证据确实充分。被告人许某以非法占有为目的，秘密窃取公私财物，数额特别巨大，其行为已经触犯了《中华人民共和国刑法》第二百六十四条之规定，构成盗窃罪。请法庭注意的是，被告人许某在秘密窃取公共财物后告知郭某山该台自动柜员机出现异常，郭某山亦采用同样手段取款19000元，致使公共财物遭受更大的损失；被告人作案后携款潜逃长达一年，主观恶性大，在社会上造成严重影响，情节特别严重，建议处十年以上有期徒刑。

公诉人　王传来　徐叶伟　杨佳颖
2007年9月27日

（2）量刑建议书样本

人民检察院量刑建议书格式样本（试行）
人民检察院量刑建议书

被告人：

案由：

起诉书文号：

　　被告人　　　　一案，经本院审查认为，被告人　　　　的行为已触犯

《中华人民共和国刑法》第　　条（款、项）之规定，犯罪事实清楚，证据确实充分，应当以　　罪追究其刑事责任，其法定刑为　　。

因其具有以下量刑情节：

1. 法定从重处罚情节：
2. 法定从轻、减轻或者免除处罚情节：
3. 酌定从重处罚情节：
4. 酌定从轻处罚情节：
5. 其他

故根据　　（法律依据）的规定，建议判处被告人　　（主刑种类及幅度或单处附加刑或免予刑事处罚），　　（执行方式），并处　　（附加刑）。

此致

　　人民法院

检察员：

年　　月　　日

（院印）

量刑建议书制作说明

一、量刑建议书的格式样本供地方各级人民检察院对提起公诉的案件拟以专门的量刑建议书的形式向人民法院提出量刑建议时使用。拟在公诉意见书中提出量刑建议的，格式同公诉意见书样本。

二、上述格式包括首部、被告人姓名、案由、起诉书文号、行为触犯的法律、涉嫌罪名、法定刑、量刑情节、建议的法律依据、建议的主刑种类及幅度、执行方式、附加刑种类、尾部等。

（一）首部

人民检察院的名称：人民检察院的名称前应写明省（自治区、直辖市）的名称；对涉外案件提起公诉时，人民检察院的名称前均应注明"中华人民共和国"的字样。

（二）法定刑

法定刑为依法应适用的具体刑罚档次。

（三）量刑情节

量刑情节包括法定从重、从轻、减轻或者免除处罚情节和酌定从重、从轻处罚情节。如果有其他量刑理由的，可以列出。

（四）建议的法律依据

包括刑法、相关立法和司法解释等。

（五）建议的内容

建议的主刑属于必填项，如果主刑是拘役、管制、有期徒刑，则一般应有一定的幅度。执行方式和并处附加刑属于选填项。执行方式指是否适用缓刑。附加刑可以只建议刑种种类。如果建议单处附加刑或免予刑事处罚的，则不再建议主刑、执行方式和并处附加刑。

（六）尾部

1. 量刑建议书应当署具体承办案件公诉人的法律职务和姓名。
2. 量刑建议书的年月日，为审批量刑建议书的日期。

三、对于被告人犯有数罪的，应分别指出触犯的法律、涉嫌罪名、法定刑、量刑情节、建议的内容，确有必要提出总的量刑建议的，再提出总的建议。

四、一案中有多名被告人的，可分别制作量刑建议书。

五、对于二审、再审案件需要制作量刑建议书的，可以此格式样本为基础做适当调整。

六、对于量刑建议的原则及如何提出量刑建议等，以《人民检察院开展量刑建议工作的指导意见（试行）》为依据。

实验内容演示 2. 发表公诉意见和量刑意见

（1）发表公诉意见

公诉人发表公诉意见应当在法庭调查结束之后进入法庭辩论阶段时，由审判长宣布公诉人发表公诉意见。公诉人在得到发表公诉意见的信息后，当庭向法庭发表公诉意见。公诉人应当依据事先准备好的公诉意见书，结合法庭调查的具体情况，综合予以发表。对于公诉意见书的首部内容可以略过，以"审判长、审判员（或者人民陪审员）……"的表述作为开头，以"审判长、审判员（或者人民陪审员），公诉人公诉意见发表完毕"的表述作为结束。

示例：

审判长：法庭调查结束，现在进行法庭辩论。首先请公诉人发表公诉意见。

公诉人：审判长、审判员、人民陪审员，今天×××人民法院依法公开审理被告人张三诈骗一案。根据《中华人民共和国刑事诉讼法》第184条的规定和《中华人民共和国人民检察院组织法》第15条的规定，我们受本院检察长的指派，以国家公诉人的身份出席法庭，代表国家出庭支持公诉，并依法履行法律监督职能，为进一步揭露犯罪，弘扬法制，现就本案发表如下公诉意见：一、规范完整合法的证据体系准确全面地证实了被告人张三的诈骗犯罪事实，在刚刚结束的法庭调查的基础上，我们认为……（略）公诉人公诉意见发表完毕。

在发表公诉意见的全过程中，公诉人保持坐姿，面对审判席，声音洪亮、匀速地发表意见，面部表情严肃、认真。公诉意见有关法庭调查的概括以及适用法律的分析，语气应当平实、以理服人；公诉意见有关法制宣传与教育的内容，语气应当富有感染力、以情动人。

（2）发表量刑建议

一是量刑建议可以在公诉意见书中提出，在宣读公诉意见时一并提出量刑建议。

二是以量刑建议书的方式单独提出量刑建议的，则在宣读完毕公诉意见书后宣读量刑建议书。

五、实验要求、步骤及方法

（1）先由指导教师对公诉组同学集中讲解公诉人发表公诉意见和量刑建议的目的、作用及应遵循的相关原理，并使学生了解公诉人发表公诉意见与宣读起诉书的不同，发表量刑建议的规范要求等。

（2）指导教师通过示例对公诉人发表公诉意见和量刑建议项目作实验演示。

（3）指导教师根据实验素材指导学生制作公诉意见书和量刑建议书。

（4）指导教师根据实验素材指导学生做发表公诉意见和量刑建议的实验，并可以采取观摩庭审录像的方式，使学生较直观的了解掌握发表公诉意见和量刑建议的仪表、仪态、举止和表达节奏等。

（5）实验时各小组之间可以相互观摩旁听，实验完毕后由观摩旁听的同学简要发表观摩意见，供实验的公诉小组同学参考。

（6）实验项目演练完毕后先由学生对项目演练情况作自评、他评，再由指导教师点评、总结和打分评定成绩，记入实验记录表中。

六、实验素材（略，教师自备）

实验项目七　公诉人庭审答辩

一、实验程序环节

刑事案件第一审普通程序中"法庭辩论"阶段公诉人庭审答辩。

二、实验目的

通过实验公诉人在法庭辩论阶段的庭审答辩，意在使学生了解公诉人庭审答辩的目的、作用和应遵循的原理和规则，通过庭审答辩实验，训练学生制作答辩提纲、制定答辩策略，并初步实践公诉人庭审答辩的基本技能技巧，从而提高学生分析问题解决问题的能力。

三、实验基本原理

（一）公诉人法庭辩论阶段答辩的目的及性质

按照我国法律规定，公诉人在发表公诉意见之后，由被告人、辩护人发表辩护意见，在法庭的主持下，公诉人应针对性地对辩护意见进行"回答"与"辩驳"。随着我国庭审方式由职权主义模式逐步转向控辩式审理模式，如何处理好法庭辩论中的公诉人答辩问题，对公诉效果、公诉成败显得极为重要。

公诉人答辩的目的是在公诉意见的基础上更有针对性地回应辩护意见，维护公诉人的主张，驳斥被告、辩护人的错误观点与看法，使主持庭审的审判人员对案件事实与法律适用等问题有更准确的认识，在合法的程序架构下最大限度地影响审判人员的判断。

公诉人答辩处于法庭辩论环节，具有辩论的性质。在把握公诉人答辩时，应当将其与相似的公诉人活动加以区分。法庭辩论阶段的公诉人答辩不同于法庭调查阶段公诉人举证后针对辩方质证意见的答辩。法庭调查阶段的答辩属于分散辩论，而法庭辩论阶段的答辩属于集中辩论、焦点辩论。法庭调查阶段的答辩题材有限，囿于证据的特性，通常围绕着证据的三性展开；法庭辩论阶段的答辩则不仅涉及证据、案件事实，也涉及法律适用。法庭调查阶段的答辩原则上是"一证一质一答辩"，答辩受举证的时空限制较大；法庭辩论阶段的答辩，则可以纵横捭阖于全案证据、事实之间，既可以点状应对，也可以线状回击，还可以立体全方位的反响。法庭辩论阶段的答辩也不同于法庭辩论阶段的发表公诉意见。发表公诉意见是法庭辩论环节的开始，系统地反映公诉人关于证据、事实与适用法律的看法；法庭辩论阶段的答辩则是在发表公诉意见基础上，听取了辩护意见之后，带有针对性的"回答"与"辩驳"。

（二）公诉人法庭辩论阶段答辩的作用

一是维持控辩结构平衡。控辩双方一攻一守，控方指控，辩方反击，才能够保证控辩平衡，法官居中裁判，兼听双方意见，确保刑事裁判的公正性。公诉人答辩的对象是在辩护方听取了公诉人意见后所作的辩护意见。公诉人不做答辩将会导致出现严重的结构性失衡问题，即审判人员对辩护意见印象更加深刻，出现偏听偏信问题。

二是驳斥辩护方错误看法与观点，防止审判人员陷入误区。辩护方站在自身诉讼角色立场上，通常会针对证据、事实与法律适用提出无罪、罪轻的辩护意见，这些辩护意见往往真假夹杂，或者有失偏颇。面对种种错误的辩护意见，如果公诉人不通过答辩的形式予以"驳斥"的话，会导致错误得不到纠正，正确意见显得单薄，产生误导审判人员的实际效果。

三是补强公诉意见，增进控诉犯罪效果。公诉人发表公诉意见是在法庭辩论的开始阶段，对辩护方的观点带有一定的预测性，其所阐明的主张可能缺乏针对性、深入性。当辩护方发表辩护意见之后，双方的意见才得以系统地呈现，双方争议点才可能完全地呈现出来，特别是有关法律适用的相关看法与观点。通过公诉人答辩就可以进一步补充公诉意见中未深入展开的论述，一方面针对性地对案件事实和证据起到进一步诠释作用，另一方面可以对审判人员施加影响，促使其采纳控方证据，接受控方观点，从而对法庭判决起基础性的作用。

（三）公诉人法庭辩论阶段答辩的基本规则

一是把握重点原则。法庭辩论的第一轮，公诉人先发表公诉意见，辩护人陈述辩护主张，控辩双方各自亮明了基本观点。公诉人应当认真听取和分析辩护意见，把握好哪些是辩护的核心观点，哪些是辩论的分歧焦点，对定罪量刑有重要影响，需要重点答辩；哪些是次要问题，不影响定罪量刑，可以不答辩或者作简单概括的答辩；哪些是控辩双方认识基本一致的观点，可以不答辩或简单说明。如果不分主次，面面俱到，四面出击，必然会陷入该辩的辩不清、疲于应付、顾此失彼的被动局面。对属于下列情况的辩护观点需要进行答辩：一是歪曲和否定事实的；二是对罪名提出异议的；三是适用法律条款有分歧的；四是曲解政策、法律、法规的；五是提出从轻、减轻、免除处罚不符合法律规定的，等等。在需要答辩的问题中，对与定罪量刑有重要关系的关键性问题要重点答辩。另一方面，对属于下列情况的辩护观点一般可不予答辩或仅作简单答辩：一是与本案无关的问题；二是已经答辩清楚的问题；三是不影响定罪量刑的枝节性问题。

二是掌握主动原则。在法庭辩论中，公诉人必须控制好局面，牢牢掌握主动，使法庭辩论朝着有利于控诉的方向发展。为此，公诉人要根据在庭前做好的预测和准备，对辩护人会提出的合理意见和主张，特别是对被告人可以从轻、减轻处罚的意见，应当在发表公诉意见时先行提出，以减少辩护辩点。对辩护人可能作无罪辩护的，必须在公诉意见书中加强有罪的分析和论证，先发制人，以掌握主动。

三是有理有节原则。公诉人在辩论中，要以事实、证据和法律为依据，运用合乎逻辑的论证方法论证公诉意见，批驳辩护意见，做到观点鲜明、逻辑严密、说理充分，切忌主观推测、使用不恰当的类比和强词夺理等情况。辩护观点明显错误时，要严正驳斥；辩护观点有一定合理成分时，要深入分析，反驳其错误、不合理的部分；辩护观点正确、合理的，必要时建议法庭予以考虑。在发言时，一方面要注意控制情绪，另一方面要保证表达的准确性、规范性、严肃性。公诉人如果因为紧张、考虑不周或者误解辩方观点，答辩时出现观点有误、表达不清、引用法律错误等问题，应当及时通过补充发言予以补救、纠正。

四是随机应变原则。公诉人在庭前准备时，不可能预测到法庭辩论中的全部情况。有时因证据发生变化，法庭辩论的焦点和走向可能与庭前预测完全不一致。这就需要公诉人有较强的心理素质和控场、应变能力，做到处变不惊、沉着冷静。要根据庭审中出现的新情况，迅速考虑处理方法和解决途径，及时调整答辩策略和内容，靠临场发挥和随机答辩牢牢掌握庭审活动的主动权。

五是实事求是原则。公诉人代表国家在法庭上揭露、指控、证实犯罪，要弘扬正义，展示公正执法的形象。为此，公诉人在法庭辩论中的立论、驳论和论证，应当坚持以事实、证据和法律为依据，体现公诉的客观性、合法性、公正性。对于细节事实和次要事实不清而不影响定罪量刑，以及证据存在一定弱点而不影响定案的，要实事求是地对待，进行必要的分析、说明，而不能强行掩饰。如果发现认定事实、运用证据和适用法律确有错误，绝不能将错就错，应当采取适当办法妥善处置，保证案件得到正确处理。比如可以根据刑事诉讼法的规定，建议延期审理，进一步补充侦查。

六是庄重得体原则。公诉人在法庭上要表现出刚正、严肃、庄重的气质，辩论发言要文明、规范、得体，充分体现社会正义和司法威严。在辩论发言中，还要注意适当运用语气、语调、语速、音量、手势、表情的变化唤起听众的注意，增强发言的感染力。有时被告人、辩护人为混淆视听，故意使用引发情绪对抗的言辞或者无端攻击的方式刺激公诉人，挑起法庭冲突。公诉人如果不能控制自己的情绪，简单粗暴地对待，既有损公诉人和检察机关的形象，也不利于庭审活动的稳定，更无助于案件的正确处理。

四、实验内容演示

实验内容演示 1. 预测辩护观点，编制答辩提纲，确定答辩要点

法庭审理虽然"风云变幻"，却也基本上围绕着双方在庭审之前提供的相关证据材料展开，因此，"未雨绸缪"地在开庭之前就预测辩护观点，有助于公诉人在法庭辩论时开展积极有效的辩论。"凡事预则立不预则废"。一般而言，辩护人的辩护观点主要包括：[1]

（1）证据方面：首先，在单个证据上，指控证据不具有证据能力。例如，证据取证程序非法，取证主体非法，证据形式不合法，证据不具有相关性，证据不具有真实性等。其次，在整体证据上，指控证据缺乏一致性。如证据与证据之间存在矛盾，证据之间不能互相印证，缺乏其他证据的支撑，孤证不能定案。再次，在关键证据上，指控证据缺失。如没有找到杀人凶器，缺少指纹鉴定，没有查找到尸体等。最后，在证明程度上，指控证据无法达到充分的程度。

（2）实体方面：首先，在成立犯罪方面，犯罪构成不能满足或者具备正当性理由。例如，被告人未达到负刑事责任的年龄阶段，被告人的行为是正当防卫等。其次，在成立特定的犯罪方面。例如，被告人行为不构成此罪而构成彼罪，被告人的行为不成立数罪只成立一罪等。最后，被告人不具有重处的条件或情节。例如，被告人的行为不成立累犯，被告人人身危险性不大，被告人有自首、立功、坦白情节等。

（3）程序方面：首先，被告人受到超期羁押。例如，司法机关没有在法定期限内审结案件，司法机关没有依法办理延长羁押期限手续等。其次，法院对案件没有管辖权。例如，被告人主要犯罪地在异地，被告人犯罪单位所在地在异地，上级法院没有对该案指定管辖。最后，相关部门没有履行必要的告知程序。例如，侦查人员没有告知被告人委托辩护人提供辩护。

总之，辩护方可能就证据、事实、法律适用和程序等一切可能影响案件的审理和结局的事实进行"纠缠"，事先有针对地予以考虑显得十分必要。结合实践经验，公诉人预测辩护意见，准备答辩提纲。准备答辩提纲可以凭借以下线索：从案件本身存在的问题中预测；从审查起诉提讯犯罪嫌疑人的辩解中预测；从与审判人员、辩护人的工作联系中预测；从被告人亲属申诉和社会舆论中预测。

---

[1] 熊红文：《公诉实战技巧》，中国检察出版社 2007 年版，第 247—249 页。

示例 1. 公诉人关于辩方提出的证据问题的答辩①

辩方提出：被告人供述与证人证言之间及证人证言相互之间在一些细节的陈述上不一致，证据间存在矛盾，公诉人不能排除这些矛盾，本案事实不清，证据不足。

公诉方答辩要点：在公诉机关采信的证据中，确实有一些不一致的地方，但这种不一致仅限于不影响基本事实认定的个别枝节问题。这些枝节问题的存在，是符合客观规律的。因为不同的人，由于知识构成不同、经历不同，决定了他们的注意力、感受力、判断力和记忆力都是有所不同的，更主要的是由于在犯罪事件中所担当的角色不同，所承担的法律后果更是不同，决定了在出证时的态度有所不同。在多次、反复的犯罪活动中，要求被告人记清楚所有的细节，也确实是强人所难。因此，公诉机关采信证据的原则是，在基本事实、基本证据吻合的前提下，枝节问题存有不一致之处的，要做客观分析：被告人供述与证人证言不一致的，以采信证人证言为主；言词证据与书证、物证不一致的，以采信书证、物证为主。

言词证据存在一些不一致之处，从另外一个角度看，说明了侦查工作是在自然状况下进行的，说明了侦查人员没有为了刻意追求证据间的一致而违反规定收集证据，也说明了相关当事人所做陈述都是他们的真实意思表示。

示例 2. 公诉人关于辩方提出的实体问题的答辩②

辩方：被告人有很多钱是逢年过节、兴办喜事、住院治疗期间收的，这些钱是送钱者表达心意的方式，没有明确的请托事项，属于人情往来，不构成受贿。

公诉方答辩要点：据《检察日报》报道，在节日期间受贿的案件占腐败案件的 31％。行贿人选择在上述时间送钱，只是行贿时机的选择而已，不能以此掩盖行贿、受贿犯罪的实质，否则，按照辩护人的逻辑，今后行贿、受贿双方都约定在年节时候交接贿款，贿赂犯罪岂不都合法化？"人情往来"重在有"情"，而行贿人与被告人之间并不存在真正意义上的亲情、友情、爱情；"人情往来"还体现在有"往"有"来"，而被告人收钱只有"来"，没有"往"，何谈"往来"？所以，送钱者送钱的动机不是为了表达本不存在的情，而是为了寻租被告人手中的大权，这一点双方都心照不宣。可见，行贿人在上述时期送钱，是为了不让权钱交易那么赤裸裸，是企图为行贿披上合法而温情的外衣，是为了让受贿者收钱时更加心安理得，也为行贿人送钱

---

① 参见熊红文：《公诉实战技巧》，中国检察出版社 2007 年版，第 249—250 页。
② 参见熊红文：《公诉实战技巧》，中国检察出版社 2007 年版，第 251 页。

制造了一个合理的托词,更为双方日后东窗事发提供了一个狡辩的机会。经过对行贿、受贿双方的这番心理剖析,就能洞悉行贿、受贿双方借人情往来之名行权钱交易之实的罪恶本质。

示例 3. 公诉人关于辩方提出的量刑问题的答辩

辩方:被告人没有犯罪前科,系初犯、偶犯,犯罪前一贯表现良好,应当予以从轻处罚。

公诉方答辩要点:被告人虽然是初次犯罪,但依法不能从轻处罚,理由是:第一,根据我国《刑法》第 61 条规定,对犯罪分子决定刑罚,应当根据犯罪事实、犯罪性质、情节和对于社会的危害程度依照刑法有关规定判处。本案中,被告人所犯罪行属严重刑事犯罪,情节恶劣,危害后果严重,依法应当严惩不贷。第二,我国刑法明确规定"表现好""初犯""偶犯"不是法定从轻处罚情节,对这一酌定情节,只能在犯罪性质不严重、情节不恶劣、被告人又积极认罪悔罪的案件中予以考虑。第三,根据最高人民检察院《关于在检察工作中贯彻宽严相济刑事司法政策的若干意见》的规定,检察机关贯彻宽严相济刑事司法政策,就是要根据社会治安形势和犯罪分子的不同情况,对严重犯罪要依法从严打击。必须依法打击黑社会性质组织犯罪、毒品犯罪以及杀人、爆炸、抢劫、强奸、绑架等严重危害社会治安的刑事犯罪,依法严厉惩治严重破坏金融秩序、制售严重危害人身安全和人体健康的伪劣商品等严重破坏社会主义市场经济秩序的犯罪。因此,对被告人严惩不贷是符合我国当前的刑事司法政策和本地区当前的治安形势的。①

实验内容演示 2. 公诉人答辩应对技能技巧

发表答辩意见有一定的技能技巧,针对不同情况采取不同的方法。现略介绍几种方法:

①直接驳斥法。对被告人、辩护人提出的问题,公诉人确有证据,又有法律依据的,就要依法直言答辩。②委婉反驳法。即辩护人提出的辩护理由有一定道理,但按照法律规定仍不能作为从轻、减轻理由的,公诉人不能硬性地否定或者不加分析地反驳。③借言回击法。就是被告人、辩护人提出辩护意见后,公诉人先不作肯定或者否定的回答,而是借用他人之言反驳辩护意见。④集中回应法。针对多题式辩护采用综合式答辩。在法庭辩论阶段,常会出现被告人或辩护人提出一系列辩护观点的情况。公诉人首先应将一系列辩护观点进行归纳综合和分类排队,确定答辩的问题、次序和观点。答辩时,首先阐述一系列辩护观点可综合为几个观点;哪些辩护观点重复、哪些

---

① 熊红文:《公诉实战技巧》,中国检察出版社 2007 年版,第 264 页。

辩护观点不清或与案件事实及定罪量刑无关而不作答辩。然后，按从主到次的顺序进行答辩。

示例1. 直接驳斥法

在一起重大走私案件中，辩护人在辩护词中大谈认定某公司犯走私罪的事实不清，法律依据不足，然而，起诉书指控的是该公司的业务员刘某个人犯有走私罪。针对辩护人这一违反基本案件事实的说法，公诉人马上进行了驳斥。

公诉人指出：起诉书仅仅指控刘某以公民身份犯有走私罪，因此，本案没有关于法人犯罪的起诉书；刘某不是公司的法定代表人，起诉书也没有起诉他应代表公司作为被告人，因此，本案没有法人犯罪的被告人；你们也没有接受委托作为公司犯罪的辩护人，而只是为个人被告人辩护，因此，本案没有法人犯罪的辩护人。在既无起诉书，又无被告人和辩护人的情况下，此辩护人何以为该"公司犯罪"作辩护呢？①

示例2. 反诘法与归谬法

辩护人只提出检察机关认定罪名不妥，却不明确指出被告人是否构成犯罪，构成什么犯罪？

公诉人应对：这是辩护人在庭审中经常采用的"只破不立"的辩护方法。一般发生在辩护人认为案件事实清楚，被告人的行为构成犯罪，但检察机关定性不当的情况。辩护人采用此种辩护方法主要有以下两种原因：一是检察机关认定罪名相对其他机关罪名较轻，辩护人因自身的法定职责及辩护的本质属性，无法直接提出其认为应当适用的罪名，但为了达到"指控罪名不成立"的辩护目的，被动采用此种辩护方法；二是辩护人认为如果适用其他相关罪名定性，同样存在问题，不宜直接提出应当适用的罪名，被动采用此种辩护方法。庭上若出现此种情况，公诉人可先采用反诘法。反诘辩护人，促使其对被告人的行为是否构成犯罪，构成什么犯罪，作出明确的答复。如问辩护人："你认为检察机关指控的罪名不妥，也未提出新的罪名，对本案事实、证据也未否定，那么你认为被告人是否构成犯罪？如果构成犯罪，到底构成什么犯罪？应当如何定性？"然后根据辩护人答复，驳斥其谬误。在此基础上，结合案件事实，从正面围绕起诉书认定罪名的主客观要件以及相关法理，充分论述指控罪名成立的理由。也可以采用归谬法反驳辩护人的观点。先列举辩护人认为检察机关指控罪名不成立的观点和理由，然后从辩护人的观点和理由出发，推出错误的结论，以此论证辩护人观点是错误

---

① 熊红文：《公诉实战技巧》，中国检察出版社2007年版，第267页。

的，进而从反面印证控方指控被告人的罪名成立。①

示例3. 逆向反证法

一起故意杀人案件，该案在庭审中，被告人张某拒不承认主观上杀死邓某的故意，辩称只是想报复、伤害邓某，辩护人也提出被告人行为没有造成被害人死亡结果，该案应认定为故意伤害罪。针对被告人及其辩护人辩护意见，公诉人运用逆向反证法，进行了有力反驳：（1）如果张某没有杀人故意，仅仅是想伤害邓某，那么他就不会把作案时间选择在凌晨1点，趁邓某熟睡之际，处于无法反抗的情况下实施犯罪；（2）如果张某没有杀人故意，他就不会用砖块连续猛击被害人头部，张某作为具有完全刑事责任能力的成年人，不可能不知道头部是人体要害部位，钝物猛烈击打足以造成被害人死亡结果发生；（3）如果张某没有杀人故意，在其他犯人被惊醒并呵斥其住手时，他就不会继续实施犯罪，但张某没有停止打击，而是继续猛击被害人头部，在被众人制止后方才罢休。②

五、实验要求、步骤及方法

（1）先由指导教师对公诉组同学集中讲解法庭辩论阶段公诉人答辩的目的、作用及应遵循的规则等相关原理，并使学生了解法庭调查阶段公诉人答辩与法庭辩论阶段公诉人答辩的不同。

（2）指导教师通过示例对法庭辩论阶段公诉人答辩项目作实验演示。

（3）指导教师根据实验素材指导学生预测辩护观点、制作答辩提纲、确定答辩要点。

（4）指导教师根据实验素材指导学生进行法庭辩论阶段的公诉人答辩实验，特别注意答辩技巧的实验。

（5）实验时可让公诉组同学分别扮演公诉人、辩护人角色进行互动实验；也可协调辩护组同学提供辩护人角色互动实验。实验时各小组之间可以相互观摩旁听，实验完毕后由观摩旁听的同学简要发表观摩意见，供实验的公诉小组同学参考。

（6）实验项目演练完毕后先由学生对项目演练情况作自评、他评，再由指导教师点评、总结和打分评定成绩，记入实验记录表中。

六、实验素材（略，教师自备）

---

① 王勇：《公诉人出庭的方法与技巧》，法律出版社2015年版，第170页。
② 参见熊红文：《公诉实战技巧》，中国检察出版社2007年版，第272页。

实验项目八　公诉人庭审诉讼异议

一、实验程序环节

刑事案件第一审普通程序中公诉人庭审诉讼异议。

二、实验目的

通过实验公诉人庭审诉讼异议项目，意在使学生了解公诉人庭审诉讼异议的目的、作用，通过庭审诉讼异议实验，训练学生在庭审过程中积极应对辩护方的违法或者不正当诉讼行为，初步实践公诉人庭审诉讼异议的基本技能技巧，从而提高学生在诉讼活动中的应变与对抗能力。

三、实验基本原理

（一）公诉人庭审诉讼异议的目的及性质

根据我国刑事诉讼法的规定，公诉人面对被告人、辩护人的违法或者不正当诉讼行为，应当及时提出诉讼异议，消除其不利影响。公诉人诉讼异议的目的是反击辩护方的违法或者不正当诉讼行为，保障被害人、鉴定人等的诉讼权益，保证人民法院正确地查明案件事实和适用法律，维护国家法律的尊严。

公诉人庭审诉讼异议主要出现在法庭调查、法庭辩论、被害人陈述环节，带有诉讼与法律监督的双重性质。从诉讼上讲，公诉人的异议是针对辩护方诉讼行为的回应，是有力地维护诉讼控辩平衡的手段。在职权主义审理模式日益弱化的背景下，如果公诉人面对辩护方违法或者不当诉讼行为不提出异议，请求法庭审判人员予以制止的话，可能会弱化控诉犯罪的效果，给法庭审判人员形成错误的印象。从法律监督上讲，公诉人的异议也是针对辩护方在庭审中言语、举止侵犯国家、社会或者被害人、证人合法权益的监督，是对合法权益和社会秩序的自觉维护。公诉人诉讼异议就是公诉人履行控诉职能的表现。公诉人诉讼异议不同于质证中对辩护方证据的质疑。质证中对辩护方证据提出的质疑针对的是辩方证据的合法性、真实性、相关性，在辩护方出示证据后提出。例如，公诉人认为辩护人对辩护方证人进行诱导性发问时，应当要求审判长予以制止，这属于诉讼异议；公诉人认为辩护人提供的证据与案件无关，要求法庭不予采信，这属于质证。公诉人诉讼异议也不同于公诉人为履行审判监督职责而提出的纠正意见。诉讼异议针对的是辩护方的违法或者不正当的诉讼行为，与诉讼双方力量的平衡有直接关系，只能当庭提出；而纠正意见针对的是主持法庭审理的审判人员，与诉讼双方力量的平衡无直接关系，纠正意见一般应在庭审结束后做出。

（二）公诉人诉讼异议的作用

一是制止辩护方违法或者不正当诉讼行为，实现控辩平衡。辩护方的违法或者不正当诉讼行为可能产生不利于公诉人控诉犯罪的实际效果，通过公诉人向法庭审判人员提出诉讼异议，打断辩护方违法或者不正当诉讼行为，消除不利影响。例如，辩护人企图通过诱导方式发问干扰证人作证，"你当天是不是在晚上十一点的时候看见了被告人……"。公诉人通过向法庭提出诉讼异议，"反对。审判长，辩护人采取诱导方式发问……请予以制止"，就可在审判人员的支持下制止辩护人的违法或者不正当诉讼行为，防止出现证人无法如实作证，案件事实得不到证明的情形。

二是制止辩护方违法或者不正当诉讼行为，保护合法利益，维持法庭秩序。辩护方的违法或者不正当诉讼行为可能会侵犯到部分诉讼参与人的合法权益、法庭的正常秩序，通过公诉人向审判人员提出诉讼异议，保护合法权益免受侵害，维护正常的法庭秩序。例如，辩护人采用侮辱性的发问方式侵害被害人权利，"你通过做偷鸡摸狗的事认识了被告人……"。公诉人通过向法庭提出诉讼异议，"反对。审判长，辩护人的发问带有侮辱性质……请予以制止"，就可在审判人员的支持下制止辩护人的违法或者不正当诉讼行为，保护被害人的合法权益。

（三）公诉人庭审诉讼异议应当遵循的基本原则[①]

一是目的性原则。公诉人提出庭审诉讼异议的目的，主要是为了促使审判人员制止辩护人、被告人的违法或者不正当的诉讼行为，以保证控辩诉讼平衡，保护被害人、鉴定人等的合法权益，确保人民法院正确查明案件事实和适用法律。

二是特定性原则。公诉人提出庭审诉讼异议的对象必须是被告人、辩护人的违法或者不当的诉讼行为，而其他诉讼参与人、旁听人员的不当行为不属于诉讼异议的对象。例如，旁听人员在法庭审理过程中突然发出对被害人的质问，应由审判人员予以制止，对其采取必要的司法措施，保证庭审的顺利进行。

三是即时性原则。公诉人提出庭审诉讼异议只能在庭审当场提出，而且需要在违法或者不正当诉讼行为正在发生或者刚刚发生时提出，以便审判人

[①] 姜伟：《公诉制度教程》，中国检察出版社2008年版，第348—349页。

员能够及时制止,有效地防止不当诉讼行为妨碍公正审理的结果发生。如果公诉人提出庭审诉讼异议不及时,往往不利后果已经造成,且显得与庭审活动不搭调,无法获得支持。

四是间接性原则。公诉人提出庭审诉讼异议原则上只能向审判人员提出,经由审判人员的主持、裁决间接地影响到辩护方的违法或者不正当的诉讼行为。间接性原则体现了诉讼异议是一种诉讼行为的特质,诉讼行为本身带有角色色彩,其自身无法产生效果,需要有审判人员的审查与判断,异议是否成立,违法或者不当行为是否应当制止,都必须由审判人员自行判断、裁决。

五是禁止过度使用原则。公诉人提出庭审诉讼异议以保证诉讼顺利进行为必要,公诉人不能过度依赖诉讼异议,切忌因过度使用诉讼异议招致庭审的流畅性遭到破坏,公诉人应当保证良好、大度的形象,不要使旁观庭审的群众产生睚眦必报、锱铢必较、赌气争讼的不良印象。面对辩护方的违法或者不正当诉讼行为,公诉人应当冷静,既要理直气壮予以驳斥、警告,又要注意用语的得体、得当,做到点到为止,恰到好处。

四、实验内容演示

实验内容演示1. 对辩护方侮辱、诽谤性等诉讼行为的异议

例如,辩护方在诉讼行为中当庭侮辱、诽谤公诉人的,公诉人可以表示:"反对。审判长,刚才辩护人无端指责公诉人是对公诉人的侮辱、诽谤,侵犯了公诉人的合法权益,请审判长予以制止。"如果审判长没有制止或者制止无效,则请书记员将辩护人的言行记录在案,并建议审判长休庭。

又如,辩护方攻击被害人或证人的,公诉人可以指出:"反对。审判长,刚才辩护人对证人进行侮辱、诽谤,侵犯了证人的合法权益,请审判长予以制止。"如果审判长没有制止或者制止无效,则请书记员将辩护人的言行记录在案,并建议审判长休庭。

再如,对辩护方在询问证人时使用人身攻击性语言的,公诉人可以表明:"反对。审判长,刚才辩护人在询问证人时,有对证人进行人身攻击的语言。对此,公诉人要求审判长及时制止,以维护证人的合法权益,确保证人能客观地进行陈述。"如果审判长没有制止或者制止无效,则请书记员将辩护人的言行记录在案,并建议审判长休庭。

实验内容演示2. 对辩护方诱导性发问等诉讼行为的异议

例如,辩护人采取诱导性发问,促使证人提供虚假的证词的,公诉人可表明:"审判长,刚才辩护人故意采取诱导性发问方式,可能误导证人,做出错误的陈述，影响本案的公正审理，请予以制止。"如果审判长没有制止或者制止无效，则请书记员将辩护人的言行记录在案，并建议审判长休庭。

在法庭调查阶段，遇有下列情况，公诉人也应根据情况提请审判长制止：被告人的供述与案件无关或答非所问的；被告人使用污言秽语，或者攻击国家机关、社会团体或其他公民的；辩护人或者诉讼代理人的提问与案件无关的；被告人的供述或者辩护人、诉讼代理人的发言可能泄露与案件无关的国家机密的；辩护人越权为同案其他被告人辩护的，但该辩护有利于从轻、减轻或免除自己当事人刑罚的除外。公诉人提请审判长制止的方式可以是："反对。审判长，刚才……辩护人向被告人提问是诱导性的。"或者，"审判长……被告人当庭使用污言秽语，有损法庭庄严的形象，请应予制止。"

五、实验要求、步骤及方法

（1）先由指导教师对公诉组同学集中讲解公诉人庭审诉讼异议的目的、作用及应遵循的基本原则等相关原理内容，并使学生了解公诉人诉讼异议与公诉人质证、公诉人法庭行使审判监督权的不同。

（2）指导教师通过示例对公诉人庭审诉讼异议项目作实验演示。

（3）指导教师根据实验素材指导学生进行公诉人诉讼异议实验，特别注意诉讼异议的适度性。

（4）实验时可让公诉组内同学分别扮演公诉人、辩护人等角色进行互动互换实验。

（5）实验时各小组之间可以相互观摩旁听，实验完毕后由观摩旁听的同学简要发表观摩意见，供实验的公诉小组同学参考。

（6）实验项目演练完毕后先由学生对项目演练情况作自评、他评，再由指导教师点评、总结和打分评定成绩，记入实验记录表中。

六、实验素材（略，教师自备）

第六章　辩护人模拟法庭刑事庭审基本法律技能单（分）项实验

实验项目一　辩护人发问被告人

一、实验程序环节

刑事案件第一审普通程序中"法庭调查"阶段辩护律师发问被告人。

二、实验目的

通过实验庭审辩护律师对被告人发问项目，意在使学生了解法庭调查阶段辩护律师向被告人发问是整个法庭辩护的开始，其在整个庭审程序中具有重要的程序地位和功能，涉及辩护律师的发问技巧和综合能力的问题。因此，通过实验让学生初步掌握辩护律师庭审对被告人进行发问的技能技巧。

三、实验基本原理

（一）相关法律规定

《刑事诉讼法》第191条规定："公诉人在法庭上宣读起诉书后，被告人、被害人可以就起诉书指控的犯罪进行陈述，公诉人可以讯问被告人。被害人、附带民事诉讼的原告人和辩护人、诉讼代理人，经审判长许可，可以向被告人发问。"

最高人民法院《法庭调查规程》第7条规定，被告人的法定代理人、辩护人、附带民事诉讼被告人及其法定代理人、诉讼代理人可以在控诉一方就某问题讯问完毕后向被告人发问。有多名被告人的案件，辩护人对被告人的发问，应当在审判长的主持下，先由被告人本人的辩护人进行，再由其他被告人的辩护人进行。

(二)辩护律师向被告人发问的程序定位、功能及技巧

1. 程序定位及功能

在法庭调查阶段,辩护人向被告人提问称为"发问",它是为被告人进行法庭辩护的开始,是辩护人帮助被告人行使辩护权的一种方式。辩护人向被告人发问,使被告人一开始就亮明辩解,并将其辩解展示给法庭,这是全案辩护工作的基础,①也是全部法庭辩护的重要组成部分。它是法庭调查案件事实的一个程序环节,此乃其程序定位。

被告人供述和辩解是法定证据种类之一,在查清案件事实和认定案件事实中具有其他证据不可替代的作用。通过辩护律师的全面、系统、有效的发问,以帮助法庭查清案件事实真相,特别是对被告人自己有利的案件事实,也即通过发问将有利于被告人的案件事实和情节全面、具体的展现在法庭上。②此具有查清有利于被告人的案件事实和情节之功能。同时,也为后续辩护律师的示证、质证和辩护作好铺垫。

2. 发问技巧和综合能力要求

一是拟定书面发问提纲。

为使对庭审中的被告人有充分、有效的发问,辩护律师应当制作书面发问提纲。发问提纲是辩护律师认为在庭审过程中需要向被告人发问的全部问题的规划。为制作好发问提纲,辩护律师必须事前认真阅卷,掌握全部案件材料和准确掌握案件事实,并预测和梳理好哪些证据可能会与被告人辩解之间形成相互印证关系,哪些证据可能会与被告人辩解之间形成矛盾关系,以有助于辩护律师从中设计在庭审中要发问的重点问题。

二是围绕发问目的进行。

辩护律师在庭审中第一次向被告人发问是庭审中的刑事辩护活动的开始,发问应围绕有利于被告人的目的进行。通过辩护律师专业引导,即"发问",为被告人提供一个进行充分辩解的机会,使重点、关键的问题得到充分的辩解。同时,通过"发问"让审判人员对被告人的辩解有较深刻的认识和印象,并对辩护律师的辩护思路和立场有明确认识,以使审判人员在接下来的审理程序中对此给予关注。③

---

① 参见徐宗新:《刑事辩护实务操作技能与执业风险防范》(最新修订版),法律出版社2014年版,第187页。

② 顾永忠、苏凌:《中国式对抗制庭审方式的理论与探索》,中国检察出版社2008年版,第230页。

③ 参见顾永忠、苏凌:《中国式对抗制庭审方式的理论与探索》,中国检察出版社2008年版,第234页。

三是发问技巧及注意事项。

为达发问目的,需讲究发问技巧。①发问所提的问题必须具体,不可抽象,只有具体问题才可获得具体回答。②如果一个问题中包含许多个别问题,应当将它们分解成几个问题,根据内容的需要,按顺序逐个提出。① ③发问用语应清晰准确,简明扼要,可用较精炼的短句,采用问答式进行发问。④注意所问问题之间的逻辑联系等。⑤在发问提纲上标明与被告人的辩解能够相互印证的证据和有矛盾的证据的名称及所在卷宗的页码,以便于辩护律师判断被告人的回答是否符合自己的预期。

发问时的注意事项:①不问对被告人不利的问题,不能扮演公诉人角色。②发问时不要用诱导性询问方式提问,以免引起公诉人反对或审判人员制止而失去充分辩解机会。所谓诱导性询问是指早已设定好答案的询问。②如:是不是看见李四拿着这把刀?回答只能:是或不是。题干内容暗设了询(发)问者想要的答案。

四、实验内容演示

实验内容演示 1. 辩护人对被告人发问

示例:

……

审判长:现在请辩护人对被告人王远方进行当庭发问。

辩护人:我向你提几个问题。第一,你刚才说了你和赵莉莉是男女朋友关系,你爱他吗?

被告人:很爱。

辩护人:那她和你在一起,你能感觉到她爱你吗?

被告人:当然。

辩护人:第二个问题,你是什么文化程度?

被告人:大学文化。

辩护人:赵莉莉的文化程度呢?

被告人:一样。

辩护人:第三个问题,赵莉莉的家,也就是你5月15日跟她住在一块的那个房间,你有钥匙吗?

被告人:我有。

---

① 王俊民:《辩护人庭审发问原理及方法》,上海人民出版社2012年版,第59页。
② 王国忠:《刑事诉讼交叉询问之研究》,中国人民公安大学出版社2007年版,第36页。

辩护人：这一套房子有几把钥匙，你知道吗？

被告人：我曾经见过一次，反正绝对不止一把，两把或更多。

辩护人：就是说有好几把钥匙？

被告人：是。

辩护人：第四个问题，5月15日早上，你离开的时候，她起床了吗？

被告人：她醒了，但是没有起床。

辩护人：就是说你离开的时候，她是在床上？

被告人：对。

辩护人：最后一个问题，5月15日早上你是几点钟离开的？

被告人：我是快九点。

辩护人：你离开的时候，赵莉莉是活着的，是吗？

被告人：没错。

辩护人：好，我的发问完毕。

（说明：这是一起故意杀人案件的辩护律师庭审发问，被告人王远方与被害人系恋人关系）

实验内容演示 2. 辩护人对被告人进行发问的技巧

示例 1.

辩护律师问："起诉书指控你实施了某一犯罪行为，你辩解说你没有实施这一犯罪行为，我作为辩护律师，当时我不在现场，公诉人和审判人员应该也不在现场，但是你自己对你实施或没有实施起诉书指控的犯罪行为最清楚，是不是？"

被告人回答："是。"

辩护律师接着问："既然如此，今天在法庭上，你实事求是地讲，你到底实施还是没有实施起诉书指控的犯罪事实？"

被告人回答："没有实施。"

这样，被告人不容易表达的内容都借助辩护律师表达清楚了。同时，辩护律师的发问合情合理，公诉人没有机会反对，审判人员也没有理由制止。[①]

示例 2.

某日，法院开庭审理一起挪用资金案。

被告人辩称侦查人员有不当的侦查讯问方式。但由于被告人口拙，无法

[①] 顾永忠、苏凌：《中国式对抗制庭审方式的理论与探索》，中国检察出版社 2008 年版，第 236 页。

让人听明白侦查讯问到底如何不当。

公诉人有点急,问被告人:"我直接问你,侦查机关到底有没有对你刑讯逼供?"

被告人说:"我觉得心里有点压力的。"

公诉人打断他:"你就直接回答,侦查人员在讯问你时到底有没有对你刑讯逼供?"

被告人一愣,咕噜地说"那……那……倒没有。"

公诉人即向法庭报告:"公诉人讯问完毕。"

辩护律师觉得实际上被告人是答非所问,这个问题,法庭记录在案,对被告人是不利的,于是申请法庭补充发问。

辩护人问被告人:"你是否知道什么叫'刑讯逼供'?"

被告人回答:"我不知道呀!"

辩护人即向法庭报告发问完毕。

审判长就要求辩护人向被告人解释一下什么是刑讯逼供。

辩护人说:"辩护人才疏学浅,而且刑讯逼供学说众多,法律规定又不太明确,无法在法庭上解释,以免误导。"

审判长于是要求公诉人阐述下什么叫刑讯逼供。

公诉人解释:"刑讯逼供,大致的含义就是:以暴力或威胁的方式进行审讯。"

被告人随即叫了起来:"报告审判长,侦查人员对我进行了威胁,他们威胁不让我睡觉,要把我同杀人犯关在一起。"

这时,法庭各方才听明白,原来被告人的真实意思是他有被"刑讯逼供"的辩解。[①]

五、实验要求、步骤及方法

(1)先由指导教师向学生讲解庭审中辩护人向被告人发问的目的、基本原理和应遵循的规则,了解其发问的程序定位、功能及技巧以及辩护人发问与公诉人发问目的之不同。

(2)指导教师通过示例对辩护人向被告人发问项目作实验演示。

(3)指导教师根据实验素材指导学生制作辩护人向被告人发问的提纲和预案。

[①] 徐宗新:《刑事辩护实务操作技能与执业风险防范》(最新修订版),法律出版社2014年版,第184页。

（4）指导教师根据实验素材指导学生进行辩护人向被告人发问的各种技能技巧的演练。实验时可让组内同学分别扮演被告人、辩护人角色进行互动互换实验。

（5）实验时各小组之间可以相互观摩旁听，实验完毕后由观摩旁听的同学简要发表观摩意见，供实验的公诉小组同学学习参考。

（6）实验项目演练完毕后先由学生对项目演练情况作自评、他评，再由指导教师点评、总结和打分评定成绩，记入实验记录表中。

六、实验素材（略，教师自备）

实验项目二　辩护人质证

一、实验程序环节

刑事案件第一审普通程序中"法庭调查"阶段辩护人质证。

二、实验目的

通过实验辩护人质证项目，意在首先使学生认识到证据材料只有经过法庭上的举证、质证并经法庭认证后，才能成为定案的依据。根据我国刑诉法规定，证据未经当庭出示、辨认、质证等法庭调查程序查证属实，不得作为定案依据。因此，在法庭上，控方举出的证据，必须经辩方质证。其次，质证是当事人的一项重要诉讼权利，是当事人为实现胜诉目的而采取的必要手段，也是体现诉讼程序正当性的标志。再次，质证是法院审查、认定证据效力的一种法定方式和必要前提。[①] 只有充分发挥庭审质证功能，对证据材料进行去伪存真、去粗取精的合法有效的"筛选"，方能正确认定案件事实，达到作出正确裁判之目的。为此，通过此项实验让学生明白质证的重要性和意义，并通过此项实验让学生初步掌握辩护人庭审质证的技能技巧。

三、实验基本原理

（一）相关法律规定

《刑事诉讼法》第 61 条规定："证人证言必须在法庭上经过公诉人、被害人和被告人、辩护人双方质证并且查实以后，才能作为定案的根据。法庭

---

① 何家弘：《新编证据法学》，法律出版社 2000 年版，第 392 页。

查明证人有意作伪证或者隐匿罪证的时候,应当依法处理。"

最高人民法院《法庭调查规程》第 4 条规定,法庭应当坚持诉权保障原则。依法保障辩护人发问、质证、辩论辩护等权利,完善便利辩护人参与诉讼的工作机制。第 28 条规定,控辩一方举证后,对方可以发表质证意见。必要时,控辩双方可以对争议证据进行多轮质证。被告人及其辩护人认为公诉人出示的有关证据对本方诉讼主张有利的,可以在发表质证意见时予以认可,或者在发表辩护意见时直接援引有关证据。

最高人民法院《刑诉法解释》第 218 条规定:"举证方当庭出示证据后,由对方进行辨认并发表意见。控辩双方可以互相质问、辩论。"第 219 条规定:"当庭出示的证据,尚未移送人民法院的,应当在质证后移交法庭。"第 220 条第 2 款规定:"对公诉人、当事人及其法定代理人、辩护人、诉讼代理人补充的和法庭庭外调查核实取得的证据,应当经过当庭质证才能作为定案的根据。但是,经庭外征求意见,控辩双方没有异议的除外。"

(二)质证既是权利也是义务

质证,是在庭审过程中,在审判长主持下,控辩双方分别对对方所举证据的质疑并提出质证意见的诉讼活动。质证是辩方的权利还是义务?回答是既是权利又是义务。根据我国《刑事诉讼法》的规定,辩方有质证的权利,同时辩护人为履行职责对证据也有质证的义务。根据《刑事诉讼法》规定,辩方有对控方等在法庭上提出的证据进行质证的权利。同时,律师有协助人民法院查明本案事实,正确适用法律的义务。律师接受当事人的委托维护他们的权利,在诉讼过程中也有义务依法行使质证权。

其实,在整个刑事诉讼过程中,控方承担举证责任,辩方不承担举证责任,这就意味着控方要向法庭提供证据证明其指控的犯罪事实能够成立,辩方是以控方指控的事实不能成立为角度展开辩护。因此,辩方的辩护策略中就有质证和举证两个方面,而这其中最主要的是质证方面,顾永忠教授说,"在总体上质证是比举证更为重要的一种辩护手段"。[①] 当然,这不意味着可以忽视辩方去收集证据或从案内发现证据并向法庭举证达到辩护之目的。

(三)质证的目的

质证是辩护的基础,是围绕着辩护观点进行质证,实际也是辩护的前提条件。辩方在法庭上对控方提出的证据进行质证的目的有二:一是从证据的三性,即客观性、关联性、合法性的任一方面进行质证,以推翻、动摇、削

[①] 顾永忠:《中美刑事辩护技能与技巧研讨》,中国检察出版社 2007 年版,第 175 页。

弱控方的证据。二是通过质证确认对被告人有利的证据。[①] 辩方质证控方举出的证据时，不仅要挑毛病，还要擅于发现、抓住控方等举出的证据中对被告人有利的证据，通过质证加以确认。因为，按照法律的规定，检察官在刑事诉讼活动中有客观公正义务，所以，控方有可能提出有利于被告人的证据。在司法实践中，还可能存在认识上的错误，即控方举出的对被告人不利的证据，其所举证据恰恰对被告人有利，此时，辩护律师要注意将有利于被告人的证据通过质证加以确认。

（四）质证的对象

辩方在法庭调查阶段应当质证的对象，包括控方提出的指控被告人犯罪的所有证据和法院以职权调取的证据等。

（五）质证要求

1. 制作质证提纲

根据我国《刑事诉讼法》规定，辩护律师自人民检察院对案件审查起诉之日起，可以查阅、摘抄、复制本案的案卷材料。也即辩护律师在庭审前对控方证据已基本全部知悉。为使质证活动规范有序，针对性强，有的放矢，一般应制作书面质证提纲，但如案情简单、证据较少的案件，可不制作书面质证提纲，仅打腹稿即可。质证提纲就是针对每一个具体的证据，认为存在什么问题、如何对它质证，事前做好考虑和准备。质证的重点往往是有争议的证据。

2. 围绕证据的"三性"进行质证

证据的"三性"包括客观性、关联性、合法性，它们是证据质证的内容，关涉证据能力问题。质证应紧紧围绕"证据的三性"进行。辩护律师可针对证据"三性"中的某一个、某两个或某三个特征进行质疑，提出质证意见。

证据的客观性，又称真实性，是指证据事实必须是伴随着案件的发生、发展的过程而遗留下来的、不以人的主观意志为转移而存在的材料。证据的关联性，又称相关性，是指证据必须与案件事实有实质性联系。证据的合法性，又称许可性，是指证据必须依法加以收集和运用。证据的合法性是证据客观性和关联性的重要保证，也是证据具有法律效力的重要条件。[②]

3. 质证方式

质证方式可采用一证一质、一组一质、综合质证等方式。

[①] 顾永忠：《中美刑事辩护技能与技巧研讨》，中国检察出版社2007年版，第172页。

[②] 宋英辉、甄贞等：《刑事诉讼法学》（第五版），中国人民大学出版社2016年版，第200—201页。

一证一质方式，是指控方举出一份证据，辩方就质证此一份证据。该方式适用于证据不多的简单案件。一组一质方式，是指控方举出一组证据，辩方对这一组证据同时进行质证；或者控方举出一组证据，辩方对其逐一质证。综合质证方式，是指在庭审时由审判人员引导质证，各种质证方式综合运用，使质证进行得较充分。后两种方式一般适用于案件材料较多、案情较复杂的案件。

4. 质证意见明确具体，且要指出异议的具体所在

辩护人在质证时不应只简单地表达质疑或否认，还应当指出质疑或否认证据的问题之具体所在，并提出事实依据或证据支持，以利于法官采纳质证意见。如控方举出一份书证，辩方对其真实性表示质疑，质疑的事实根据是它是一份复印件。

5. 质证要有重点，并可适当辩论

庭审中，辩护人应对可能影响案件定罪量刑且对被告人有利的证据进行重点质证，对与案件关联性不大的证据可不花费过多精力。质证应是质疑、反驳、辩论的统一。我国《刑事诉讼法》规定了，在对证据质证时可对证据"三性"进行适当辩论，或又称局部辩论、分散辩论。

四、实验内容演示

控辩双方讯、发问结束后，由公诉人向法庭举证，辩方质证。

示范1. 对物证的质证。

物证是以其外部特征、存在场所和物质属性证明案件事实的一切物品和痕迹。对物证的客观性、合法性的质证应当从证据是否原物原件、证据来源、收集、提取、保管以及出示等程序环节上进行审查。《刑事诉讼法》第56条规定，收集物证、书证不符合法定程序，可能严重影响司法公正的，应当予以补正或者作出合理解释；不能补正或者作出合理解释的，对该证据应当予以排除。对物证关联性的质证，主要体现在该物证与案件事实是否有关联，是否能够证明案件中的某个事实。如能证明则有关联性，不能证明则无关联性。

具体来讲，从以下几方面对物证进行质证：①取得该物证的程序是否合法；②物证原物与照片、复制件是否一致；③该物证与案件是否有关联性；如一起故意伤害案中，案发现场收集到一把三角刀，取证的程序是合法的，但经过法医对被害人伤口进行鉴定，认为被害人之伤不是这把三角刀所致，故，该三角刀与本案件无关联，不能成为定案依据。④物证能否通过勘验、检查、搜查等笔录和扣押清单等来证明其来源的合法性和收集程序的合法

性；⑤对与案件事实可能有关联的血迹、指纹、足迹、体液、毛发等生物样本、痕迹等，是否严格按照法定程序来提取。⑥物证是否有其他证据佐证。如杀人的铁锤是否经过被告人辨认。

辩方应综合上述几方面的情况，对控方所出示的物证的客观性、关联性和合法性发表质证意见并阐明理由，如控方有异议，应与控方展开辩论。

示范 2. 对书证的质证

书证是指以记载的内容和表达的思想来证明案件事实情况的一切物品。书证的具体表现形式和制作方法是多种多样的。如合同、会计账册、单据、身份证、火车票、机票、戏票等都是书证。辩方对书证的质证，一般从下列几个方面进行：①书证是否为原件、来源是否合法、在保管和复制的过程中是否符合程序规定；②书证在收集、保管、鉴定过程中是否受损或者被人为改变过；③书证与案件是否有关联性；④书证与其他证据之间有无矛盾之处。辩方综合上述情况，对书证的客观性、关联性和合法性发表质证意见并阐明理由，如控方有异议，应与控方展开辩论。

例子：一起涉嫌共同"贪污"案件的庭审片段

……

控方（举证）：下面出示四份证据。

第一份证据是书面证人证言。证人吴××的书面证言：他证明"八小区围墙工程是有的，但有无578米长的工程量，我就没有量过"，"据我所知，当时这一围墙包括北边的……至……按图计算，大概有三百米长，这样看来，围墙工程量就多算了二百多米长"。

第二份证据是书证。是施工双方当时签订的围墙工程协议，约定了围墙的四至范围、高度、厚度和材料，造价为 250 元/m，以证明这是被告人陆××与陈××（某单位原领导，另案被告人）"合谋"签订的文件，是后来夸大工程结算的依据。

第三份证据是书证。是围墙工程的结算表和付款凭证，以证明被告人陆××以其所在施工单位的名义按总长 578 米的工程量进行结算并取得围墙工程款 195354.44 元。

第四份证据《审核报告》。××市建设工程预结算审价中心出具的"关于三水市农委大楼基础换土及临时围墙造价的审核报告"，其中写道："围墙工程：以 2000 年 8 月 18 日各方现场勘察情况作为计算依据，围墙长度为 350 米，厚度为 180mm，高度为 2.5 米，附墙砖柱尺寸为 370mm×370mm，柱间距以 3.5 米考虑，基础大样及尺寸见附图。套价执行《广东省建筑工程预算定额计价表》(1992 年)，计费程序按当时规定标准执行，综合收费按三类企业标准计算,材料价差执行1994年二季度××建委发布价,审定围墙工程造价61673.23元。"

(说明:通过出示、宣读此《审核报告》,控方旨在证明:围墙的实际长度为350米,造价为61673.23元,而被告人陆××却以围墙长度为578米,造价为195354.44元进行结算,"骗取"了公款人民币133681.21元)

辩方(质证):

①证人吴××关于围墙长度"大概有三百米长"的说法是不准确的,更重要的是缺乏科学、客观的判断依据。因为围墙早已不复存在,根据什么说"大概有三百米长"。

②围墙工程协议是双方签订的,控方并没有证明此协议是虚构的或欺骗性的,围墙工程也是客观存在的。工程结算就是按照围墙工程协议进行的,如果结算的围墙工程造价确实高一些,那也是造价合理与否的问题,而不存在"骗取"的问题。

③所谓的《审核报告》无论在证据形式上还是在证据内容上都存在明显的问题。首先,在形式上,控方并没有指出它属于什么证据,如果作为《刑事诉讼法》中规定的"鉴定结论",它不符合《刑事诉讼法》第120条规定关于"鉴定人鉴定后,应当写出鉴定结论,并且签名"的要求,因为在这份文件上没有任何人的签名。同时,它也不是《刑事诉讼法》规定的其他六种证据中的任何一种证据。其次,在内容上,它称对围墙长度等事实的审核是"以2000年8月18日各方现场勘察情况作为计算依据"。但是"各方"是谁?《审核报告》中既没有说明,也没有各方人士在《审核报告》上签字确认。据被告人陆××向辩护人反映及辩护人进行调查,陆××本人以及所在单位的人员并没有参加此次所谓的"现场勘察"。在此情形下又如何能使"现场勘察"客观、公正?此外,进行所谓的"现场勘察"时,当年建设的围墙早已不复存在,又何以勘察出"围墙长度为350米"?本辩护人也到过围墙工程的现场,在当年施工人员的指点下并依据当时的工地图纸标出的四至范围,计算所得的围墙长度应为550米以上。

总之,由于围墙早已不复存在,确认围墙长度最客观、最科学的依据应当是标明当年工地四至范围的图纸。在没有确实、充分的相反证据的情况下,应当以图纸为准确认围墙长度。①

示范3. 对证人证言的质证

最高人民法院《刑诉法解释》第74—78条和第109条的规定对证人证

---

① 顾永忠:《中国律师办案全程实录刑事诉讼》,法律出版社2005年版,第132—134页。

言的审查认定进行了规范，也为辩护律师的质证指明了方向。简述如下：①质证证人的作证能力。即证人作证时的年龄、认知、记忆和表达能力，生理和精神状态是否影响作证。②质证证人的作证资格。即证人与案件当事人、案件处理结果有无利害关系。这类证据应当慎重使用，有其他证据印证的，可以采信。③质证证人证言的内容。即证言的内容是否为证人直接感知。听别人转述不是证人亲自感知的内容属于"传闻证据"，一般可信度较低，证明力也较低。质证证人证言的内容，可在同一份证言中寻找问题，如对被告人不利的内容或有利的内容；在两份或以上不同的证人证言中寻找矛盾之处，如证人李四的证言证明被告人用一把长刀刺杀被害人，但证人张三的证言证实被告人手中没有持凶器，则辩护律师可用证人张三的证言反驳、质疑证人李四的证言。还可用其他客观性较强的证据反驳证人证言。后两种质证方式可谓"证据怼证据"，是最高人民法院《法庭调查规程》中确立的新质证规则。④质证证人证言取证的合法性。如询问证人是否个别进行；询问笔录的制作、修改是否符合法律、有关规定等。⑤对出庭证人作证的质证，主要通过在法庭上向证人发问的方式进行。最高人民法院《法庭调查规程》第20条规定，向证人发问应当遵循如下规则：一是发问内容应当与案件事实有关；二是不得采用诱导方式发问；三是不得威胁或误导证人；四是不得损害证人人格尊严；五是不得泄露证人个人隐私。最高人民法院《刑诉法解释》第78条规定，证人当庭作出的证言，经控辩双方质证，法庭查证属实的，应当作为定案的根据。

示范4. 对被害人陈述的质证

公诉案件被害人具有控方当事人地位，协助公诉人完成公诉任务。同时，被害人陈述是法定证据种类之一，属于言词证据。由于被害人是受犯罪行为侵害者，对被告人常抱有痛恨或惧怕之心，其陈述往往具有一些主观性、易变性及陈述不稳定之特点，因此，对被害人陈述进行质证主要围绕其陈述是否具有客观性进行。如提出被害人陈述夸大其词了，甚至虚构了，不具有客观性；指出被害人陈述内容前后矛盾；指出被害人陈述和其他证据之间相互矛盾，不能与其他证据之间相互印证等。在我国被害人出庭较少见，控辩双方常围绕被害人庭前在控方所做的询问笔录进行质证。

示范5. 对被告人供述和辩解的质证

被告人供述和辩解，包括被告人的有罪供述和无罪、罪轻的辩解，属于言词证据。由于被告人是被追诉对象，案件的处理结果与他有直接的利害关系，因此，其诉讼地位决定了被告人的供述和辩解内容常常不稳定，有虚假的可能性或真假混杂。同时，由于控方在侦查过程中为获取被告人有罪供述，可能会采用刑讯逼供或诱供等手段。因此，辩方质证主要围绕被告人供述和辩解的真实性和合法性进行。如辩护律师可充分利用发问权、质证权找出被告人供述中的合理辩解或有利于被告人的部分；提出被告人供述与其他证据材料之间的矛盾之处；被告人在庭审中翻供的，注意通过发问、质证使翻供中有利于被告人的事实得以发现和阐明；对于以刑讯逼供、诱供等非法方法获取的被告人供述，辩护人通过质证提出其属于非法证据而应严格予以排除；对于有瑕疵的被告人供述和辩解证据，通过质证可要求控方补正或作出合理解释，否则，提出其不能成为定案依据的质证意见。

以下案例可供参考。

控方举证：控方向法庭提供的第三份证据是被告人陆××于2000年9月15日向侦查人员所作的供述笔录（讯问笔录）。在该份笔录中，陆××承认他受陈××的指使，与其串通、虚构、编造了农委大楼换土工程和挡土墙工程，然后伪造工程结算单，套取工程款37万多元和50多万元，先后都交给了陈××了。并且听说，这些钱陈××在赌博中都输掉了。显然，公诉人向法庭出示、宣读这份笔录是想证明被告人陆××自己曾做过有罪供述，并且与其他证据能够相互印证。

辩方发表如下质证意见：陆××称9月15日的认罪供述是在不得已的情况下违心作出的，之后他马上进行了纠正，这是有相关依据的。其一，9月15日显示的讯问地点是"广州市第一看守所"，而8月24日本辩护人在原看守所第一次会见过被告人，说明当时确系刚从原看守所转到广州看守所，一个陌生的环境对他一定会产生不安、不利的影响。其二，9月18日检察人员制作的两份讯问陆××的笔录表明，确实如被告人所说在9月15日的笔录形成的三天后，他就明确向办案人员指出9月15日的供述与事实是有出入的，该笔录中有关农委大楼虚增工程款37万这个数"是你们对我讲的"，"这37万元的数目确实是你们在审讯我时不断提醒我这个金额，我才按这个金额说出来"；另外，"挡土墙大部分工程是有的，虚增的部分工程钱我都送给了陈××"。其三，9月18日的讯问笔录还载明，在讯问中被告人明确反问办案人员："你们提审我，总是说要枪毙，是不是恐吓我。"并且笔录中显示，办案人员确实说过："法律规定，贪污10万元以上就可以枪毙。我们向你宣读过法律规定。"接着再次宣读了《刑法》第383条关于贪污罪判处死刑的规定。

基于以上辩护人当庭指出，上述事实表明，公诉人宣读的9月15日被告人的有罪供述并非其自愿、真实所为，不能作为定案依据。同时根据《刑事诉讼法》第46条的规定，对一切案件的判决都要重证据，重调查研究，不轻信口供。因此,即使陆××的口供是自愿所为,也不能作为定案的依据,关键在于控方是否有其他指控证据并且达到了"确实、充分"的法定证明标准。①

示范 6. 对鉴定意见的质证

鉴定意见是拥有专门知识、具备鉴定人资格的鉴定人,运用专门知识和科学技术对案件的专门性问题进行鉴别和判断而得出的意见。它应是一种科学的分析意见,但带有一定的主观色彩,属于意见证据,归入言词证据分类。鉴定人,又称专家证人。司法实践中,常见的鉴定意见包括人身伤害、法医鉴定、赃物价格鉴定、会计账册鉴定、审计报告鉴定、生物样本鉴定等。辩护律师对鉴定意见的质证,主要从以下几方面进行:①鉴定人和鉴定机构是否具有合法鉴定资质;②鉴定人是否具有应当回避的情形;③检材的来源、取得、保管、送检是否符合法律规定,与相关提取笔录、扣押物品清单等记载内容是否相符;④检材是否充足可靠;⑤鉴定意见的形式要件是否完备,如是否注明提起鉴定的理由,鉴定委托人、鉴定机构、要求、过程、方法和鉴定日期等相关内容是否记录完整;⑥鉴定意见书是否有鉴定人签名、盖章,并加盖鉴定机构司法鉴定专用章;⑦鉴定意见的结论是否明确;⑧鉴定意见与案件待证事实有无关联性;⑨鉴定意见与勘验、检查笔录等其他证据是否存在矛盾;⑩鉴定意见是否依法及时告知被告人,被告人是否有异议或申请过重新鉴定,等等。

在一起危险驾驶罪案件庭审中,辩护人在对影响案件定性的关键性证据——犯罪嫌疑人酒精血液浓度检测的鉴定意见审查时,发现办案机关由于工作疏忽,在提取犯罪嫌疑人的血样后第七天才送检,已严重违反办案规定。②辩护律师发表质证意见认为,由此作出的鉴定意见因不具备合法性,不得作为认定行为人构成危险驾驶罪的关键性证据。③

示范 7. 对勘验、检查、辨认等笔录的质证

勘验、检查笔录由办案人员制作,其形式包括文字记载、绘制图样、拍摄照片、复制模型和录像等,是对与犯罪有关的场所、物品、尸体等进行勘

---

① 顾永忠:《中国律师办案全程实录——刑事诉讼》,法律出版社 2005 年版,第 130—131 页。

② 公安部《关于公安机关办理醉酒驾驶机动车犯罪案件的指导意见》第 2 条第 5 款规定,交通民警对当事人血样提取过程应当全程监控,保证收集证据合法、有效。提取的血样要当场登记封装,并立即送县级以上公安机关检验鉴定机构或者经公安机关认可的其他具备资格的检验鉴定机构进行血液酒精含量检验。因特殊原因不能立即送检的,应当按照规范低温保存,经上级公安机关交通管理部门负责人批准,可以在 3 日内送检。

③ 陈亮:《攻防之道:刑事诉讼控辩攻略与技巧》,法律出版社 2017 年版,第 276 页。

查、检验后所作的记录,是一种书面形式的证据材料。它与书证不同。从记载内容来看,记载的多是物证材料,但又并不是物证材料(如血迹、指纹、毛发等)本身,而是保全这种证据的方法,它是一种客观记载,故,其客观性较强。司法实践中,辩护律师可从以下方面进行质证:①勘验、检查过程是否依照法定程序进行;②笔录制作是否符合法律和有关规定,是否有勘验、检查人员和见证人签名或盖章;③文字记载与实物或者绘图、照片、录像是否相符合;④现场、物品、痕迹等是否伪造、有无破坏;⑤人身特征、伤害情况、生理状态有无伪造或变化等。辩护律师质证后,如认为勘验检查材料不真实、与案件无关联性、内容涉及程序违法等,应要求法庭传唤勘验检查人员出庭说明情况,如拒不出庭的,可提出该笔录不应被采信的质证意见。如控方有异议,应与控方展开辩论。

辨认笔录是在侦查人员主持下让被害人、犯罪嫌疑人、证人对与犯罪有关的物品、尸体、场所、文字、犯罪嫌疑人等进行辨认所作的记录。辨认笔录应全面、客观地记录辨认的全过程和辨认结果。司法实践中,辩护律师可从以下方面进行质证:①辨认是否在侦查人员主持下进行;②辨认活动是否个别进行;③辨认对象是否混杂在具有类似特征的其他对象中,辨认前是否对辨认人有暗示或指认嫌疑;④供辨认的对象数量是否符合规定。相关规定查阅《公安机关办理刑事案件程序规定》第249-253条和最高人民检察院《刑诉规则》第223-226条之规定。如控方有异议,应与控方展开辩论。

案例:勘验笔录中遗漏的带血编织袋。①

一起5年前的盗窃案,现场遗留了一个带血迹的编织袋。最近,警方通过DNA比对找到了犯罪嫌疑人。然而,由于当时的现场勘验笔录中没有提及这只编织袋,警方的证据是否合法可信遭到质疑。

带着疑问,公诉人分别会见了现场勘查人员和鉴定人。北仑检方还给北仑公安机关发了一份《纠违通知书》。2013年1月10日,北仑公安机关重新制作了一份补充勘验笔录,包括对现场白色编织袋的图片和文字说明,提交检方。为了在庭审中还原案件事实,公诉机关向法院申请了由侦查人员出庭作证。为了验证自己的说法,该案侦查员向法庭提交了保留在工作电脑中的照片信息,其属性标识的时间为2008年8月1日16点许。

公诉人宣读起诉书后,便依次出示相关证据。被告人周明彬的辩护人李圭峰律师立即对证据提出异议:"提取编织袋后为何不做记录?""补充证据中编织袋照片的拍摄时间到底是5年前还是其载明的2013年1月?"法庭调查开始后,

---

① 根据2013年05月10日00:00北京青年报"勘验笔录中遗漏的带血编织袋"一文摘编。

李圭峰律师就遗漏重要物证问题向先后出庭的 3 名分局侦查人员频频发问。

第一个出庭的是负责现场勘查的韩姓警员。他讲述了现场勘查的过程以及现场勘查记录的制作过程，证实案发后他提取物证后即往市公安局送检。之后由于连续勘查了多个案发现场，因粗心大意导致在制作本案现场勘查笔录时，忘记了白色编织袋这一物证的存在，因此漏载。至于该染血的白色编织袋照片，的确为 5 年前案发现场拍摄；自己因一时笔误才写成 2013 年 1 月。为了验证自己的说法，他向法庭提交了保留在工作电脑中的照片信息，其属性标识的时间为 2008 年 8 月 1 日 16 点许。该案的鉴定人员、市公安局司法鉴定检验中心主检法医王某某也出现在证人席上。他证明当时韩等人送检的物证，的确有染血的白色编织袋等检材，自己当天在对检材进行提取 DNA 后，便交还给送检的韩警官等二人。为什么警方在 2010 年就提取了周明彬的血样，直到 2012 年底才发现问题？王某某说，和周同期送过来的血样，大概有八九万份，鉴定中心人手不够，足足用了两年时间，才将这些血样数据全部入库，比对又需要时间，所以拖得久了一点。

检方也对出庭作证的侦查人员进行了询问。"当时你进行现场勘验时，有没有其他侦查员在场？"检察官问。"有的，有我的同事，还有 2 名见证人。"（记者注：法律规定，现场勘验现场须至少有 2 名民警）"编织袋在哪里？""在房子的东北角。""是谁拍的照片？""是我。""为什么案发时的勘验笔录里没有记录编织袋？"检察官问。"2008 年 8 月 7 日，我将物证送到市公安局做 DNA 检验，制作勘验报告时，物证不在身边，因为工作的疏忽，没有记载在报告中。""如果现场勘查笔录上没有这只带血的编织袋，用于 DNA 鉴定的血迹是哪里来的？怎么证明是周明彬的？"

整个庭审持续了两个小时。北仑法院认为，北仑警方提交的证据材料因为工作人员的疏忽，存在重大瑕疵。尽管带血的编织袋是在补充现场勘查笔录中才出现的物证，但经相关侦查人员及鉴定人出庭说明，与周本人的供述和他对同案犯的辨认结果都可以印证，这的确是他留在现场的（带血编织袋——注）。

通过侦查人员出庭作证，证据取得的程序瑕疵，得到了合理解释，合议庭决定对证据予以采信。法院当庭以盗窃罪判处周某拘役 5 个月，并处罚金 1000 元。北仑法院院长陈文岳在庭后向媒体坦言，针对该案中的疑点，如果侦查人员不到庭作证，不仅辩护人、被告人、旁听者不能信服，法官断案也会忐忑不安。

示范 8. 对视听资料、电子数据的质证

视听资料、电子数据是指以录音、录像、电子计算机以及其他高科技设备储存的信息证明案件情况的资料。① 最高人民法院《刑诉法解释》第93条通过列举的方式规定了"电子数据"这种证据的种类,即有电子邮件、电子数据交换、网上聊天记录、博客、微博、手机短信、电子签名、域名等。这类证据的特点之一是很接近于案件真实情况,具有形象直接、客观准确的特点。需注意的是,讯问犯罪嫌疑人、询问证人、被害人的录音录像资料,勘验、检查中的录音录像资料不应当作为此处的视听资料、电子数据的证据种类对待。

司法实践中,对于视听资料辩护律师应从以下方面进行质证:①是否附有提取过程的说明,来源是否合法;②是否为原件,有无复制及复制份数;③制作过程是否存在威胁、引诱当事人等违反法律、有关规定的情形;④是否写明制作人、持有人身份,制作的时间、地点、条件和方法;⑤内容和制作过程是否真实,有无剪辑、增加、删改等情形;⑥内容与案件事实有无关联等。如控方有异议,应与控方展开辩论。

司法实践中,对于电子数据辩护律师应从以下方面进行质证:①是否随原始存储介质移送;提取、复制电子数据是否由二人以上进行;是否足以保证电子数据的完整性;有无相关存放地点的文字说明和签名。②收集程序、方式是否符合法律及有关技术规范。③电子数据内容是否真实,有无删除、修改增加等情形;④电子数据与案件事实有无关联;⑤与案件事实有关联的电子数据是否全面收集,如控方有异议,应与控方展开辩论。

视听资料、电子数据有下列情形之一的,不得作为定案根据,即经审查不能确定真伪的;制作、取得的时间、地点、方式等有疑问,不能提供必要证明或者作出合理解释的。

辩护律师对视听资料、电子数据进行质证时,如发现视听资料、电子数据有疑问、不真实,或伪造,辩护律师应要求法庭进行调查核实,并应当提出要求进行重新鉴定或检验,或者建议法庭不予采信的质证意见。

案例:快播案继续开庭律师质疑证据被"污染"②

快播案的庭审质证阶段,提到了本案最重要的物证之一:四台涉黄服务器。律师提出,服务器被行政机关扣押,随后转移到公安机关,但是没有证据来证明是谁转移的、程序是否合法、是否有人监督这一过程。

律师质疑说:"正常来讲,电子数据等应委托网监部门进行检查,包括四台服务器的物理特征,电子数据的数量生成时间以及进行登记和封存的记

---

① 宋英辉、甄贞等:《刑事诉讼法学》(第五版),中国人民大学出版社2016年版,第212页。
② 本文根据《法治新闻》的报道改编。原文登载于北京日报2016年01月09日。

录；鉴定前，应对电子数据进行复制。但是现在，原始数据已经被破坏了。"

律师质疑说，正是因为基础证据被损坏了，检察机关才一而再再而三地重新鉴定，"涉黄"视频的鉴定数字也不断变化，三次不一样的鉴定结果，说明鉴定结果是不准确的，不应采信。

对于为何进行三次鉴定，检察官解释说，第一次鉴定是临时性的，只是为了证明是一个刑事案件，可以用作证据的是从第二次鉴定开始。鉴定人丁某出庭作证。他是市公安局治安管理总队鉴黄部门民警，快播涉黄视频均由他和同事鉴定。

律师首先抓住了鉴定文书上的瑕疵，向丁某发问：鉴定人有两名，为什么只有你一个人签字。丁某承认这是工作上的失误："实际鉴定人确实有两位，但是签字时，我在征询同事意见后，代手就给签了。"丁某说，交给他鉴定的视频，是已经转换成视频图像的文件，都拷贝在了移动硬盘里。他用拖动鼠标的方式，观看硬盘里的视频，一旦发现有"性交"画面，就定性为淫秽视频。

律师接着提问："文件提取的过程中你并不在场？""在场，但是不可能一直盯着看。"丁某回答律师的提问时说，他只负责鉴定交给他的视频是否为淫秽，具体怎么转换，并不了解。律师则在"技术"上提出质疑：任何人都可以改变硬盘里的内容，文件提取人如果在服务器上做了手脚，就彻底改变了硬盘里的内容。

对于证据"污染"的说法，公诉人认为提供的证据可以证明保管、提取服务器的各个环节合法，律师的怀疑没有根据。

五、实验要求、步骤及方法

（1）先由指导教师向辩护组同学讲解辩护律师庭审质证的目的、意义和功能，使学生了解辩护律师庭审中的质证既是辩方享有的权利也是辩护人应履行的义务，还是法庭认证的前提和基础，同时也是程序正当性的标志。证据材料只有经过举证、质证和认证后才可成为定案依据。向学生讲解我国《刑事诉讼法》规定的八种法定证据的质证要点和技能技巧。

（2）指导教师通过示例对辩护人质证项目作实验演示。

（3）指导教师根据实验素材指导学生制作质证提纲，设计质证策略和预案。

（4）指导教师根据实验素材指导学生实验辩护律师庭审质证的各种方法和技能技巧。

（5）实验时可让辩护组同学分别扮演公诉人、证人、鉴定人和辩护人进行质证实验；也可与公诉组同学共同进行此项实验，并可相互观摩学习。

（6）实验项目演练完毕后先由学生对项目演练情况作自评、他评，再由指导教师点评、总结和打分评定成绩，记入实验记录表中。

六、实验素材（略，教师自备）

实验项目三　辩护人举证

一、实验程序环节

刑事案件第一审普通程序中"法庭调查"阶段辩护人举证。

二、实验目的

通过实验辩护人庭审举证项目，意在使学生了解辩护人庭审举证的意义、规则和技巧，同时，也要使学生了解到我国刑事诉讼中辩护人调查取证的难度，以及我国的刑事辩护的关键点在于对控方证据的评价。因此，辩护人举证的最大意义在于向法庭揭示证据之间的矛盾和能有证据证明的被告人无罪、罪轻、减轻、免除处罚情节。通过此项实验使学生初步掌握辩护人举证的相关技能技巧。

三、实验基本原理

（一）相关法律规定

《刑事诉讼法》第195条规定，辩护人应当向法庭出示物证，让当事人辨认，对未到庭的证人的证言笔录鉴定人的鉴定意见、勘验笔录和其他作为证据的文书，应当当庭宣读。

最高人民法院《法庭调查规程》第28条规定，公诉人举证完毕后，被告人及其辩护人举证。公诉人出示证据后，经审判长准许，被告人及其辩护人可以有针对性地出示证据予以反驳。

（二）辩护人庭审举证原理及规则

一般情况下，公诉人的证据全部举证完毕后，经由审判长指挥由辩护人举证。

辩方举证应按照庭前提交给法庭的证据目录清单进行举证。在司法实践中，由于检察院履行客观公正义务，因此，在收集证据时应收集证明被告人有罪、罪重、无罪、罪轻的证据。但由于控方的追诉职能导致控方对于证明被告人无罪、罪轻的证据一般不会出示，此时，辩护人对有利于被告人的证据应给予出示。辩护人获得辩护证据的途径有二：一是从控方案卷中得来；二是主动调查收集得来。无论什么途径获得的有利于被告人的证据，辩护人都应在法庭上出示。公诉人对辩方出示的证据质证时提出质疑意见的，辩护人可以与公诉人展开辩论。

根据最高人民法院《法庭调查规程》第28条规定，公诉方有一个证据或几个证据举证完毕后，经审判长准许，辩方可通过出示己方证据来有针对性地反驳控方证据。这是《法庭调查规程》的新规定。即辩方对公诉方举出的证据有异议的，在对该证据提出质证意见时，还可通过举证来反驳公诉方的证据。

辩护人庭审举证的技巧有：先出示物证、书证，再出示言词证据，以可避免因对言词证据的谪责分散法庭的注意力；先出示直接证据，再出示间接证据；先出示法定量刑情节的证据，再出示酌定量刑情节的证据，等等。

四、实验内容演示

示例：一起涉嫌共同"贪污"案件的庭审片段。

陆××被指控虚构了围墙工程、夸大了零星工程量骗取工程结算款，换土工程的30多万元是假工程结算单，陆××与陈××（已另案处理）构成共同贪污。在法庭调查阶段，被告人陆××的辩护人提出如下证据：

1. 证人陆某的书面证言。证人陆某曾在本案被告人陆××所在的工程队工作过，并参与了康乐新村工地包括农委大楼工程的施工。在本案辩护人向他调查时，他表示：①在康乐新村工地正式开工前，当时工地上有较多淤泥、桩条等。为此，施工队进行挖运泥方、用砂石填路，还使用了机械吊机，装了输水管，地下铺设了800米的大管等。这些活儿"花了一个多月时间，工程量有多大记不起来了"；②在康乐新村工地上"肯定有围墙，大概离实际建房的墙至少五六米，四周围起来具体多少米不记得了"；③"知道农委大楼地基工程，深度挖到实地，是斜挖的，离实建面积线4米－5米开挖"。

辩护人向法庭提供该份证据是想证明：①康乐新村工地上施工中确有零星工程发生；②康乐新村工地四周确有围墙，且"离实际建房的墙至少五六米"；③农委大楼地基工程确有换土工程发生。

2. 书证：八小区规划图。"八小区"是本案所涉康乐新村工地所在的规划小区。"八小区规划图"是当时三水市政府规划建设部门批准的规划、建设依据。在这张规划图上清楚地反映了康乐新村工地的位置、面积及四至范围，还明确标出了相关的长度。此外，还标有农委大楼在康乐新村工地上的所处位置及平面形状。

辩护人向法庭出示八小区规划图,是向法庭证明:①康乐新村工地上的四至范围;②按照康乐新村工地四至范围所标出的相关长度计算本案所涉围墙的长度约为:[(190米+98米)×2-20米=556米];③农委大楼在康乐新村工地的位置及平面形状。[①]

五、实验要求、步骤及方法

(1) 先由指导教师向辩护组同学讲解辩护律师庭审举证的目的、意义和规则,要求学生学习掌握其举证技能技巧。

(2) 指导教师运用示例对辩护人庭审举证项目作实验演示。

(3) 指导教师根据实验素材指导学生制作辩护人庭审举证提纲,设计庭审举证策略和预案。

(4) 指导教师根据实验素材指导学生进行辩护律师庭审举证各种技能技巧的实验。

(5) 实验时可让辩护组内同学分别扮演公诉人、证人、鉴定人和辩护人诉讼角色进行互动模拟辩护人举证实验;也可与公诉组同学互动进行此项实验。各小组之间可相互观摩学习。

(6) 实验项目演练完毕后先由学生对项目演练情况作自评、他评,再由指导教师点评、总结和打分评定成绩,记入实验记录表中。

六、实验素材(略,教师自备)

实验项目四 辩护人询问证人、鉴定人

一、实验程序环节

刑事案件第一审普通程序中法庭调查阶段辩护人询问证人、鉴定人等。

二、实验目的

通过实验辩护人庭审中向证人、鉴定人发问项目,意在使学生了解辩护人庭审中向证人、鉴定人发问的意义、规则和技巧,通过此项实验使学生初步掌握辩护人庭审中向证人、鉴定人发问的相关规则和技能技巧。

[①] 顾永忠:《中国律师办案全程实录——刑事诉讼》,法律出版社2005年版,第153—154页。

三、实验基本原理

（一）相关法律规定

《刑事诉讼法》第 62 条规定："凡是知道案件情况的人，都有作证的义务。生理上、精神上有缺陷或者年幼，不能辨别是非、不能正确表达的人，不能做证人。"第 61 条规定："证人证言必须在法庭上经过公诉人、被害人和被告人、辩护人双方质证并且查实以后，才能作为定案的根据。法庭查明证人有意作伪证或者隐匿罪证的时候，应当依法处理。"第 194 条规定，公诉人、当事人和辩护人、诉讼代理人经审判长许可，可以对证人、鉴定人发问。审判长认为发问的内容与案件无关的时候，应当制止。

最高人民法院《刑诉法解释》第 212 条规定："向证人、鉴定人发问，应当先由提请通知的一方进行；发问完毕后，经审判长准许，对方也可以发问。"第 213 条规定："向证人发问应当遵循以下规则：（一）发问的内容应当与本案事实有关；（二）不得以诱导方式发问；（三）不得威胁证人；（四）不得损害证人的人格尊严。前款规定适用于对被告人、被害人、附带民事诉讼当事人、鉴定人、有专门知识的人的讯问、发问。"第 216 条规定："向证人、鉴定人、有专门知识的人发问应当分别进行。证人、鉴定人、有专门知识的人经控辩双方发问或审判人员询问后，审判长应当告知其退庭。证人、鉴定人、有专门知识的人不得旁听对本案的审理。"

最高人民法院《法庭调查规程》第 19 条规定，证人出庭后，先向法庭陈述证言，然后先由举证方发问；发问完毕后，对方也可以发问。根据案件审理需要，也可以先由申请方发问。控辩双方向证人发问完毕后，可以发表本方对证人证言的质证意见。控辩双方如有新的问题，经审判长准许，可以再行向证人发问。第 20 条规定："向证人发问应当遵循以下规则：（一）发问的内容应当与本案事实有关；（二）不得采用诱导方式发问；（三）不得威胁或者误导证人；（四）不得损害证人人格尊严。（五）不得泄露证人个人隐私。"第 23 条规定，有多名证人出庭作证的案件，向证人发问应当分别进行。第 27 条规定："对被害人、鉴定人、侦查人员、有专门知识的人发问，参照适用证人的有关规定。同一鉴定意见由多名鉴定人作出，有关鉴定人以及对该鉴定意见进行质证的有专门知识的人，可以同时出庭，不受分别发问规则的限制。"

（二）辩护人询问证人、鉴定人等的分类、目的及技巧

1. 询问分类。由于我国《刑事诉讼法》实现了从纠问式庭审方式向控辩式庭审方式的转变，并学习借鉴了外国交叉询问制度的一些经验，如询问分类等。所谓交叉询问制度，是指在法庭上，由控辩双方按照一定的规则和次序，对当事人、证人、鉴定人进行事实调查的"问－答"活动。① 而询问分类，即申请传唤证人的一方向证人发问，叫主询问；向对方传唤的证人发问，叫反询问。我国刑事诉讼庭审程序中控辩双方也遵循这样的分类进行交叉（轮替）发问。因此，在法庭调查阶段，辩护人对证人、鉴定人的询问就有两种，即主询问或反询问。如果证人、鉴定人是由控方向法庭提出的，则辩护人对其进行的是反询问；如果证人、鉴定人是由辩方向法庭提出的，则辩护人对其进行的是主询问。主询问和反询问的目的和遵循的规则不同，以下分述。

2. 询问目的。一是向法庭展示有利于己方的案件事实和情节。当辩护人进行主询问时，意图通过向证人、鉴定人发问，由其说出发问主体想要描述的案件事实和情节，以增强己方论辩观点的可信度和力度。反询问则是通过挑剔性的提问，降低对方事实陈述的可信度，以增强己方描述事实的可信度。总之，辩护人无论是通过主询问还是反询问，都意欲向法庭展示有利于己方利益的事实。二是通过询问呈现辩方对案件事实的认识与控方认识的差异。交叉询问的功能之一是在建立有利于己方证据可信度的同时降低对方证言的可信度，如通过暴露对方证人人格缺损；或将对方描述事实的不合逻辑或情理的地方暴露出来，以使法官能够通过主询问和反询问得到的信息，形成对证据的判断和对事实的认定。三是通过询问释疑案件中存在的疑问。无论主询问还是反询问，功能之一是释疑一些案件中的疑点；对案件审理进程中发现的疑点或需要进一步澄清的事实，也可以通过询问来解决。四是为己方后续的举证、质证和申请新的证据作铺垫。如辩护人如果发现鉴定结论与其他证据有矛盾，可能是鉴定结论有错或者是其他证据不真实，必须通过询问查明原因。向鉴定人询问的重点是要求鉴定人对鉴定结论做出科学的解释和说明，如果解释不清或不能令人信服，则可以向法庭提出补充鉴定或重新鉴定的申请。② 五是构成了法庭辩论的组成部分。在控辩式庭审模式中，法庭调查与法庭辩论的界限并非绝对分开。法庭调查阶段的询问不仅是调查事实的手段，也是法庭辩论的组成部分。辩护人对证人、鉴定人的有些发问就是想通过其口说出发问主体想向法庭呈现的辩护事实和理由。即证人是通过与律师问答的方式来提供信息。

---

① 顾永忠、苏凌：《中国式对抗制庭审方式的理论与探索》，中国检察出版社2008年版，第241页。

② 顾永忠、苏凌：《中国式对抗制庭审方式的理论与探索》，中国检察出版社2008年版，第242页。

3. 询问技巧。一是主询问技巧。主询问采用开放式问题方式。主询问是对己方传唤证人进行询问，要求采用开放式提问方式，不能采用诱导性提问方式。辩护人问开放性问题，以给予问答者方向性的提示，问题里没有暗示，而是给证人主动提供信息的机会。当然要做到这样，辩护人往往对于证人将要陈述的内容是事先知道的，很多情况下是明知故问。这种明知故问使辩护人通过提问并借证人之口将案件事实展示出来。开放性提问，即问谁、是什么、什么时候、为什么、什么地点、什么方式，这样的提问，法庭上展示出来的情况就是证人在主动地提供信息。这样就可以增强证言的可信度。当然回答开放性问题有可能需要解释，这会带来内容的不确定性。因此，辩护人对证人可能做出的回答要有所预测和预知。总之，用这种提问方式让辩方证人讲述他所知道的（全部）案件故事。

二是反询问技巧。反询问主要采用封闭式问题方式。反询问是通过向对方传唤的证人发问，揭露对方证言的虚假性或所描述事实的纰漏，这种纰漏或是因证人身份使证言的可信度打折扣，或是描述的事实细节与某些证据之间存在矛盾而使证言的可信度打折扣。反询问不宜采用开放性问题，而采用封闭式问题。封闭式问题就是陈述句＋疑问句，回答"是"或者"不是"，或"对"或者"不对"。这样的问答句式可以锁定答案。采用这种问法的基本公式是："你刚才说（证人的原话）……是不是？"如问："你刚才说看见一个穿红色衣服的人走过，是吗？"对于这样的问题只可能回答"是"或"不是"，"对"或"不对"，"确定"或"不确定"。这种问法的意义在于，通过隐含答案的封闭式问题，锁定答案并暴露纰漏，不给证人解释机会。但是，封闭式问题容易被认为是诱导性问题，招致法庭干预。我国法律明确禁止诱导性发问。如《最高人民法院关于适用〈刑事诉讼法〉的解释》第213条规定，向证人发问应当遵循以下规则：（二）不得以诱导方式发问。但此规定有绝对化的毛病。[①] 最高人民检察院《人民检察院刑事诉讼规则（试行）》第438条规定，讯问被告人、询问证人应当避免可能影响陈述或者证言客观真实的诱导性讯问、询问以及其他不当讯问、询问。辩护人对被告人或者证人进行诱导性询问以及其他不当询问可能影响陈述或者证言的客观真实的，公诉人可以要求审判长制止或者要求对该项陈述或者证言不予采纳。这一规定将诱导性询问区分为可能影响陈述或者证言客观真实的和不影响陈

---

① 顾永忠、苏凌：《中国式对抗制庭审方式的理论与探索》，中国检察出版社2008年版，第252页。

述或者证言客观真实的两类,在庭审中加以区别对待,而不是一概禁止[①]。最高人民检察院的这一司法解释应当较为允当。辩护律师在庭审询问中可以此标准来设计反询问问题。

四、实验内容演示

实验内容演示 1. 主询问

示例:(辩方向法庭提出证人赵坚强,辩方对其主询问)

……

审判长:先由辩护人对证人赵坚强发问。

辩护人:证人赵坚强,我是被告人王远方的辩护律师,我有几个问题向你发问。请你能够理解我好吗?

赵坚强:好的。

辩护人:你作为父亲,你的女儿遇害,你的心情我非常理解。5月15日上午,当你进到你女儿的房间,发现你女儿躺在地上,你用手把她身上的被子掀开,发现她身上插着一把刀,这个时候你是不是确认你的女儿已经死亡了?

赵坚强:我当时拿手放在她鼻子上感受了一下她的呼吸,发现没有呼吸了,然后我确认她死亡了。

辩护人:那么除了她身上插了一把刀,她的尸体情况还有什么表现?

赵坚强:当时因为那把刀插的部位比较靠身体上方,当我掀开被子发现有一把刀插在我女儿身上的时候,我一下子就懵了,回过神来后我感受她的呼吸,发现她死了。那个被子我没有完全拿开,所以其他的状况我不是特别留意,当时心里乱极了,我确实没有留意。

辩护人:我问你她的面部,因为你将手放在她的鼻子上感受她的呼吸,这个时候她的脸的颜色正常不正常,处于什么状态?

赵坚强:面部?

辩护人:是像睡着了,还是什么样子?就是你当时看到的状况是什么样?她的脸部的状况是什么样?

赵坚强:脸部比较正常,不过鼻子那一块似乎有曾经窒息的感觉。

辩护人:有什么感觉?

赵坚强:就是鼻孔那一块,好像是曾经窒息过。

[①] 顾永忠、苏凌:《中国式对抗制庭审方式的理论与探索》,中国检察出版社2008年版,第252页。

辩护人：只是在鼻孔这个地方发现好像窒息过？

赵坚强：是的。

辩护人：你说的窒息是因为失血性休克最后呼吸停止的这个窒息呢，还是一种外力所导致的窒息？

赵坚强：当时我看的不是特别真切。

辩护人：这么说吧，是不是凶手在杀害你女儿的同时捂了你女儿的嘴和鼻？

公诉人：反对！对辩护人的询问有异议。

审判长：异议有效。

辩护人：你当时发现鼻子有窒息的痕迹，其他方面都很正常，是不是？

赵坚强：我说过，我当时没有把被子完全掀开，所以我只是看到脸部。

辩护人：我指的就是脸部。

赵坚强：是的，其他地方我没有注意到。

辩护人：这个问题我请法庭记录在卷。第二，我想问，按照你刚才回答公诉人提问，你在院子里面遛弯的时候，9点左右，你看到王远方离开了你姑娘的房间，那么他告诉你说姑娘还在睡觉？这个时候你相信吗？

赵坚强：我相信，因为我们家莉莉她在上班时间是不用坐班的，所以她睡到几点都没有问题。

辩护人：好的，谢谢！你相信王远方说的莉莉还在睡觉？

赵坚强：是的。

辩护人：所以你一个多小时以后才上楼？

赵坚强：是的。

辩护人：也就是说，在你见到王远方到你上楼之前这一段时间，你是相信你姑娘还在睡觉的，对吗？

赵坚强：是的。

辩护人：好！第三个问题。你第1次上楼，去敲你姑娘的房门，姑娘没开，那么你就下楼了。按照你过去向侦查机关所做的证词和刚才回答公诉人提问时的回答，你下来又等了十几分钟，然后心里想着姑娘会不会出事，所以拿着钥匙上楼了，对吗？

赵坚强：是的。

辩护人：你下来的那十几分钟等姑娘的时间，你是在家里等，还是在院子里等？

赵坚强：我是在我们家等的。

辩护人：好，问话完毕，谢谢你！

审判长：第二辩护人有发问没有？

辩护人：我补充一个问题。你刚才在回答公诉人的提问的时候说，出事的前一天晚上，是王远方第一次在你们家吃饭，他以前没有在你们家吃过饭，对吗？

赵坚强：我不是这个意思，我是说在那一次吃饭之前，好长一段时间里，他没有来我家吃饭。

辩护人：你女儿上去以后住了将近半年了，你经常上去吗？

赵坚强：我不经常上去，刚才我已经说了，毕竟女儿大了，总去她的屋里也不合适。

辩护人：你说你怕她出事，"出事"是什么意思？

赵坚强：以往我敲门之后，她一般都有回应，但这次没有回应。当时我敲门的时候，她没有回应，我想她是不是在卫生间没有听到，但是后来我想我下来已经等了十几分钟了，如果在卫生间里也应该出来了，而且现在已经过了10点，平常她即使睡得晚，起的晚也不会这么晚。所以我想可能会有什么事情，但是我当时并不能确定是什么事情，我只是感到有点不太正常。

辩护人：刚才你回答公诉人的时候，你说你碰到王远方的时候他走的急急忙忙的，对吗？

赵坚强：是的。

辩护人：你在回答公安人员询问时为什么没说这个事儿？

赵坚强：急急忙忙？因为当时王远方说他回家有急事要办，所以我感觉他是急急忙忙的。

辩护人：我问完了。

……

审判长：辩护人还有补充发问没有？

辩护人：没有。

审判长：对证人赵坚强的询问完毕，请证人赵坚强退庭。请问辩护人，对证人赵坚强当庭作证的内容即当庭作证的证言，与控方申请赵坚强作证拟证明的事实，你们有什么异议没有？

辩护人：没有异议。

实验内容演示 2. 反询问

示例1.（控方提出的鉴定人，辩方进行反询问）

审判长：被告人王远方对于鉴定人有需要发问的没有？

王远方：没有。

审判长：辩护人对鉴定人有发问的没有？

辩护人：有。鉴定人，我是被告人王远方的辩护人，下面就几个问题对你进行发问。第一个问题，根据刑事技术鉴定书，赵莉莉的尸体是在地面上的，对吗？

贺江宁：对。

辩护人：关于尸体温度，尸体所处的环境对尸体温度的下降有没有影响？

贺江宁：有影响。

辩护人：你告诉我有影响，也就是说在地板上躺着的尸体降温的情况和在床上盖着被子的尸体降温的情况是有差异的，是不是？

贺江宁：对。

辩护人：这个差异能不能够精确地量化？

贺江宁：在一定情况下可以。因为尸体的温度变化有一个规律，会受一些环境因素、通风等情况的影响，所以，我们会在基本变化规律的基础上，结合衣着、肥胖等一些基本情况来得出最后结论。本案当中我们就是综合各种情况做出最后结论的。

辩护人：本案当中，室温是20℃，这个室温是指什么的温度？

贺江宁：是室内的空气温度。

辩护人：你们是以室内的空气温度和尸体温度，也就是尸体在你们检测时的温度来推断死亡时间的，对吗？

贺江宁：这个推算过程不能够这么简单化。因为我们的首要参照值就是室温20度，加上在尸体春秋季的变化的规律，然后再结合尸体身上的衣着，以及上面盖的棉被的情况，再加上地面情况，因为地上是地毯，再加上室内的通风情况，因为当时门窗是关闭的，综合判断。另外，还要结合尸僵、尸斑、角膜混浊程度来得出一个综合的结果。

辩护人：你刚才说，在她失血性休克也就是被刀刺之前，她有一个窒息，这个窒息是不是外力窒息？

贺江宁：请再说一遍。

辩护人：是外力造成她的窒息？

贺江宁：可以这么理解。

辩护人：也就是说，外力窒息再加上外伤导致的失血性休克最终导致死亡。外力窒息对这个人尸斑的出现有没有影响？

贺江宁：有一定的影响。

辩护人：这个影响是在时间上还是在颜色上的影响？

贺江宁：在时间上面、在颜色上面都会有一些影响。

辩护人：那么对角膜呢？

贺江宁：对角膜的影响不是特别大。

辩护人：那么就是说如果这个人有过窒息，不会影响角膜的改变，是不是啊？

贺江宁：对。

辩护人：好，我的问话完毕。

审判长：第二辩护人有补充发问没有？

第二辩护人：有。我问你几个问题。你从事法医工作多少年了？

贺江宁：十多年。

第二辩护人：你现在有什么法医技术职称？

贺江宁：高级。

第二辩护人：什么高级职称？

贺江宁：就是法医技术的高级职称。

第二辩护人：具体是什么？主任法医师？

贺江宁：主任法医师。

第二辩护人：既然是主任法医师为什么不在鉴定书上表明这个？

贺江宁：因为这是东江市公安机关的习惯性做法。

第二辩护人：下面我问几个技术性的问题。这个尸体，你解剖了没有？

贺江宁：尸体解剖是后来在其他地方进行的。

第二辩护人：你当时出这个刑事技术鉴定书的时候，解剖了没有？

贺江宁：当时没有，我只是负责死亡时间和致死原因的鉴定。

第二辩护人：你没有解剖尸体，你怎么断定左胸腔积血1500ml？

贺江宁：这个数据是根据她的出血情况。因为这把刀插入的时候，刀上没有血槽，她没有放血。在正常的状况下，积血存在胸腔内，根据刀的切入点和出血量，我们会做一个综合的评价。

第二辩护人：这个积血量是在胸腔内，你既然没有解剖，你怎么得出结论有1500ml的积血？

贺江宁：根据刀的刺入口、位置和角度，可以做出这个结论。

第二辩护人：尸僵的程度你为什么没有表述？

贺江宁：我在鉴定书上有表述，她是全身的尸僵。

第二辩护人：你只是表述一些关节。尸僵的强度你表述了没有？

贺江宁：在尸僵程度的表述上，存在认识习惯的不同。实际上，在一般情况下，由于习惯不同，并不一定要做有关强度的表述，所以我们表述的是见于全身诸关节，因为主要体现在各个关节中。

第二辩护人：你在测量尸温的时候，你说直肠是28℃，当时测量的时候是13点，你只有这一个参考点？

贺江宁：不只有这一个参考点。在我们13点测量直肠温度28℃之后还有其他的参考点。

第二辩护人：你第二次测量是什么时候？

贺江宁：我们回公安局每隔一小时测量一次。

第二辩护人：这个鉴定报告什么时候出具的？

贺江宁：5月16日，也就是在第二天出具的。

第二辩护人：你有没有做第二次检验报告？

贺江宁：没有。

第二辩护人：你检验到阴道内有精液，大腿内侧有擦伤，是不是认为死者生前遭受过性侵犯？

贺江宁：当时我们提取到精子，但是并不能直接判断死者生前是否遭受过性侵犯，因为现场没有发现其他侵犯的痕迹。

第二辩护人：发问完毕。

示例2.（鉴定人由控方向法庭提出，辩方对其进行反询问）

……

审判长：辩护人还有发问没有？

辩护人：有。我补充发问，你当时到现场了没有？

贺江宁：到了。

辩护人：尸体是在现场检验的，对吗？

贺江宁：在现场初步检验，然后回到局里进一步检验。在现场仅仅是测量直肠温度，看了一下尸斑以及尸僵的情况。

辩护人：直肠温度是在现场测量的，对吗？

贺江宁：对。

辩护人：尸体是几点钟运回公安局的？

贺江宁：是下午1点钟之后，大概13：30左右运回公安局的。

辩护人：尸体的直肠温度是1点钟在现场测量的，对吗？

贺江宁：对。

辩护人：刑事技术鉴定书是你参与制作的，对吗？

贺江宁：对。

辩护人：在刑事技术鉴定书中写道尸体在北侧地面上，这个地面是什么材质的？为什么没有写呢？

贺江宁：我不明白你的问题。

辩护人：刚才公诉人补充发问的时候你说，实砖、木头地板、地毯对尸体温度的下降的影响是不一样的。既然如此，你的刑事技术鉴定书却写道"尸体头东脚西，仰卧于床北侧地面上"，并没有标明地面上有地毯。刚才在法庭上作证的时候，你又明确地说是地毯。你为什么不在鉴定书中标明地面上有地毯呢？

贺江宁：是这样的，我们法医出鉴定书的时候，有很多资料是从现场勘验笔录上面摘抄过来的。至于地面上的铺着物以及房间的物品摆放等我们不可能在鉴定书上一个字一个字全记下来，所以详细情况应当参照现场勘验笔录。

辩护人：那么你的意见是应该以现场勘验笔录为主，是不是？你的鉴定书摘抄现场勘验笔录，对吗？

贺江宁：不能这样说，只能说物证检验书对现场描述的部分应当参照现场勘验笔录的内容。

辩护人：好。鉴定人对于以上问题的回答请法庭给予重视。发问完毕。

审判长：辩护人还有补充发问没有？

辩护人：没有。

审判长：请鉴定人贺江宁退庭。

审判长：请问辩方，你们对控方申请出庭做鉴定说明的鉴定人贺江宁当庭所做的鉴定说明及控方拟证明的事实有什么异议没有？

辩护人：有。

审判长：请简要说明。

辩护人1：有两点异议：关于尸体所处的具体环境，他在法庭上的作证跟刑事技术鉴定书以及现场勘查笔录的记录不相符的，这一点请法庭注意。第二个疑点，由第二辩护律师来发表。

辩护人2：由于尸体没有解剖，所以说对胃内容的情况所有的描述都是主观推断。完毕。

五、实验要求、步骤及方法

（1）先由指导教师向辩护组同学讲解辩护律师在法庭审理过程中对证人、鉴定人发问的原理、规则和技能技巧知识。

（2）指导教师运用示例对辩护人向证人、鉴定人发问项目作实验演示。

（3）指导教师根据实验素材指导学生制作辩护人向证人、鉴定人发问提纲，设计庭审发问策略和预案。

（4）指导教师根据实验素材指导学生进行辩护人向证人、鉴定人发问各种技能技巧的演练。

（5）实验时可让辩护组组内同学分别扮演辩护人、证人、鉴定人等各种诉讼角色进行互动互换练习，完成实验任务。

（6）实验项目演练完毕后先由学生对项目演练情况作自评、他评，再出指导教师点评、总结和打分评定成绩，记入实验记录表中。

六、实验素材（略，教师自备）

实验项目五　辩护人发表辩护词

一、实验程序环节

刑事案件第一审普通程序中"法庭辩论"阶段辩护人发表辩护词。

二、实验目的

通过实验法庭辩论阶段辩护人发表辩护词项目，意在让学生了解和掌握如何在法庭辩论阶段发表全面、系统的辩护词以及辩护词的基本写作格式和方法，如何针对公诉意见（公诉词）进行辩方的辩驳和说理，训练学生进行法庭辩论的技能技巧。

三、实验基本原理

（一）相关法律规定

《刑事诉讼法》第37条规定："辩护人的责任是根据事实和法律，提出犯罪嫌疑人、被告人无罪、罪轻或者减轻、免除其刑事责任的材料和意见，维护犯罪嫌疑人、被告人的诉讼权利和其他合法权益。"

《刑事诉讼法》第198条规定，法庭审理过程中，对与定罪、量刑有关的事实、证据都应当进行调查、辩论。经审判长许可，公诉人、当事人和辩护人、诉讼代理人可以对证据和案件情况发表意见并且可以互相辩论。

最高人民法院《刑诉法解释》第229条规定："法庭辩论应当在审判长的主持下，按照下列顺序进行：（一）公诉人发言；（二）被害人及其诉讼代理人发言；（三）被告人自行辩护；（四）辩护人辩护；（五）控辩双方进行辩论。"

（二）相关原理

法庭调查结束后进入法庭辩论阶段。控辩双方在法庭调查的基础上，各自从事实、证据和法律适用上进行归纳、总结，并发表各自的观点和诉讼主张,并对有争议的案件事实和法律进行辩论。

在法庭辩论阶段,控辩双方要把他们的核心观点集中展现出来,所以法庭辩论的技能是非常重要的。[①] 法庭辩论也是分阶段进行的,常有几个回合。第一轮先由公诉人发表公诉词,辩护人发表辩护词,都是先集中展示观点和各自的诉讼主张;然后进行第二轮、第三轮的答辩与反驳交锋对抗,直至双方辩论意见发表完毕。

我们现将辩护人在法庭辩论阶段的辩论技能分成两项技能来分别进行训练,即第一次发表辩护词和第二、三轮发表辩论意见(见实验项目六)。

在法庭辩论阶段公诉人第一次发表公诉词后,由辩护人第一次发表辩护词。

辩护人发表辩护词,是根据事实和法律,针对起诉书和公诉词中的观点和指控进行反驳,并提出有利于被告人的观点和意见,即提出被告人无罪、罪轻、从轻、减轻、免除刑事责任的全面、综合、系统的辩护观点和意见。此时的辩护意见虽是概括性和总结性的,但是从整体上论证、阐述证据与案件事实的内在联系、案件的法律适用、相关程序是否合法等问题,进而得出全案辩护结论。

辩护词在庭审前先由辩护人打好"草稿",初步确定辩点和辩护思路,然后再根据法庭调查的具体情况对原定的辩点和辩护思路作一定的修正和调整。因为案件的真实情况和证据在法庭调查阶段才得以全面展现展示,其间还可能出现庭前预测之外的新情况或新证据,辩护人必须在法庭调查的基础上,发表辩护意见以适应庭审变化了的情况。否则,可能导致无的放矢,不能达到有效辩护之目的。

辩护词一般由三部分组成,即前言、辩护理由、结束语。

前言部分,包括三个内容:一是申明辩护人的合法地位;二是说明辩护人在庭前做了哪些工作;三是辩护人对全案的基本观点和看法,并引出对辩护理由的阐述。

辩护理由部分,一般包括如下方面:一是关于定罪事实和量刑事实的认定方面。二是关于定罪量刑的情节事实的认定方面。三是关于定罪量刑证据的认定方面。证据是否达到确实、充分的程度;取证的合法性问题等。四是关于法律适用方面,包括实体方面、诉讼程序方面和量刑方面的法律适用问题。

[①] 顾永忠、苏凌:《中国式对抗制庭审方式的理论与探索》,中国检察出版社 2008 年版,第 116 页。

结束语部分,是指辩护人对整个辩护意见作一个小结,概括辩方论点,并对法庭判决提出一些原则性的建议。

需说明的是,辩护词不是法定文书,其写作格式并无严格要求,上述格式介绍只是司法实践中的常用做法,有参考价值。

辩护词的写作需注意它的辩驳性和说理性。辩驳性是指直接针对控方观点进行反驳,抓住控方论证或论述中的错误或矛盾,指出控方观点的不合理性,使裁判者对控方观点产生足够怀疑即可达辩护目的。说理性是指直接正面说理,根据本案事实,依据法律,提出合理的辩护观点和意见,并进行充分论述和论证,以说服裁判者采纳辩方意见。第一次发表的辩护词常常将立论、论证和驳斥融为一体。

四、实验内容演示

示例 1. 辩护词[①]

尊敬的审判长、各位审判员(人民陪审员):

关于任某某被指控犯有受贿罪一案,我接受被告人委托并受某律师事务所指派,担任本案的辩护人。在接到案件后,我查阅了有关卷宗,并对本案进行了深入的调查,取得有关证据,还同被告人进行了会面谈话。通过今天的公开开庭审理,以及在审查起诉阶段到检察院的阅卷和对检察院提交法院的卷宗材料的再次阅卷,辩护人对起诉书指控被告人的大部分犯罪事实和犯有受贿罪,不持异议。但是起诉书指控的部分犯罪事实有误,公诉意见书中也未能指出被告人的从轻情节等,辩护人有必要根据《刑事诉讼法》的相关规定,结合本案的事实和法律发表辩护意见如下:

1. 起诉书指控被告人"多次索取"贿赂是错误的。

我们从今天的法庭调查中可以看出,被告人任某某接受贿赂的性质绝大多数是被动收受,而并不是起诉书所言的"多次索取",只有一次是主动向李某某索要,且具有朋友间"开口"的成分。李某某的证人证言所谓"向我开口借",由于未得到被告人的供述承认和其他证据相印证,不能成立。起诉书列举被告人收受 3 人 10 次贿赂钱物时,也仅指控被告人在"1992 年冬,被告人索要并在办公室收取李某人民币 2 万元"的犯罪事实,其他的指控均为"收受"。起诉书中在"本院认为"部分应当写明被指控人为:一次索取,多次收受,对于起诉书中"多次索取、收受"将索取并列在"多次"之后的表述检察院应当根据事实和法律加以纠正。

[①] 陈卫东、刘计划:《法律文书写作》(第四版)中国人民大学出版社 2016 年版,第 285 页。

2. 起诉书指控被告人收受李某 2 万元港币证据不足。

从起诉书指控被告人收受 2 万元港币的时间上看,为"1989 年至 1993 年",跨度长达四年之久。那么这笔贿赂究竟发生在何时何地?是一次受贿,还是两次或者多次累积受贿等?必须准确无误,才能证据确凿。从被告人的供述看,他承认在此四年期间接受了李某某 8.5 万元港元,而不是两万元。证人李某某在 1997 年 8 月 1 日的证言中说送的是公开红包,不是私下贿赂,而且根据推论可以得出送的是人民币而不是港币。当李某某在调查中被问到有无送给被告人个人及其家属红包时,李答:"我送过一些小礼物给任某,比如送给他太太,有时他来深圳,我送他几百元、上千元港币。我与任某某的太太关系不错,我送给他两三千元港币买东西是有的。"李某某在回答在香港、深圳送给任某某和其太太的港币时,说是几千元和 5000 元以下;并且明确说"我私下没有给过任某上万元港币的情况",这里有时间有地点是几千元和 5000 元以下,推定恐怕不超过 1 万元。当被问道:"你零碎几次给被告人共计多少钱?最多一次给多少?最少的给多少钱?"时,李某某答:"我几次共给被告人 2 万元到 3 万元港币。最多一次给 5000 元港币,最少也要给两三千元港币。"这仿佛找到了 2 万元贿赂款的证据。然而根据刑事证据的特点和证据规则的要求,这种笼统的、总结性的证词,既无法准确地证明被告人每一次接受贿赂的时间、地点、数目等证据要素,也与李某某前文所述事实相矛盾,违反了刑事证据必须确凿、准确的基本原则,所以法庭应当考虑不予采纳。

3. 被告人无前科劣迹,归案后能全部如实交代自己的罪行,且真诚悔过,表明其主观恶性较小;赃款赃物已全部收缴,社会危害性已降至最低,依法应从宽从轻量刑处罚。

4. 被告人担任全厂和公司的一把手后,荣获过"优秀企业家""建设有功个人"等称号,1993 年至 1995 年在他的带领下,该单位产值和销售收入均达到亿元,利润达百万元之巨。更主要的是,他无前科劣迹,这次犯罪实属偶犯、初犯;并且在拘留后、逮捕前已经全部将受贿行为和金额供述清楚,为侦查人员起获赃款、查找证人提供了便利条件。再加上他的受贿情节中,仅有一次是索取,其他都是被动收受,其主观恶性不大。此外,被告人将全部赃款赃物退出,并且大大超过应有的数额;再有他的受贿,收取的是非公有制企业经营人员的钱物,较之贪污、挪用公款公物给国家和人民带来的经济损失要小,因而其社会危害程度也小得多。据此,被告人应当属于那种可以教育、改造好的,很快能回归社会的人;本辩护人敬请法官结合起诉书在部分指控的犯罪事实中的失误(100 万元减去 25 万元,减去 2 万元港币），对任某某从宽从轻量刑。

辩护人：某律师事务所律师某某
2000 年×月×日

示例 2. 结束语示例。①

本律师认为：被告人文某某的行为是正当的行为，不具有任何社会危害性。

当然也构不成报复、陷害罪。李某某自杀的后果与被告人文某某的行为之间不存在刑法上的因果关系。因此，××市××区人民检察院指控被告人犯有报复陷害罪是不能成立的。建议法庭宣告被告人文某某无罪，立即释放。

五、实验要求、步骤及方法

（1）先由指导教师向辩护组同学讲解辩护律师在法庭辩论阶段发表辩护词的基本原理和要求，以及辩护词的写作基本格式和方法。

（2）指导教师运用示例对辩护人发表辩护词项目作实验演示。

（3）指导教师根据实验素材指导学生确立本案辩点和辩护思路，写作辩护词，设计辩护策略。

（4）指导教师根据实验素材指导学生进行发表辩护词的技能技巧演练。

（5）实验时可让辩护组同学与公诉组同学互动练习进行此项实验。

（6）实验项目演练完毕后先由学生对项目演练情况作自评、他评，再由指导教师点评、总结和打分评定成绩，记入实验记录表中。

六、实验素材（略，教师自备）

实验项目六　辩护人发表辩论意见

一、实验程序环节

刑事案件第一审普通程序中"法庭辩论"阶段辩护人发表辩论意见。

二、实验目的

通过实验法庭辩论阶段辩护人发表辩论意见的项目，意在让学生了解掌握如何在法庭辩论阶段针对公诉人的答辩进行反驳对抗，与之交锋，训练学

---

① 宁致远：《法律文书学》（第五版），中国政法大学出版社 2007 年，第 305 页。

生发表辩论意见的技能技巧。

三、实验基本原理

（一）相关法律规定

《刑事诉讼法》第198条规定，法庭审理过程中，对与定罪、量刑有关的事实、证据都应当进行调查、辩论。经审判长许可，公诉人、当事人和辩护人、诉讼代理人可以对证据和案件情况发表意见并且可以互相辩论。

最高人民法院《刑诉法解释》第231条规定，对被告人认罪的案件，法庭辩论时，可以引导控辩双方主要围绕量刑和其他争议的问题进行。对被告人不认罪的案件或者辩护人作无罪辩护的案件，法庭辩论时，可以引导控辩双方先辩论定罪问题，后辩论量刑问题。

（二）相关原理

辩护人发表辩论意见，一般集中在对争议焦点进行论证和反驳，辩方也通过分歧意见来确立辩点。法庭辩论常以法庭调查阶段的质证为基础，质证中有许多问题会成为控辩双方辩论的焦点，如辩护人对鉴定意见中鉴定人资格问题的质疑；鉴定方法是否科学合理问题的质疑；非法取得的证据（言词证据或实物证据）是否应排除的问题质疑等，并以此确立辩点。辩护人还可在法庭调查阶段的质证环节从控方证据中找到有利于辩方的线索，并使其成为辩点并发表辩论意见。

辩论意见与法庭调查阶段辩方的发问、举证和质证之间不要脱节，不可割裂开来成两张皮，而要遥相呼应，方可达到有效有利的辩论效果。

在法庭辩论阶段辩护人第一次发表辩护词后，紧接着进行第二轮、第三轮辩论意见的发表。首先，是对公诉人答辩意见的反驳和对抗，以此进一步论证辩方观点；其次，针对公诉人的发言提出新观点、新意见；第三，针对辩方第一次发言中没有说到的问题进行补充说明。需注意辩方第二、三轮的辩论针对性要强，发言内容不要重复。

辩方发表辩论意见的技巧：

一是对公诉人的答辩意见要有选择性地进行反驳，要有辩护人自己的主见，不要被公诉人牵着鼻子走。对公诉人的答辩意见有些可以不反驳，有些简要反驳，主要、关键的问题要多阐述进行重点反驳，这样有理有节、重点突出，以达到好的辩论效果。

二是控辩双方要有交锋和对抗，才能以此呈现案件事实真相，如果控辩双方各说各的，不能交锋，不能对抗，案件事实真相不能真正呈现出来，则达不到辩论的良好效果，不能真正实现庭审的效能，进而影响法庭作出正确判决。

三是在这个阶段发表辩论意见,可分阶段辩论,即可分成定罪辩论和量刑辩论(包括自首、认罪态度、积极赔偿、弥补损害后果、一贯表现等);证据辩论、案件事实辩论、罪名辩论、法律适用辩论等。

四是庭审结束后辩护人应当对庭审过程中宣读的辩护词和发表的辩护意见进行补充、修改和整理后以书面形式提交给法庭。

总之,辩方发表辩论意见的目的是运用事实和证据驳倒控方,充分阐述自己的观点和成就自己的观点,发言中增强其说理性和理论性,最终说服法官采纳辩方观点和主张,维护被告人合法权益。

需注意的是,在法庭辩论阶段如提出新证据或要求新的证人出庭,则诉讼程序应恢复到法庭调查阶段,待举证、质证完毕后再又回到法庭辩论阶段。

四、实验内容演示

示例 1.①

在"快播公司传播淫秽物品牟利案"的庭审中,辩方就大量运用了类比论证的手法对控方的指控进行反驳。(1)公诉人在发表公诉意见时提道:当快播公司发现快播播放器被用来下载淫秽视频后为何不转型,从而证明快播公司主观上对快播播放器放淫秽视频持一种放任的态度。(2)此时,辩护人用类比论证的方法指出,中国移动、联通、电信三大营运公司发现用户有利用短信功能发送诈骗短信的行为后为何不关闭短信功能,从而对控方的观点形成了有力的反驳。

示例 2.②

……

审判长:请辩护人发言。

辩护人甲:今天在法庭上受审的张新亮是一位以三轮车谋生的普通人,他原来有一个非常好的家庭,上有身体健康的父母,中有同甘共苦的妻子,下有上学的儿女,生活也圆满、幸福。

审判长:辩护人请抓紧时间发表辩护意见。

辩护人甲:他的妻子跟他同舟共济,他们共同用双手创造幸福生活。

审判长:本庭再次提醒你发言要切入正题。

---

① 陈亮:《攻防之道:刑事诉讼控辩攻略与技巧》,法律出版社 2017 年版,第 285 页。
② 顾永忠:《中美刑事辩护技能与技巧研讨》,中国检察出版社 2007 年版,第 208 页。

辩护人甲：他遭受的不幸是公诉人说他残忍地杀害了自己的妻子，并且事实清楚、证据充分、程序合法。而我作为被告人的辩护人之一，认为公诉人指控被告人杀人犯罪的事实不清、程序违法、指控罪名不能成立，下面表达我的意见。

第一，公诉人对被告人犯有杀人罪的指控，我认为被告人在这起事件中，没有任何杀人的行为、动机、时间以及方法。首先，被告人不具有作案时间。根据公诉人刚才的指控，被告人是在1999年10月15日下午2点左右杀害他妻子。我认为任何犯罪的发生必须有空间和时间。而我们从法庭上出示的证据中可以清楚地看到，15日下午两点，被告人张新亮不具备作案时间。他的女儿张××证明，她和弟弟1点半离开家，这时候有一个买货的人在他家没有走，这说明张新亮在这个时候并没有在家，不具备作案的时间和空间。八一电视城的刘某某证明，他（张新亮）那个时候正在为别人送货。被告人张新亮自己今天也当庭证实，他那个时候正在为别人送货。所以，根据以上的事实和证据，我们可以清楚地看到，被告人张新亮根本不具备作案的时间和空间，那么公诉人指控被告人在这个时间杀害他妻子显然是事实不清，证据不足。

……

审判长：第二辩护人还有新的观点吗？

辩护人乙：起诉书指控被告人张新亮于1999年10月15日下午将其妻杀死在家中的事实不清楚、证据不足、适用法律不当，张新亮的故意杀人罪名不能成立，而应无罪释放。其事实和理由是：张新亮没有杀害其妻，法庭调查的结果表明，张新亮与其妻结婚长达13年之久已建立了深厚的夫妻感情。

审判长：第二辩护人，这个观点，第一辩护人已经阐述得很清楚了，没有必要重复。

辩护人乙：这涉及当事人的生死问题，很关键，请允许我简要地阐明。虽然他们也常为小孩子和一些家庭琐事斗过嘴，但是……

审判长：作为一名资深律师，你应该知道法庭在法官的主持下应该避免重复。第一辩护人已经说过的你不要再说。有新的观点没有？

辩护人乙：我会尊重你的意见……

示例3.①

审判长：被告人、两位辩护人还有什么新的意见需要发表吗？

辩护人甲：下面我针对公诉人对我们辩护意见的答辩，简要谈三个观

---

① 顾永忠：《中美刑事辩护技能与技巧研讨》，中国检察出版社2007年版，第212—213页。

点。第一，……第二，被告人的妻子被杀这是不争的事实，死在家中也是不争的事实，通过他女儿的证言，证明她是死在 10 月 15 日中午 1 点半到下午 5 点 20 分这个时间，我们把这个时间锁定在 1 点半到下午 5 点 20 分这个期间。因此，如果以张新亮在公安机关的几次讯问笔录来定罪和量刑，我们认为证据不足。因为张新亮的这些笔录来源有问题，有的笔录是在晚上，有的笔录是在凌晨四点钟。人们晚上需要睡觉，公安机关却要做笔录，张新亮说不让他睡觉，这叫折磨，显然这有变相逼供的嫌疑。第三，张新亮写给他父亲信的问题，刚才公诉人也承认程序上有些违法。既然程序违法了，怎么还作为证据使用？审判长要考虑程序违法的问题。

……

五、实验要求、步骤及方法

（1）先由指导教师向辩护组同学讲解辩护律师在法庭辩论阶段针对公诉方的答辩进行反驳的基本原理和要求，确立辩点并将辩论引向深入。

（2）指导教师运用示例对辩护人发表辩论意见项目作实验演示。

（3）指导教师根据实验素材指导学生如何针对公诉人的答辩进行反驳、设计辩论策略等。

（4）指导教师根据实验素材指导学生进行针对公诉人答辩意见进行反驳说理的各种技能技巧的演练。

（5）实验时可让辩护组同学与公诉组同学展开互动演练进行此项目实验。

（6）实验项目演练完毕后先由学生对项目演练情况作自评、他评，再由指导教师点评、总结和打分评定成绩，记入实验记录表中。

六、实验素材（略，教师自备）

实验项目七 辩护人的诉讼异议

一、实验程序环节

刑事案件第一审普通程序中辩护人提出庭审诉讼异议。

二、实验目的

通过实验辩护人诉讼异议项目，意在使学生了解和掌握在法庭审理过程中，针对公诉人的不当诉讼行为辩护人可依法提出诉讼异议的技能技巧。

三、实验基本原理

（一）相关法律规定

最高人民法院《刑诉法解释》第214条规定："控辩双方的讯问、发问方式不当或者内容与本案无关的，对方可以提出异议，申请审判长制止，审判长应当判明情况予以支持或者驳回；对方未提出异议的，审判长也可以根据情况予以制止。"第213条规定："向证人发问应当遵行以下规则：（一）发问的内容应当与本案事实有关；（二）不得以诱导方式发问；（三）不得威胁证人；（四）不得损害证人的人格尊严。前款规定适用于对被告人、被害人、附带民事诉讼当事人、鉴定人、有专门知识的人的讯问、发问。"

最高人民法院《法庭调查规程》第20条规定："向证人发问应当遵循以下规则：（一）发问的内容应当与本案事实有关；（二）不得采用诱导方式发问；（三）不得威胁或者误导证人；（四）不得损害证人人格尊严。（五）不得泄露证人个人隐私。"第21条规定："控辩一方发问方式不当或者内容与案件事实无关，违反有关发问规则的，对方可以提出异议。对方当庭提出异议的，发问方应当说明发问理由，审判长判明情况予以支持或者驳回；对方未当庭提出异议的，审判长也可以根据情况予以制止。"

（二）相关原理

诉讼异议是指在法庭审理过程中，控辩双方认为对方的诉讼行为不当或违法，而要求审判长予以制止或者要求法庭不予采信相关供述、陈述或证言的一种诉讼规则。

辩护人的诉讼异议主要针对公诉人的不当或违法诉讼行为而提出，如公诉人的诱导性讯（询）问、威胁或误导讯（询）问、有损证人人格尊严的言行等，辩护人有权提出反对，并由审判长裁定该反对是否有效。如果裁定该反对有效，则公诉人的提问或回答则予以排除；如果裁定该反对无效，则公诉人的提问或回答当不予以排除，可被采信。

诉讼异议规则多适用于庭审的交叉询问过程中，如不当或违法提问有：欠缺关联性的提问；欠缺重要性的提问；违反"原始书证"的提问；诱导提问；重复提问；误导提问；不尊重人格或泄露隐私的提问等。

异议的程序一般分为三步：立即提出（反对或有异议）；明确、简短陈述理由；等待法院决定。①

1. 立即提出。辩护人提出诉讼异议必须把握及时提出原则，即必须在可以提出异议的问题后马上提出，以促使审判长立即制止不当或违法诉讼行为。如果错过时机证人已对该问题进行了回答或证人对该问题已回答完毕已进行其他问题的回答了，此时才提出异议，则已丧失了时机效益而不能有效防止不当或违法诉讼行为对公正审理的影响。

2. 明确、简短陈述理由。辩护人只提出异议是不够的，还需在提出异议时简要、明确陈述异议理由，以帮助审判长知悉异议理由而决定如何处理。如"诱导"、"无关联性"、"证人的陈述属转述传闻"、威胁证人、侮辱证人等。

3. 等待法院决定。辩护人诉讼异议只能向审判长提出，不能直接向公诉人提出或制止。辩护人提出诉讼异议并简要陈述异议理由后无须再多说什么，此时证人、鉴定人等的陈述也应当停止，等待审判长裁定处理。审判长判明情况后作出处理决定，即支持诉讼异议（反对有效），或驳回诉讼异议（反对无效）。

需注意的是，辩护人认为审判长驳回己方诉讼异议或支持公诉方诉讼异议不当时，一般不得当庭反对或与审判长进行争论。如认为确实严重不当将可能影响公正裁判的，可设法要求审判长休庭，休庭后向审判长提出纠正意见。如认为是正确的，应虚心接受。

四、实验内容演示

示例1.②

公诉人：被告人的钱是不是交给了企业？

证人：是交给了企业。

公诉人：你当时是在什么地方？

证人：我在办公室。

公诉人：那么你的眼睛是怎么看到被告人把钱交给单位的？你自己的问题也要小心点，好好考虑考虑！

辩护人：（向审判长举手，经审判长许可）审判长，我认为公诉人在询问证人的时候，应该保证证人有客观作证的条件，刚才有些话是在明显地威

---

① 参见王国忠：《刑事诉讼交叉询问之研究》，中国人民公安大学出版社2007年版，第220页。

② 陈学权：《模拟法庭实验教程》，高等教育出版社2009年版，第31页。

胁证人，是不太恰当的。

审判长：请公诉方注意询问方式。

示例 2.①

……

公诉人：被告人张××，问你几个问题，希望你如实回答，你的家庭成员都有哪些？

被告人：我妻子，两个孩子，还有父亲。

公诉人：女儿和儿子是吗？

被告人：是。

公诉人：你女儿多大？

被告人：13岁。

公诉人：你女儿我也见过，非常聪明，非常懂事，你对你女儿感情怎样？

被告人：很好。

公诉人：你女儿对你呢？

被告人：也很好。

公诉人：你们夫妻关系怎么样？

被告人：夫妻关系也很好。

公诉人：好像不是那么好吧？

辩护人：反对。

法官：反对有效。

……

示例 3.②

……

公诉人：……从你到案后到现在，公安机关警察在办理案件当中，有没有一些违法行为，比如说打你、骂你，刑讯逼供这类事，在你整个的羁押过程中有没有这种事发生。

被告人：有。

公诉人：具体说一下。

被告人：在刑警队那几天，我一直接受他们的讯问，他们讯问采取的办法就是不让我休息，也不给我按时开饭，不给我水喝。我有时要解手他们都

---

① 顾永忠：《中美刑事辩护技能与技巧研讨》，中国检察出版社 2007 年版，第 143 页。
② 顾永忠：《中美刑事辩护技能与技巧研讨》，中国检察出版社 2007 年版，第 144—146 页。

限制，看我的有好几个警察，两个人先问我，问完他们睡觉，另外两个接着问我，问完他们也去睡觉，再来两个继续问我，这样他们可以睡觉，我不能睡觉，我就这样在刑警队待了好几天。

公诉人：从一开始就不让你吃饭，不让你睡觉，还是没有到吃饭的时间、睡觉的时间？你那样说是不是太夸张了？

被告人：没有夸张，我说的是一天三顿饭正常的吃饭时间不让吃饭。

公诉人：你是指正常的吃饭、正常睡觉时间不让吃、不让睡是吗？

被告人：是。

公诉人：你是否知道你妻子的死亡原因？

被告人：当时不知道，后来才知道。

公诉人：你撒谎，找到你妻子尸体的时候你不是在场吗？

被告人：我没有撒谎，尸体我看到了，我也报警了，但是具体她怎么死的我不知道。

公诉人：发现你妻子死亡的时候，你有没有上前去看？

被告人：我当时心里很紧张，他们进去把纸盒揭开看，我妻子躺在地上，天也黑了，我没有近看，具体伤在什么地方我不知道，我只看见人死了。

公诉人：当时灯亮吗？

被告人：灯光非常暗。

公诉人：有一个问题，当时你发现你妻子没有在家，好像让你孩子做了一系列事情，你现在能说说这个过程吗？

被告人：好的。我回到家已经是晚上了……

……

公诉人：我问你下一个问题，你第一次被公安机关叫去，他们没有留你，让你回去了是吗？

被告人：是。

公诉人：第二次是19日公安机关用传讯证传你的是吗？

被告人：是。

公诉人：当时几点？笔录上是下午两点。

被告人：对。

公诉人：从材料上看，当天下午两点到晚上九点，你供述是你杀害你的妻子，我提醒你（交代法律政策略）……

法官：问问题请简明扼要。

公诉人：好，那天下午两点到晚上六点，这段时间既不是吃饭时间也不

是睡觉时间，

警察传讯你，就在这段时间你供述了你杀害你妻子的整个过程，这你不否认吧？

被告人：你说的不完整，在19日之前他们就把我叫去了，没有给我看过任何东西。

公诉人：在这个过程中没有对你刑讯逼供吧，但你供述了整个过程，而且包括一些细节，比如你从你妻子背后勒、掐她，她昏倒后怕留下影像，又照着双眼刺了两刀，是不是？

辩护人：反对，公诉人这是诱供。

……

五、实验要求、步骤及方法

（1）先由指导教师向辩护组同学讲解辩护律师在法庭审理过程中针对公诉人不当或违法诉讼行为提出诉讼异议的技能技巧。

（2）指导教师运用示例对辩护人诉讼异议项目作实验演示。

（3）指导教师根据实验素材指导学生进行各种不当或违法诉讼行为的预测，并做好诉讼异议预案。

（4）指导教师根据实验素材指导学生进行各种诉讼异议演练。

（5）实验时可让辩护组同学与公诉组同学互动演练进行此项实验。

（6）实验项目演练完毕后先由学生对项目演练情况作自评、他评，再由指导教师点评、总结和打分评定成绩，记入实验记录表中。

六、实验素材（略，教师自备）

第七章 法官模拟法庭刑事庭审基本法律技能单（分）项实验

实验项目一 开庭的主持

一、实验程序环节

刑事案件第一审普通程序中"开庭"阶段的主持。

二、实验目的

通过实验庭审开庭主持的项目，让学生掌握法庭开庭工作的基本步骤、环节和内容，掌握法官如何查明被告人基本情况等；宣布案由；宣布参加庭审的合议庭组成人员和书记员、公诉人、辩护人、诉讼代理人、鉴定人等；告知诉讼权利；询问当事人是否申请回避等的基本技能技巧。

三、实验基本原理

在刑事第一审普通程序中，由审判长宣布开庭，法庭正式进入法庭审判阶段。在开庭环节中，又分为开庭前的准备工作和开庭后的准备工作。开庭前的准备工作，由人民法院书记员依次进行相关准备工作内容。开庭后的准备工作由审判长主持进行，其具体工作内容是为实体审理做好程序上的准备。现分述如下：

（一）正式开庭前的准备工作

正式开庭前，由人民法院书记员依次做好以下工作：一是受审判长委托，查明公诉人、当事人、证人及其他诉讼参与人是否到庭；二是宣读法庭纪律或规则；三是请公诉人、辩护人等相关诉讼参与人入庭；四是请审判长、审判员（人民陪审员）入庭；五是审判人员就座后，向审判长报告开庭前的准备工作已经就绪，请示开庭。

（二）审判长宣布开庭后的准备工作

1. 审判长宣布开庭，传被告人到庭后，应当查明被告人下列情况：一是被告人的姓名、出生年月日、民族、出生地、文化程度、职业、住址，或者被告单位的名称、住所地、诉讼代表人的姓名、职务；二是是否受到法律处分及处分的种类、时间；三是是否被采取强制措施及强制措施的种类、时间；四是收到人民检察院起诉书副本的日期；有附带民事诉讼的，附带民事诉讼被告人收到附带民事起诉状的日期。被告人较多的，可以在开庭前查明上述情况，但开庭时审判长应当作出说明。

2. 审判长宣布案件的来源、起诉的案由、附带民事诉讼原告人和被告人的姓名（名称）及是否公开审理。对于不公开审理的案件，应当宣布不公开审理的理由。

3. 审判长宣布合议庭组成人员、书记员、公诉人、辩护人、鉴定人和翻译人员等诉讼参与人的名单。

4. 审判长应当告知当事人及其法定代理人、辩护人、诉讼代理人在法庭审理过程中依法享有下列诉讼权利：一是可以申请合议庭组成人员、书记员、公诉人、鉴定人和翻译人员回避；二是可以提出证据，申请通知新的证人到庭，调取新的证据，申请重新鉴定或者勘验、检查；三是被告人可以自行辩护；四是被告人可以在法庭辩论终结后作最后的陈述。

对于召开庭前会议的案件，在庭前会议中处理诉讼权利事项的，可以在开庭后告知诉讼权利的环节，一并宣布庭前会议对有关事项的处理结果。

5. 审判长应当分别询问当事人及其法定代理人、辩护人、诉讼代理人是否申请回避，申请何人回避和申请回避的理由。如果当事人及其法定代理人、辩护人、诉讼代理人申请审判人员、出庭支持公诉的检察人员等回避，合议庭认为符合法定情形的，应当按照最高人民法院《刑诉法解释》有关回避的规定处理；认为不符合法定情形的，应当当庭驳回，继续法庭审理；如果申请回避的当事人当庭申请复议，合议庭应当宣布休庭。待作出复议决定后，再决定是否继续法庭审理。同意或者驳回回避申请的决定及复议决定，由审判长宣布，并说明理由。必要时，也可由法院院长到庭宣布。

（三）开庭应遵循的基本规则

一是宣布开庭用语要严肃、规范、清楚；二是对当事人的诉讼权利告知要全面、规范、准确；三是告知性的语言要肯定、准确、互动，如"你听清楚了吗？""你听明白了吗？"等；四是对当事人等听不懂的法律术语作通俗说明。五是案名一般表述为："公诉机关×××人民检察院诉被告人×××犯……（刑事罪名）罪一案"习惯上也可以将"诉"改为"指控"。案名的语法结构是固定的,"公诉机关×××人民检察院诉被告人×××"一句中的主语、谓语、宾语的指代是明确的。附带民事诉讼的案名表述为:"公诉机关×××人民检察院诉被告人×××犯……罪及附带民事诉讼原告人×××诉被告人×××……(民事诉讼案由)一案"。

四、实验内容演示

演示材料:

被告人钟某,男,1981年8月8日出生,身份证号码:……,汉族,四川成都市人,初中文化,无业,住四川省成都市苍柏区保和乡和成村3组1号。2013年2月19日因涉嫌聚众斗殴罪被刑事拘留,同年2月25日经成都市苍柏区人民检察院批准,同日由成都市公安局苍柏区分局执行逮捕。

被告人周某,男,1975年1月1日出生,身份证号码:……,汉族,四川省成都市人,小学文化,无业,住成都市苍柏区保和乡和成村3组4号附2号,2013年1月15日因涉嫌聚众斗殴犯罪被刑事拘留,同年2月18日经成都市苍柏区检察院批准,次日由成都市公安局苍柏区分局执行逮捕。

本案由成都市公安局苍柏区分局侦查终结,以被告人钟某、周某涉嫌聚众斗殴罪,于2013年5月18日移送成都市苍柏区人民检察院审查起诉,同年6月15日成都市苍柏区人民检察院以被告人钟某、周某犯聚众斗殴罪向成都市苍柏区人民法院提起公诉。2013年7月14日成都市苍柏区人民法院依法组成合议庭公开开庭审理了此案。成都市人民检察院检察员刘某出庭支持公诉,被告人钟某亲属委托的辩护人刘嵩出庭为被告人辩护。被告人周某自己委托的辩护人李朴出庭为被告人辩护。

实验内容演示1. 人民法院书记员进行正式开庭前的准备工作

第一步:书记员接受审判长委托,先查明公诉人、当事人、证人及其他诉讼参与人是否到庭(如果被告人未到庭不能开庭)。

第二步:书记员进入法庭记录席位上,向旁听人员宣布法庭纪律或规则:(1)未经法庭允许不得进行记录、录音、录像、摄影以及不得使用移动通信工具等传播庭审活动;(2)不得鼓掌、喧哗、吵闹和实施其他妨害法庭审判活动的行为;(3)不得吸烟、进食;(4)不得随意走动或进入审判区;(5)不得发言、提问;(6)不得拨打或接听电话;一律关闭随身携带的手机或调为静音;(7)对审判活动如有意见,可以在闭庭后以书面形式向本院提出;(8)审判人员进入法庭以及审判长或独任审判员宣告判决、裁定、决定时,全体人员应当起立。

对违反法庭纪律的人员,审判人员或者值庭法警将予以口头警告、训诚，不听劝告的，可以暂时扣留或没收手机、录音、录像等器材，责令退出法庭，或者依法予以罚款、拘留，直到追究刑事责任。法庭纪律宣读完毕。

第三步：请公诉人、辩护人入庭。

第四步：全体起立，请审判长、审判员（人民陪审员）入庭。

第五步：审判长：请坐下。

第六步：书记员：报告审判长：公诉人、辩护人已到庭；被告人已提押候审；有关诉讼参与人已在庭外候传。法庭准备工作就绪，请示开庭。

实验演示内容 2. 审判长宣布开庭并主持开庭

审判长：（敲击法槌后宣布）四川省××市××区人民法院刑事审判庭，现在开庭。

审判长：提被告人钟某、周某到庭。

（二名或四名法警提押被告人到庭，入被告人席位，解除其戒具并站在被告人身后值庭）

审判长：根据最高人民法院《关于适用〈中华人民共和国刑事诉讼法〉的解释》第190条的规定，法庭现在对被告人的基本情况进行核实。

审判长：被告人钟某，你还有别的姓名吗？

被告人：没有。

审判长：有没有绰号、外号或昵称？

被告人：没有。

审判长：你的出生年月日？

被告人：1981年8月8日出生。

审判长：民族？

被告人：汉族。

审判长：出生地？

被告人：四川××市。

审判长：文化程度？

被告人：初中文化。

审判长：工作单位和职业？

被告人：无业。

审判长：你的住址？

被告人：住四川省××市××区××乡××村3组1号。

审判长：此前有没有受到过法律处分？

被告人：没有。

审判长：因为涉嫌本案，你在什么时间、被采取什么强制措施？

被告人：2013 年 2 月 19 日因涉嫌聚众斗殴犯罪被刑事拘留，同年 2 月 25 日被逮捕。

审判长：你是否收到××市××区人民检察院的起诉书副本？是什么时候收到的？

被告人：收到，2013 年 6 月 14 日收到。

审判长：你是否收到本院的开庭传票？是什么时候收到的？

被告人：收到，2013 年 7 月 10 日收到的。

审判长：被告人周某，你还有别的姓名吗？

被告人：没有。

审判长：有没有绰号、外号或昵称？

被告人：没有。

审判长：你的出生年月日？

被告人：1975 年 1 月 1 日出生。

审判长：民族？

被告人：汉族。

审判长：出生地？

被告人：四川××市。

审判长：文化程度？

被告人：小学文化。

审判长：工作单位和职业？

被告人：无业。

审判长：你的住址？

被告人：住××市××区××乡××村 3 组 4 号附 2 号。

审判长：此前有没有受到过法律处分？

被告人：没有。

审判长：因为涉嫌本案，你在什么时间、被采取什么强制措施？

被告人：2013 年 1 月 15 日因涉嫌聚众斗殴犯罪被刑事拘留，同年 2 月 18 日被逮捕。

审判长：你是否收到××市××区人民检察院的起诉书副本？是什么时候收到的？

被告人：收到，2013 年 6 月 14 日收到。

审判长：你是否收到本院的开庭传票？是什么时候收到的？

被告人：收到，2013 年 7 月 10 日收到的。

审判长：根据《中华人民共和国刑事诉讼法》第 178 条和第 183 条的规

定，今天四川省××市××区人民法院刑事审判庭在这里，依法公开开庭审理由四川省××市××区人民检察院提起公诉的被告人钟某、周某涉嫌聚众斗殴罪一案。

本法庭由本院审判员包正（化名）担任审判长、与审判员况钟（化名）、审判员狄杰（化名）共同组成合议庭，书记员辛正红（化名）担任今天的法庭记录；××市××区人民检察院指派检察员刘进（化名）出庭支持公诉；四川省新衡平律师事务所律师刘嵩（化名），接受被告人钟某的委托，到庭为被告人钟某辩护；四川省德高律师事务所律师李朴（化名）受被告人周某委托出庭为其辩护。你们都听清楚了吗？

被告人钟某、周某：听清楚了。

审判长：根据《中华人民共和国刑事诉讼法》第28条、第29条、第31条的规定，被告人享有申请回避的权利。也就是说如果被告人和辩护人认为刚才宣布的合议庭组成人员、书记员、公诉人与本案有利害关系，或者与本案有其他关系，可能影响本案公正审理的，可以举出事实和理由，要求更换其中相关人员。

审判长：被告人钟某，听清楚没有？你有申请回避的权利，是否申请回避？

被告人钟某：听清楚了，我不申请。

审判长：被告人钟某的辩护人是否申请回避？

辩护人刘嵩：不申请。

审判长：被告人周某，听清楚没有你有回避的权利？是否申请回避？

被告人周某：听清楚了，我不申请回避。

审判长：被告人周某的辩护人是否申请回避？

辩护人李某：不申请。

审判长：根据《刑事诉讼法》第32条规定，被告人享有辩护的权利。被告人可以自行辩护，也可以委托辩护人辩护。根据《刑事诉讼法》第192条的规定，被告人有权申请通知新的证人到庭，调取新的物证，申请重新鉴定或者勘验。根据《刑事诉讼法》第193条规定，被告人享有最后陈述的权利。

审判长：被告人钟某，上述权利你是否清楚？

被告人钟某：清楚。

审判长：被告人周某，上述权利你是否清楚？

被告人周某：清楚。

审判长：本院送达起诉书副本的时候，被告人钟某亲属表示委托四川新衡平律师事务所律师刘嵩为其辩护,被告人钟某你是否同意?

被告人钟某:我同意。

五、实验要求、步骤及方法

(1) 先由指导教师对法官组同学集中讲解有关开庭程序的法律规定、主持开庭应遵循的原理及规则,掌握主持开庭的步骤环节及内容。

(2) 指导教师对审判长主持开庭项目作实验演示。

(3) 指导教师根据实验素材,指导学生根据相关法律规定事前做好开庭流程和内容的了解掌握。

(4) 指导教师根据实验素材指导法官组同学进行庭审"开庭"主持的技能技巧演练。

(5) 指导教师根据实验素材指导法官组同学,分别担任书记员角色、审判长角色进行实验,其他同学分别担任公诉人、被告人、辩护人、被害人、法警等角色配合实验。可让法官组同学都各自扮演一次书记员、审判长,进行开庭的准备工作和主持开庭的实验。

(6) 实验项目演练完毕后先由学生对项目演练情况作自评、他评,再由指导教师点评、总结和打分评定成绩,记入实验记录表中。

六、实验素材(略,教师自备)

实验项目二 法庭调查的主持

一、实验程序环节

刑事案件第一审普通程序中"法庭调查"阶段的程序组织与秩序掌控。

二、实验目的

通过实验法官对庭审法庭调查阶段的程序组织和秩序掌控之项目,让学生初步掌握法官在法庭调查阶段工作的基本原理及基本步骤和内容,初步掌握法官如何组织进行控辩双方的轮替(交叉)(讯问)发问;如何组织举证、质证;如何进行认证;如何处理诉讼异议等基本技能技巧。

三、实验基本原理

法庭调查是在审判人员的主持下,控辩双方和其他诉讼参与人的参加下,当庭对案件事实和证据进行审查、核实的活动,是法庭审理的核心环节。

(一)法庭调查的程序规定

根据《刑事诉讼法》第191~197条规定、最高人民法院《刑诉法解释》第195~227条规定和最高人民法院《法庭调查规程》第6条规定,法庭调查程序如下:

1. 审判长宣布法庭调查开始后,应当首先由公诉人宣读起诉书;有附带民事诉讼的,再由附带民事诉讼的原告人或者其诉讼代理人宣读附带民事起诉状。

公诉人宣读起诉书后,对于已召开庭前会议的案件,法庭应当宣布庭前会议报告的主要内容。

2. 在审判长主持下,被告人、被害人可以就起诉书指控的犯罪事实分别进行陈述。

3. 在审判长主持下,公诉人可以就起诉书中指控的犯罪事实讯问被告人;被害人及其诉讼代理人经审判长准许,可以就公诉人讯问的情况进行补充性发问;附带民事诉讼的原告人及其法定代理人或者诉讼代理人经审判长准许,可以就附带民事诉讼部分的事实向被告人发问。

4. 经审判长准许,被告人的法定代理人和辩护人或者附带民事诉讼被告人及其法定代理人和诉讼代理人可以在控诉一方就某一具体问题讯问完毕后向被告人发问。

5. 对于共同犯罪案件中的被告人,应当分别进行讯问。合议庭认为必要时,可以传唤共同被告人同时到庭对质;对于控辩双方认为对方讯问或者发问被告人的内容与本案无关或者讯问、发问的方式不当而提出异议时,审判长应判明情况予以支持或者驳回。

6. 对指控的每一起案件事实,经审判长准许,公诉人可以提请审判长传唤证人、鉴定人和勘验、检查、辨认、侦查实验笔录制作人出庭作证,或者出示证据,宣读未到庭的被害人、证人、鉴定人和勘验、检查、辨认、侦查实验笔录制作人的书面陈述、证言、鉴定结论及勘验、检查、辨认、侦查实验笔录。

被害人及其诉讼代理人和附带民事诉讼的原告人及其诉讼代理人经审判长准许,也可以分别提请传唤尚未出庭作证的证人、鉴定人和勘验、检查、辨认、侦查实验笔录制作人出庭作证,或者出示公诉人未出示的证据,宣读未宣读的书面证人证言、鉴定结论及勘验、检查、辨认、侦查实验笔录

被告人、辩护人、法定代理人经审判长准许,可以在起诉一方举证提供证据后,分别提请传唤证人、鉴定人出庭作证,或者出示证据、宣读未到庭

的证人的书面证言、鉴定人的鉴定结论。

证人出庭作证,审判人员应当告知其要如实地提供证言和有意作伪证或者隐匿罪证要负的法律责任。公诉人、当事人和辩护人、诉讼代理人经审判长许可,可以对证人、鉴定人发问。审判人员可以询问证人、鉴定人。

7. 公诉人、当事人或者辩护人、诉讼代理人对证人证言有异议,且该证人证言对案件定罪量刑有重大影响,人民法院认为证人有必要出庭作证的,证人应当出庭作证。人民警察就其执行职务时目击的犯罪情况作为证人出庭作证与此相同。

经人民法院准许,未成年人、庭审期间身患严重疾病或者行为不便的人其证言对案件的审判不起直接决定作用的人以及有其他原因的人可以不出庭作证。

证人没有正当理由拒绝出庭或者出庭后拒绝作证的,予以训诫,情节严重的,经院长批准,处以十日以下的拘留。被处罚人对拘留决定不服的,可以向上一级人民法院申请复议。复议期间不停止执行。

8. 公诉人、当事人或者辩护人、诉讼代理人对鉴定意见有异议,人民法院认为鉴定人有必要出庭的,鉴定人应当出庭作证。经人民法院通知,鉴定人拒不出庭作证的,鉴定意见不得作为定案的根据。

鉴定人应当出庭宣读鉴定意见,但经人民法院准许不出庭的除外。鉴定人到庭后,审判人员应当先核实鉴定人的身份、与当事人及本案的关系,告知鉴定人应当如实地提供鉴定意见和有意作虚假鉴定要负的法律责任。

公诉人、当事人和辩护人、诉讼代理人可以申请法庭通知有专门知识的人出庭,就鉴定人作出的鉴定意见提出意见。法庭对于上述申请,应当作出是否同意的决定。对有专门知识的人出庭,适用鉴定人的有关规定。

9. 审判长认为对证人、鉴定人发问的内容与本案无关或者发问的方式不当的,应当制止。对于控辩双方认为对方发问的内容与本案无关或者发问的方式不当并提出异议的,审判长应当判明情况予以支持或者驳回。向证人和鉴定人发问、询问应当分别进行。

10. 当庭出示的物证、书证、视听资料、电子数据等证据,应当先由出示证据的一方就所出示的证据的来源、特征等做必要的说明,然后让当事人和另一方进行辨认并发表意见。控辩双方可以互相质问、辩论。对未到庭的证人的证言笔录、鉴定人的鉴定结论、勘验笔录和其他作为证据的文书,应当当庭宣读。

11. 当庭出示的证据、宣读的证人证言、鉴定结论和勘验、检查、辨认、侦查实验笔录等,在出示、宣读后,应立即将原件移交法庭。对于确实无法当庭移交的，应当要求出示、宣读证据的一方在休庭后三日内移交。

对于公诉人在法庭上宣读、播放未到庭证人的证言的，如果该证人提供过不同的证言，法庭应当要求公诉人将该证人的全部证言在休庭后三日内移交。

12. 公诉人要求出示开庭前送交人民法院的证据目录以外的证据，辩护方提出异议的，审判长如认为该证据确有出示的必要，可以准许出示。如果辩护方提出对新的证据要做必要的质证准备时，可以宣布休庭，并根据具体情况确定辩护方做必要的质证准备的时间。确定的时间期满后，应当继续开庭审理。

13. 法庭审理过程中，当事人和辩护人、诉讼代理人有权申请通知新的证人到庭，调取新的证据，申请重新鉴定或者勘验。

当事人和辩护人申请通知新的证人到庭，调取新的证据，申请重新鉴定或者勘验的，应当提供证人的姓名、证据的存放地点，说明所要证明的案件事实，要求重新鉴定或者勘验的理由。审判人员根据具体情况，认为可能影响案件事实认定的，应当同意该申请，并宣布延期审理；不同意的，应当告知理由并继续审理。延期审理的时间不计入审限。

14. 在庭审过程中，公诉人发现案件需要补充侦查，提出延期审理建议的，合议庭应当同意，但是建议延期审理的次数不得超过两次。补充侦查期限届满后，经法庭通知，人民检察院未将案件移送人民法院，且未说明原因的，人民法院可以决定按人民检察院撤诉处理。

15. 人民法院向人民检察院调取需要调查核实的证据材料，或者根据辩护人、被告人的申请，向人民检察院调取在侦查、审查起诉中收集的有关被告人无罪和罪轻的证据材料，应当通知人民检察院在收到调取证据材料决定书后三日内移交。

16. 合议庭在案件审理过程中，发现被告人可能有自首、立功等法定量刑情节，而起诉和移送的证据材料中没有这方面的证据材料的，应当建议人民检察院补充侦查。

17. 法庭审理过程中，合议庭对证据有疑问的，可以宣布休庭，对证据进行调查核实。人民法院调查核实证据，可以进行勘验、检查、查封、扣押、鉴定和查询、冻结。

（二）主持法庭调查的技能要求

1. 法官应主导调查重点

法庭调查的目的是要确定指控罪行是否有确实、充分的证据支持，因此法官应确保法庭调查围绕起诉书的指控犯罪事实进行。准确确定法庭进一步调查的范围或者重点,是确保庭审质量的关键。在确定法庭调查的重点时,应当抓住两个"事实":一是以"需要运用证据证明的事实"为基础;二是突出控辩双方争议的事实。为此,应当注意:

(1)"需要运用证据证明的事实",是指成立被控罪名的犯罪构成事实,法庭调查必须以犯罪构成为中心,就下面事实进行调查(陈述、发问、举证、质证):

①被指控的犯罪行为是否存在;

②被指控的犯罪行为是否为被告人实施;

③被告人的身份;

④实施犯罪行为的时间、地点、手段、后果以及其他情节;

⑤共同被告人的责任分担及与其他同案人的关系;

⑥被告人有无罪过,行为的动机、目的;

⑦行为人的行为是否构成犯罪,有无法定或者酌定从重、加重、从轻、减轻处罚以及免除处罚的情节;

⑧赃款、赃物的来源、数量及其去向。有附带民事诉讼的,要证明被告人的行为是否已经给被害人造成损害,对造成损害的结果有无过错以及被告人的赔偿能力;

⑨其他有关罪与非罪以及与定罪量刑有关的事实。

(2)凡与"需要运用证据证明的事实"无关的事实,不论控辩双方是否有争议,都不能确定为法庭调查的重点。比如有些事实控辩双方有争议,但法庭认为该事实对定罪量刑没有法律意义的,可不作为法庭调查的重点。

(3)控辩双方争议的事实往往是法庭调查的重点,但法庭调查的范围不以控辩双方有争议的事实为限。比如有些事实虽然控辩双方没有争议,但法庭认为属于"需要运用证据证明的事实"的,应当作为法庭调查的重点展开调查。

2. 法庭调查的基本方法

控、辩双方的举证、质证在审判长的主持下进行。审判长不仅享有程序指挥权,而且应当保障各诉讼参与人充分正当地行使各自的权利,给双方均衡的质疑、询问机会。

首先,审判长应合理地确定举证、质证的发言时间与顺序,保持合理节奏,适时推进庭审,并同时保障各诉讼参与人充分发表其意见,把该说的话说完,该举的证举完。

其次,对法庭调查的事实逐一、有序地展开调查。切忌在没有确定具体调查对象的情况下就任由控辩双方举证、质证,或者在没有明确具体的证明对象的基础上就让控辩双方"一股脑"地把全案证据材料都罗列出来，法庭调查缺乏目的性和条理性。

第三，组织法庭调查时，既要做到全面审查，又要做到重点突出、详略得当。对于控辩双方均无争议的其他证据和事实，以及非关键的事实，可以适当简化举证、质证的程序；对于法庭重点调查的事实，应当详细进行举证、质证，细致分析论证，准确作出认证结论。

第四，当庭举证、质证和认证要规范。证据是认定案件事实的唯一根据，审查确定证据的证明效力，是准确全面认定事实的关键。尤其对控辩双方有争议的证据，法庭要组织控辩双方充分质辩，在充分质辩的基础上进行审查判断，作出认证结论。

3. 法官组织举证时的方式和要求

（1）不同种类的证据的举证要求不同，举证方式也不同：

①物证应当出示原物，并说明证据的来源、证明对象等。不能出示原物的，应当说明理由，并出示相应的照片、复制品等证据材料。

②书证应当出示原件，并当庭宣读、辨认，说明证据的来源、证明对象等。不能出示原件的，应当说明理由，并出示复印件、抄录件等证据材料。

③视听资料与电子数据应当出示原始载体，并当庭播放，说明证据的来源、证明对象等。不能当庭播放和出示原始载体的，应当说明理由，并出示抄录件等证据材料。

④证人书面证言、被害人陈述的笔录应当出示原件，并当庭宣读，说明证据的来源、证明对象等。如果该证人、被害人提供过内容不同的证言、陈述的，法庭应当要求公诉人提交该证人、被害人的全部证言和陈述笔录一并审查或者传唤其出庭作证。

⑤被告人供述与辩解的笔录应当出示原件，并当庭宣读，说明证据的来源、证明对象等。

⑥当事人陈述（包括被害人陈述和附带民事诉讼当事人的陈述、犯罪嫌疑人和被告人供述和辩解）作为证据的一种，除了以笔录的方式提供外，还可以当庭陈述。

⑦鉴定意见和勘验、检查、辨认、侦查实验笔录应当出示原件，并当庭宣读，说明证据的来源、证明对象等。同时应当说明鉴定人和勘验、检查、辨认、侦查实验笔录制作人员不能出庭作证的原因。证人、鉴定人、勘验检查人员以及专家出庭作证的，应当结合相应的鉴定意见、勘验检查笔录或者专门性问题当庭陈述，接受质询并进行说明。

如果鉴定人和勘验、检查、辨认、侦查实验人员对同一事实有多份内容不同的鉴定意见和勘验、检查、辨认、侦查实验笔录的,法庭应当要求公诉人提交全部鉴定意见和勘验、检查、辨认、侦查实验笔录一并审查或者传唤其出庭作证。

(2) 被告人、被害人的陈述是在公诉人宣读起诉书后进行的,因此要避免重复,应将其陈述限定为"异议陈述"。法官可询问指控的犯罪事实是否属实,有没有需要补充完善的地方;若不属实,哪些地方不属实,等等。

(3) 公诉人讯问被告人是法庭调查的一个环节,讯问的内容一般是补充起诉书所认定的事实或者情节;而公诉机关在起诉书中已经认定的事实,一般不宜再行讯问。但涉及指控被告人犯罪的案件主要事实,特别是有争议的事实,公诉人应当通过举证,以相应的证据来证明其主张的事实。因此,法庭在组织公诉人讯问时应当掌握庭审的主动权,以避免公诉人以讯问代替举证,一问到底的现象发生。

(4) 各方在举证之前,应说明该证据要证明的问题,如果法官认为该证据无出示的必要或与案件没有关系,法官应当表明不予允许。

(5) 必要时引导双方围绕重要的案件事实进行举证。控辩式庭审方式不仅要求控、辩双方阐明各自论点,而且要通过举证支持各自论点,以说服法官。但是,在司法实践中,控、辩双方有时难以很好地行使举证权,例如公诉人对某些重要情节没有举证。在这种情况下,法官必须及时引导公诉人补充举证,以保障查明案件事实,而不能消极坐等。

4. 法官组织质证时的质证方式与要求

质辩是质证的方式,是法庭调查的诉讼行为。特别是对证据有争议的情况下,法庭更要组织控辩双方充分展开质辩,阐述质证意见。可以说,质辩越充分,认证的基础越扎实,事实的认定越准确。实践中,法庭不应仅将质辩作为法庭辩论阶段的辩论活动,而限制控辩双方在法庭调查的质证阶段展开质辩。

(1) 不同证据的质证方式各不相同。

①当事人陈述的质证通过"控辩双方陈述"的方式质证。

②物证、书证、证人书面证言、被害人陈述的笔录、犯罪嫌疑人和被告人供述和辩解的笔录、鉴定意见、勘验(检查、辨认、侦查实验等)笔录、视听资料与电子数据等有形证据,一般以"一举一质"或者"类举类质"的方式进行质证。①

---

① 质证的具体办法由法庭根据举证的情况确定。"一举一质"就是在每一证据出示并说明完毕后,即组织质证方质证。

③证人、鉴定人和勘验、检查、辨认、侦查实验笔录制作人员以及有专门知识的人出庭作证的,在证人、鉴定人和勘验、检查、辨认、侦查实制作人员以及有专门知识的人出庭作证、接受质询的基础上,组织控辩双方质证。

(2) 法官在组织质证中应贯彻相互辩论原则。质证中的辩论是针对证据本身进行辩论,针对性强。实践中有的法官不准控辩双方进行这种辩论,是错误的。但这种辩论只能围绕相对一方所举证据的客观性、关联性、合法性进行,一般进行一个轮次。当举证方出示或宣读了证据后,审判长应当询问对方质证的意见;质证方发表意见后,审判长应当询问举证方对对方质证的意见。对于否定性质证意见,举证方应当作出答辩。

(3) 对庭上补充举证的处理。一方在庭上提出新的证据,作为对案件的补充举证,审判长认为该证据确有出示的必要,应征询对方是否同意当庭进行质证,若不同意,应当延期审理,给对方必要的准备质证的时间。

(4) 必要时引导双方围绕重要的案件事实进行质证。控辩式庭审方式下,案件事实真相的查明在很大程度上依赖于控、辩双方的举证和质证活动。但是,在司法实践中,控、辩双方有时难以很好地行使质证权,例如公诉人对某些重要证据没有质证。在这种情况下,法官必须及时引导公诉人补充质证,以保障查明案件事实,而不能消极坐等。

(5) 对于质证方法不当的,例如未经审判长许可直接发问、诱导性发问、带有侮辱人格的发问,应当及时制止。对于纠缠于某一证据反复同一观点,应当告知法庭已经完全听清楚,在提示顾全庭审全局之后,予以制止。

(6) 所有证据的质证都应在庭审笔录中反映;质证时为了保障安全,出示的物证不得交给被告人,应由法警持在手中并保持一定安全距离让其辨认。

5. 法官的讯问、询问应体现居中裁判理念和诉讼民主理念

居中裁判是指法官在审理案件时,为体现公平、公正,应当做到不偏不倚。诉讼民主是指法官在审理案件时,应当对公诉人、被告人一视同仁,并且能充分保障被告人的各种诉讼权利得以实现。按法律和司法解释规定,审判人员可以讯问被告人,询问证人、鉴定人、被害人及附带民事诉讼原告人。法官在庭审中主要是听诉、听证、听辩,从控辩双方对抗中发现事实,而不是主动证明事实,因此应以听为主,以问为辅。因此,只有在涉及定罪量刑的事实而控辩双方又未充分注意,影响法官做出正确判断的情况下,法官才能并且应当主动发问。

6. 法官须掌握的讯问技巧

(1) 法官讯问被告人的时机掌握和注意效果。法官的讯问是庭审调查中的补充性讯问;法官的讯问可根据不同的案情,在公诉人、辩护人讯(发)问或举证结束后进行。注意防止使人产生庭审一开始法官就介入争论的感觉,有损法庭居中裁判和公正执法的形象。

(2) 讯问必须围绕起诉书指控的事实和涉及的证据,讯问一般是在公诉人、辩护人没有涉及的问题上,除关键性的事实和情节外,讯问一般不要重复公诉人、辩护人提过的问题,讯问不得先入为主或指名问供,尽量预计被告人可能作出的回答来确定讯问。根据被告在庭审中的表现,注意以对方能接受的措辞发问,防止发生被告人与合议庭"顶牛"的情况。

(3) 法官可以根据不同的情况采取不同的讯问方式。

①长问要求短答。只要求被告人做简短回答。一般适用下列情况:一是被告人表达能力差,答话颠三倒四,缺头短尾不连贯;二是被告人在公诉人讯问时态度不好,故意东拉西扯等。

②短问要求长答,做简短讯问让被告人作较详细的回答。适用于被告人态度好,思路清楚,叙述完整。但这种讯问应当注意不能放任自流,一有重复或与本案无关的就及时制止。

③短问要求短答。目的是抓住中心,针对性强,重点突出有利于问清问题。

④追问。一般不可或缺,尤其是对下列问题都应当注意追问:一是确定罪与非罪的情节;二是确定此罪与彼罪的情节;三是确定犯罪既遂、未遂、预备、中止的情节;四是确定主犯、从犯、累犯的情节;五是确定是否从重、加重、从轻、减轻、免予刑事处罚的情节。

7. 法官当庭认证要慎重

认证应当严格依据证据的三性原则,遵循非法言词证据排除规则、非法实物证据(取得手段有非法问题)谨慎采用规则、传来证据连环规则、共犯口供多方印证规则、瑕疵证据补强规则等。当庭认证是法官当庭能够确认有证明力的证据认定为定案的根据。只有对经庭审质证,确实没有疑问的,才可以当庭认证;只要有一方对证据有异议,就不要轻易认证,可以宣布等合议庭评议后再作认证。因此,当庭认证应慎重行事,不可积极为之。具体而言:

(1) 合法性问题应尽量当庭认证,证明力注意慎重表态。也就是当庭仅对证据能力作出认定,而不解决证据的采信问题。对证据效力的认定,主张在庭后进行。

（2）无争议问题可以即时认证，有争议问题可以综合分析、核实后认证。

（3）适应不同情况，认证方式多样化，根据不同情况采用一证一认、分段认证和综合认证等。

（4）为有利于合议庭准确把握证据和认证，应当要求举证者阐明举证的目的。[①]

四、实验内容演示

实验内容演示 1. 法官主持法庭调查开始和被告人陈述

根据 2012 年《刑事诉讼法》的立法精神，就量刑规范化程序之要求，可将定罪程序和量刑程序相对分离。因此，在法庭调查过程中就定罪事实的调查和量刑事实的调查可相对分离进行。

采用普通程序进行法庭调查的示例如下：

审判长：现在开始法庭调查。首先由公诉人宣读起诉书。

公诉人：……（公诉人宣读起诉书。略）起诉书宣读完毕。

审判长：被告人×××，刚才公诉人宣读的起诉书你听清楚没有？

被告人：听清楚了。

审判长：公诉人所宣读的起诉书与你收到的那份是否一致？

被告人：一致。

（如有两名以上被告人，此时法庭主持如下，审判长：留被告人×××在庭，将被告人赵某某带出法庭候审。）

审判长：被告人，你对被指控的杀人事实及故意杀人罪名有无异议？

被告人：有异议。

审判长：请简要说明。

被告人：我没有杀人。

审判长：你是说你没有杀害被害人李丽？

被告人：是的。

审判长：鉴于被告人对指控的犯罪事实有异议，本庭采用普通程序审理。在法庭调查过程中，本庭将先调查本案的犯罪事实，再调查量刑事实。现在由被告人当庭陈述，被告人当庭陈述的内容应当围绕本案犯罪事实中影响定性的定罪事实以及与犯罪有关的量刑事实进行。被告人，你听清楚了吗？

[①] 龙宗智：《刑事庭审制度研究》，中国政法大学出版社 2001 年 7 月版，第 378—380 页。

被告人：听清楚了。

审判长：现在请你对案情向本庭进行简要陈述。

被告人：……（陈述）。情况就是这样。

实验内容演示 2. 法官主持对被告人进行讯问、发问

审判长在主持讯问、发问时，需注意以下几点：一是起诉书指控的被告人的犯罪事实为两起以上的，法庭调查一般应当分别进行；二是讯问同案审理的被告人，应当分别进行。必要时，可以传唤同案被告人等到庭对质；三是审判人员可以讯问被告人。必要时，可以向被害人、附带民事诉讼当事人发问。

示例 1.

审判长：下面，首先请公诉人对被告人进行讯问。

公诉人：被告人×××，现在是法庭审理你涉嫌故意杀人一案，下面公诉人将对你进行讯问，希望你如实回答。你和死者李丽是什么关系？

被告人：男女朋友关系。

公诉人：认识多长时间了？

被告人：2 年吧。

……（略）

审判长：公诉人就犯罪事实还有问题要问吗？

公诉人：暂时没有了。

审判长：公诉人对量刑事实要讯问被告人吗？

公诉人：要讯问。

审判长：公诉人请就量刑事实进行讯问。

公诉人：被告人×××，你以前受过刑事处罚吗？

被告人：受过。

公诉人：受过什么处罚？什么时间受的？

……

审判长：公诉人就量刑事实还有问题要问吗？

公诉人：暂时没有了。

审判长：现在请辩护人对被告人进行发问。

辩护人：被告人×××，我向你提几个问题。第一，你刚才说了你和李丽是男女朋友关系，你爱她吗？

被告人：很爱。

辩护人：那她和你在一起，你能感觉到她爱你吗？

被告人：当然。

辩护人：第二个问题，你是什么文化程度？

被告人：大学文化

辩护人：李丽的文化程度呢？

被告人：一样。

……

审判长：辩护人就犯罪事实还有问题要问吗？

辩护人：暂时没有了。

审判长：辩护人对量刑事实要向被告人发问吗？

辩护人：要发问。

审判长：辩护人请就量刑事实进行发问。

辩护人：被告人×××，你是怎样向公安机关投案的？

被告人：我想了三天三夜，越想越害怕，于是自己主动向公安机关投案的。

……

审判长：辩护人就量刑事实还有问题要问吗？

辩护人：暂时没有了。

（如被告人是两名以上，这时审判长指令将第一被告人带出法庭，将第二被告人带入法庭，然后让第二被告人简要陈述案情，接着组织控辩双方向第二被告人进行讯问、发问。程序步骤同上。）

示例2.

对于公诉人讯问方式不当如指名问供的，法官要提示公诉人注意讯问方式，并及时制止；同样，对辩护人指名问供或诱导性问供的应提示辩护人注意发问方式并及时制止。

……

辩护人：被告人，你当时没有抢劫的故意，对吗？

被告人：是的。

辩护人：你只是以被害人无暂住证为借口，敲诈钱财，对吗？

被告人：是的。

辩护人：被害人不是你持刀吓的，而是因为害怕公安来抓他才给你钱的，是（被审判长打断）……

审判长：辩护人发问方式不当，辩护人注意你的发问方式。

（说明：辩护人为了将抢劫罪辩护为敲诈勒索罪，以自己预先想好的敲诈勒索罪情节向被告人发问，对此诱导性发问，法官发现了并予以制止。）

示例3.

审判长：被告人的辩护人是否需要对被告人进行发问？

辩护人：需要。

审判长：请发问。

辩护人：被告人，2007年12月22号之前，你认识被害人吗？

被告人：不认识。

辩护人：你表哥对你提起过被害人有心脏病的事情吗？

被告人：没有。

辩护人：根据你的判断，当一个正常人手捂胸口倒地后，你能否立刻判断出他是心脏病发作了呢？

被告人：应该不能。

辩护人：那么在被害人倒地时你能否立刻判断出他是心脏病发了呢？

公诉人：反对！审判长，公诉人反对辩护人这种诱导式的发问方式。

审判长：反对有效，请辩护人注意发问的方式。辩护人可以继续发问。

（说明：这是先由公诉人反对辩方发问方式，然后由审判长确认反对有效，并制止辩方采用诱导性发问方式。）

实验内容演示 3. 法官主持出示、核实证据（举证、质证）

（1）主持交叉询问证人、鉴定人。

对于出庭作证的证人、鉴定人，法官要主持控辩双方对其进行交叉询问（或轮替询问）。

示例1.

公诉人：审判长，请传证人杨某某到庭。

审判长：传证人杨某某到庭。

（法警引导证人入庭并入证人席）

审判长：请坐。证人请讲一下你的姓名。

证人：姓名杨某某。

审判长：您今年多大年龄？

证人：53岁。

审判长：讲一下您的工作单位。

证人：中国质量协会。

审判长：有职务吗？

证人：干部。

审判长：证人杨某某，根据我国法律规定，证人有如实向法庭作证的义务，如有意作伪证，或隐匿罪证的要承担法律责任。你听清楚了吗？

证人：听清楚了。

审判长：请你在《如实作证保证书》上签字。

（法庭事先将《如实作证保证书》文本放置在证人席上，证人签字完毕后将其交于法警，法警再将其交于书记员。）

审判长：下面首先由公诉人向证人发问。

公诉人：请问证人，在 2002 年 9 月份，中国质量协会，也就是你所在的这家单位是否曾经向国务院减轻企业负担部级联席会议办公室发过一个要求确认首届中国百家诚信企业及诚信企业家评选活动合法性的请示？

证人：是的。

……

公诉人：审判长，公诉人询问完毕。

审判长：被告人有意见吗？

被告人：没有。

审判长：辩护人有意见吗？

辩护人：没有。

示例 2.

……

辩护人：证人，你和被告人很熟悉，是不是？

证人：是的。

辩护人：被告人平时处事公道，表现良好，你觉得不大可能是他偷的，是（被审判长打断）……

审判长：辩护人发问方式不当。

（说明：根据证据规则的要求，普通证人是不宜发表评论性意见的，而辩护人试图让证人发表评论性意见。）

示例 3.

审判长：请控方继续举证。

公诉人：下面请法庭传鉴定人李卫国作证，他是东江市公安局法医，能够证明被害人的死亡时间。

审判长：请司法警察传鉴定人李卫国到庭。

审判长：鉴定人李卫国，你今年多大？

李卫国：36 岁。

审判长：你什么文化程度？

李卫国：大学。

审判长：你从事什么职业？

李卫国：法医。

审判长：是什么部门的法医？

李卫国：东江市公安局的法医。

审判长：你与本案是什么关系？

李卫国：我是本案的现场法医。

审判长：鉴定人李卫国，你出庭做鉴定说明，应当向法庭如实作证，如有意做虚假鉴定，将承担相应的法律责任。你清楚吗？

李卫国：清楚。

审判长：请值庭法警让鉴定人在《如实说明鉴定结论保证书》上签名。下面由申请方对鉴定人李卫国进行当庭询问。

公诉人：2007年5月15日的杀人案件你知道吗？

李卫国：知道。

……

审判长：被告人王涌对于鉴定人有需要发问的没有？

王涌：没有。

审判长：辩护人对鉴定人有发问的没有？

辩护人：有。鉴定人，我是被告人王涌的辩护人，下面就几个问题对你进行发问。第一个问题，根据刑事技术鉴定书，赵梅的尸体是在地面上的，对吗？

李卫国：对。

辩护人：关于尸体温度，尸体所处的环境对尸体温度的下降有没有影响？

李卫国：有影响。

……

辩护人：审判长，辩护人发问完毕。

（2）主持举、质物证、书证、（宣读）鉴定意见和有关笔录。

示例1. 主持举、质物证

……

审判长：请公诉人继续举证。

公诉人：下面出示第三组证据，本组证据为物证及其他证据。

首先出示物证。

公诉人出示物证钩镰枪。这是公安机关从大客车上提取的焊有尖头的钩镰枪。

公诉人：被告人刘鹏，你在现场是否使用了这种工具？（让被告人刘鹏进行辨认）

审判长：法警，将钩镰枪让被告人辨认。

（戴手套的法警从公诉人处将物证钩镰枪取到后拿到被告人面前展示让其辨认，但不能交于被告人手中，切记！辨认完毕后将物证钩镰枪交于法庭）

公诉人：（如果被告人不供：鉴于被告人刘鹏对自己在现场所持凶器不能如实供述，公诉人有必要宣读其在公安机关的辨认笔录）

（备用）刘鹏2005年8月24日辨认作案凶器，见侦查20卷第131页。

……（略）

或采用多媒体示证方式：

首先出示物证及照片。

公诉人：请看大屏幕，这是公安机关从大客车上提取的焊有尖头的钩镰枪。

被告人刘鹏，你在现场是否使用了这种工具？（让被告人刘鹏进行辨认）

（如果被告人不供：鉴于被告人刘鹏对自己在现场所持凶器不能如实供述，公诉人有必要宣读其在公安机关的辨认笔录）

（备用）刘鹏2005年8月24日辨认作案凶器，见侦查20卷第131页。

审判长：被告人进行辨认。

被告人：（辨认后）是这把钩镰枪。

审判长：公诉人继续举证。

公诉人：请看大屏幕，这是公安机关从大客车上提取的一端为斜向切割面的钩镰枪。

被告人何鸣，你在现场是否使用了这种工具？（让被告人何鸣进行辨认）

（如果被告人不供：鉴于被告人何鸣对自己在现场所持凶器不能如实供述，公诉人有必要宣读其在公安机关的辨认笔录）

（备用）何鸣7月30日辨认作案凶器，见侦查20卷第132页。

审判长：被告人进行辨认。

被告人：（辨认后）是这把钩镰枪。

审判长：公诉人继续举证。

公诉人：请看大屏幕：这是公安机关从大客车上提取的扁状棍棒。

被告人刘玉鹏，你在现场是否使用了这种工具？（让被告人刘玉鹏进行辨认）

（如果被告人不供：鉴于被告人刘玉鹏对自己在现场所持凶器不能如实供述，公诉人有必要宣读其在公安机关的辨认笔录）

（备用）刘玉鹏8月24日辨认作案凶器，见侦查20卷第130页。

审判长：被告人进行辨认。

被告人：是这个棍棍。

审判长：公诉人继续举证。

公诉人：公诉人继续举证如下：

①宣读刘鹏 2005 年 8 月 24 日辨认笔录，见侦查 20 卷第 131 页。

②宣读何鸣 2005 年 7 月 30 日辨认笔录，见侦查 20 卷第 132 页。

③宣读刘玉鹏 2005 年 8 月 24 日辨认笔录，见侦查 20 卷第 130 页。

④新乐市中医院牛同印急救病历及死亡证明，见侦查 20 卷第 138－139 页。

公诉人：审判长，本组证据出示宣读完毕。

审判长：下面对本组证据组织质证。

审判长：被告人，对公诉人刚才出示的证据有发问没有？

被告人：没有。

审判长：辩护人有发问没有？

辩护人：有。我想问一下（略）

……

示例2. 主持举、质书证

①辨认书证。

……

审判长：请司法警察让证人赵某在证人《如实作证保证书》上签名。下面由申请方也就是辩方首先对证人赵某进行当庭询问。

辩护人：赵某，我们是本案被告人张某的辩护人，由于案情需要，我们向法庭申请你出庭作证，对你的配合我们表示感谢。下面我问你几个问题，请你如实回答。在今年 3 月 23 日你是不是在单位上班？

证人：是的。

辩护人：我这里有一份邮政回执的收据，请你看一下这是不是你开具的？

审判长：请司法警察将辩护人交付的证据交证人赵某辨认。

证人：（经辨认）这是我开的。

辩护人：好，谢谢，这一份邮政收据说明一个人到你邮局来寄邮包是不是？

证人：是。

辩护人：那天寄邮包的人是不是今天在法庭上的被告人？请你辨认一下。

证人：（停顿看）应该是他。

……

审判长：被告人有发问没有？

被告人：没有。

审判长：公诉人有发问没有？

公诉人：有。我想问一下（略）

……

审判长：辩方还有补充发问没有？

辩护人：没有。

审判长：请证人赵某退庭。

（说明：向法庭出示书证的基本规则是：宣读；辨认。有些书证内容无须宣读，但笔迹须要辨认；有些书证无须辨认笔迹，但需宣读内容；有些书证既要宣读内容，又要进行辨认。）

②宣读书证。

……

审判长：下面请公诉人举证。

公诉人：先说明下，公诉人将出示一组书证，该组证据是证实四名被告人在通达证券公司资产管理业务中的具体行为和作用的书证。该组证据共有七种，因相关书证数量较多并且证明作用相同，公诉人出示其中部分书证。

审判长：请出示这部分书证。

公诉人：出示通达证券公司2001年6月－2002年4月会议纪要和工作部署表（卷十八第31－77页、第80－120页）

上述书证记载了被告人王某、秦某、陈某、张某在通达证券公司参加的历次会议内容和通达证券公司的工作安排，可证实通达证券公司开展资产管理业务的经过和四名被告人在通达证券公司所谓资产管理业务中所起的作用。

这两种书证数量较多，公诉人现向法庭出示其中四份会议纪要和一份工作部署表，公诉人将选择部分内容宣读，不逐一宣读。

公诉人：（宣读部分书证内容）……审判长，宣读完毕。

审判长：被告人有发问没有？

被告人：没有。

审判长：辩护人有发问没有？

辩护人：有。我想问一下（略）

……

示例 3. 主持宣读鉴定意见书，并组织质证

……

审判长：好。请问控方还有证据向法庭提供没有？

公诉人：为了进一步证明被害人死亡时间，下面公诉人向法庭宣读海南省医学院法医鉴定中心物证鉴定书。

审判长：好。

公诉人：据东江市公安局现场勘验笔录记载，现场位于二楼一居室内，赵莉莉尸体头东脚西仰卧于床北侧地面上，身穿墨黑色睡袍。于13：00测量死者直肠温度为28℃，室内环境温度为20℃。尸斑深紫红色，指压部分不褪色，尸僵存在于全身诸关节。角膜中度混浊。左颈部下段锁关节下方有一纵行创口，长2.0cm，深达左胸腔，左胸腔内积血约1500ml，胃内空虚。

根据对死者直肠温度及室内温度，结合死者衣着及颈部创伤、胸腔积血情况，以及尸僵、角膜、胃内容等诸情况，综合分析认为赵莉莉的死亡时间应在2007年5月15日13时以前的11小时左右。

物证鉴定书宣读完毕。审判长，全部证据公诉人出示完毕。

审判长：被告人王远方，你对刚才公诉人所宣读的由洪玉秀、廖海所做的被害人死亡时间的推断的鉴定结论有什么意见没有？

王远方：我听清了，但是我不同意，这跟我没关系。

审判长：辩护人有意见没有？

辩护人：有。辩护人认为公诉人刚才出示的这份证据依法不能成立。

（1）公诉人出具的这份证据名称是物证鉴定书，而这份物证鉴定书却以赵莉莉被杀的卷宗材料为依据，也就是说所谓的鉴定对象只是主观的、综合的卷宗材料，而不是实际的物证，所以说这个物证鉴定书完全不符合法律的要求。

（2）从实际内容上说，结合刚才我们询问鉴定人贺江宁的话，他对尸体就根本没有解剖，对胃的内容就根本没有做鉴定，而在这份鉴定书上说胃内空虚这完全是虚无缥缈的，没有来源。

审判长：还有没有？

辩护人：没有了。

审判长：第一辩护人还有意见没有？

辩护人：没有了。

审判长：控方举证完毕，下面由辩方举证。被告人王远方，你是否有证据向法庭提供？

王远方：没有。①

示例 4. 继续组织举、质物证

审判长：请证人刘×退庭。（退庭后）请公诉人继续举证。

公诉人：公诉人这里有物证一件，由××市公安局移交本院。该证据证明被害人黄某的确患有心脏病。

公诉人：（向法庭展示药品）这是从被害人黄某手提包里找到的治疗心脏病的特效药"清恤通栓胶囊"。药品说明书表明：该药产品性能为活血化瘀、镇静安神；用于冠心病引起的心绞痛、胸闷、心悸、头昏、失眠等症状。

审判长：请法警将此物证向法庭展示（顺序为附带民诉原告人及其诉讼代理人、被告人、辩护人，最后交回公诉人）。

审判长：（待展示毕）附带民事诉讼原告人，你对公诉人出示的物证有无异议？

附带民事诉讼原告人：没有异议。我丈夫随身带的就是这个药。

审判长：诉讼代理人有无异议？

诉讼代理人：没有异议。

审判长：两被告人，对公诉人刚才出示的证据有无意见？

被告人 1：我没见过这种药。

被告人 2：这种药我没见过，黄某当时有没有带这种药，我也不知道。

审判长：两辩护人有无意见？

辩护人 1：有，辩护人认为该证据与黄某患有心脏病的事实没有直接的关联性。

辩护人 2：有，该证据与本案事实无关。

审判长：公诉人继续举证。

公诉人：举证完毕。

示例 5. 继续组织举、质物证

审判长：辩护人是否有证据向法庭出示？

辩护人：有。辩护人有当天我的当事人与黄×喝过的酒的包装纸部分，由××火锅城的工作人员提供。该证据证明当事人当天所喝的是酒精度 52%的白酒，很容易导致人的头脑不清醒。

审判长：请法警将此证据向法庭展示。

---

① 顾永忠、苏凌：《中国式对抗制庭审方式的理论与探索》，中国检察出版社 2008 年版，第 47 页。

（由一名法警将证据按被告人、公诉人的顺序向法庭展示）

审判长：被告人李××、杨××，案发当天你们喝的是不是这种酒？

李××：看不清楚，（拿近后）是这个酒。

杨××：是的。

审判长：公诉人对此证据有无意见？

公诉人：有。对于该证据的合法性与关联性，公诉人没有异议。但是，对于该证据的客观性，公诉人认为该证据仅能证明被告人李××所喝的是酒精度为52％的白酒，但并不能证明被告人李××当时究竟喝了多少这种酒。

辩护人：根据当时杨××和黄×所喝的酒的量以及酒瓶中剩余的酒量，可以推知，李××当时所喝的酒约130毫升，已足以致我的当事人不清醒。

审判长：附带民事诉讼原告人、诉讼代理人，你们有无异议？

附带民事诉讼原告人：有。我丈夫的心脏病是由于两被告人的辱骂才发作的，跟喝酒没有关系。

诉讼代理人：有，本代理人认为，该证据缺乏证明力。

审判长：辩护人继续举证。

辩护人：被告人李××的毕业成绩单一份。这份成绩单显示：被告人李××在校期间所学的十五门专业课程中，有九门是补考以后才及格的。证明我的当事人对于医学知识的掌握很不完善。

审判长：公诉人对此证据有无意见？

公诉人：没有。

审判长：附带民事诉讼原告人、诉讼代理人，你们有无异议？

附带民事诉讼原告人：没有。

诉讼代理人：有，本代理人认为，该证据只能证明被告人杨××学习不好，并不能证明他没有心脏病方面的知识，更不能证明他不知道心脏病发作的症状。

审判长：两被告人，对此证据有无意见？

李××：没有意见。

杨××：没有。

审判长：辩护人可以继续举证。

法官组织指挥庭审时，需注意以下几点：

1. *严格使用法言法语*

法官询问应使用法言法语，不能无原则地沿用当事人的用语。

审判长：被告人李明，"圆圆"是不是李娅的诨名？

被告人李明：是的。

审判长：李娅被做掉的那天晚上，你为什么想起要给她打电话？

在此，"诨名"用词不当，"诨名"是绰号之一种，指表示幽默感或嘲弄的绰号，应用绰号取代。"做掉"也不是法律用语，应用"被杀害"。

2. 不要对回答进行评论

这样做的好处在于：一方面，可以与其他法官充分讨论，防止自己的意见与其他法官不一致，从而使自己陷入被动；另一方面，当场评论容易让一方当事人认为法官有意袒护对方，从而产生对法官的敌对情绪。

审判长：张三（被害人）喝"敌敌畏"后，你做了什么？

被告人：我让女儿去找周老师。

审判长：敌敌畏都入肚了，你还等着，你怎么办？没采取任何措施？这五分钟你干吗呢？

被告人：我叫她，毫无办法。

审判长：等一等，行了，行了。周老师是你们领导，他来了怎么办？什么事都必须叫他？现在情况变了，喝了敌敌畏了，还必须叫他，女儿叫不来，你还亲自去叫？应该找医生！你是个大学老师，我都没法问你了，我替你说了吧。①

3. 一问一答

在一个问话回合中，原则上只提一个问题，这样既能使问话的目的明确，针对性强，又能使回答人集中精力回答。若在一个问话中，同时提出数个问题，既容易给答话人增加负担，令答话人无所适从，甚至还会给一些狡猾的回答人钻了空子，即有意地只回答其中的某个问题，对其他的问题故意不回答。在下例中，审判长一连串问了好几个问题，但实际上没有达到问话的效果，因为被问话人只回答了其中的一个问题。

审判长：出来之前你和你哥哥，就是你们出来去盗窃之前，你妻子谭某知道吗？当时她在干什么？

被告人：当时我妻子在哄孩子。

审判长：你平时对你妻子怎么样啊？你妻子对你呢？你妻子是什么样的人？

被告人：我妻子对我很好。②

实验内容演示 4. 法官处理诉讼异议

（1）对控辩双方的反对声明应及时回应。

---

① 陈学权：《模拟法庭实验教程》，高等教育出版社2009年版，第29—30页。
② 陈学权：《模拟法庭实验教程》，高等教育出版社2009年版，第30—31页。

辩护人：被告人，你一进屋就看见被害人倒在地上，你就拿起旁边的斧头察看，你的指纹就留在上面了，是不是？

公诉人：反对，辩护人进行诱导性发问。

法官：反对有效，辩护人要注意你的发问方式。

……

辩护人：被害人，你有个姐姐，对吗？

被害人：是的。

辩护人：你的姐姐是否在兴旺大酒店卖淫？

公诉人：反对，这是与本案无关的问题。

辩护人：法官，这个很重要，这与查清被害人与被告人是否存在卖淫嫖娼关系密切相关。

法官：反对无效，辩护人可继续发问。

（如果对反对意见不及时回应，反对意见就失去了反对的效果）

(2) 对无意义的争议要及时制止。

如果双方在无关痛痒的枝节问题上争论或对已充分表达意见的事项上反复重复时，法官要及时制止。但要语气平缓，有理有节。

审判长 A（平和而严肃）：辩护人，你现在所说的意见，法庭已经记录在案，希望你就本问题发表新的意见。你还有没有新的意见需要发表？

辩护人：没有。

审判长 A：下面公诉人继续举证。

或者：

审判长 B（略有不耐烦）：辩护人，不要老在这个问题上纠缠了，没新意见，就不要再讲了。下面公诉人继续举证。

(3) 对指责和攻击言论要及时制止。

在庭审阶段，如果发生公诉人、辩护人、被告人互相挑剔指责，甚至出现不规范或者对对方的侮辱、攻击性言论，或者向群众作哗众取宠的宣传，要及时制止。

审判长：被告人对被害人的陈述有何意见？

被告人：被害人在胡说八道，被害人就是个婊子！

审判长：被告人注意！不要侮辱被害人。

被告人：她勾引我，反说我强奸。她水性杨花，一贯勾引（被打断）……

审判长：被告人注意！你只需要陈述被害人陈述中哪些是你不能同意的事实，你主张的事实是什么，如果没有别的就不要再说了。

五、实验要求、步骤及方法

（1）先由指导老师对法官组同学集中讲解法庭调查程序的相关法律规定，以及法官主持法庭调查的步骤环节、内容及注意事项；并要求学生掌握这些内容要点。

（2）指导教师通过示例对法庭调查程序的组织和掌控项目作实验演示。

（3）指导教师根据实验素材，指导要求学生在进行实验之前，先熟悉好实验素材，并制作阅卷笔录和法庭调查阶段的庭审提纲和预案，特别要预备好补充发问提纲。

（4）指导教师根据实验素材指导学生进行法庭调查程序组织和掌控的各项技能技巧的演练，并就可能存在的问题要求学生及时与指导老师交流寻求指导。

（5）根据实验素材让法官组同学分别扮演或模拟审判人员、公诉人、被告人、辩护人、证人、鉴定人等不同诉讼角色进行实验，重点是作为审判人员的实验。另，除审判人员外，其他诉讼角色也可由其他组同学担任并进行实验。法官组的每一位同学均要进行一次担任审判长组织法庭调查程序的实验。

（6）实验项目演练完毕后先由学生对项目演练情况作自评、他评，再由指导教师点评、总结和打分评定成绩，记入实验记录表中。

六、实验素材（略，教师自备。）

实验项目三　法庭辩论的主持

一、实验程序环节

刑事案件第一审普通程序中"法庭辩论"阶段的程序组织与节奏控制。

二、实验目的

通过实验法官刑事庭审中法庭辩论阶段的主持项目，让学生掌握法官在法庭辩论阶段庭审主持工作的基本内容和基本步骤，学习如何组织与指挥控辩双方的有序发言，如何掌控与维护辩论时的法庭秩序，初步实践法官主持庭审法庭辩论的技能技巧。

三、实验基本原理

合议庭认为案件事实已查清后,应宣布法庭调查结束,开始进行法庭辩论。法庭辩论是控辩双方对案件事实、证据、适用法律分别发表意见并相互进行质疑、辩论的专门活动。《刑事诉讼法》第198条规定,"法庭审理过程中,对与定罪、量刑有关的事实、证据都应当进行调查、辩论。经审判长许可,公诉人、当事人和辩护人、诉讼代理人可以对证据和案件情况发表意见并且可以互相辩论"。

(一)法庭辩论的程序规定

根据最高人民法院《刑诉法解释》第229—233条规定,法庭辩论程序如下:

1. 法庭辩论应当在审判长的主持下,按照下列顺序进行:
①公诉人发言;
②被害人及其诉讼代理人发言;
③被告人自行辩护;
④辩护人辩护;
⑤控辩双方进行辩论。

附带民事诉讼部分的辩论应当在刑事诉讼部分的辩论结束后进行。先由附带民事诉讼原告人及其诉讼代理人发言,然后由被告人及其诉讼代理人答辩。

因此,辩护人首次发表辩护词完毕,是第一轮辩论结束的标志,接着开始第二轮、第三轮等辩论,直至合议庭认为双方均已表明见解或确认双方均不再发表新的辩论意见为止。

2. 审判长应当引导双方就有争议的问题进行辩论,对于与案件无关的发言或者已经阐述过的重复辩论意见或相互指责的发言应当制止。

3. 审判人员应当引导控辩双方首先围绕定罪问题进行辩论,待定罪辩论结束后,再告知控辩双方可以围绕量刑问题进行辩论,发表量刑建议或量刑意见,并说明理由和依据。量刑辩论活动按照以下顺序进行:
①公诉人、自诉人及其诉讼代理人发表量刑建议或意见;
②被害人(或者附带民事诉讼原告人)及其诉讼代理人发表量刑意见;
③被告人及其辩护人进行答辩并发表量刑意见。

对被告人认罪,且辩护人做有罪辩护还同意指控罪名的,可不再进行定罪辩论,直接进行量刑辩论。

4. 辩论时,法庭调查阶段认定的证据和事实可以作为法庭辩论的根据。但对证据的合法性、关联性和真实性及证据的有效性的质辩,以及对案件事实的认定，属于法庭调查的范围。如果合议庭在法庭辩论过程中发现有关案件新的事实需要进行调查，或者需要对新证据进行审查的，审判长可以宣布暂停辩论，恢复法庭调查，待该新事实或新证据查清后继续法庭辩论。

（二）主持法庭辩论的技能要求

1. 辩论的顺序应先控后辩，再互相辩论。有多名被告人的，可逐个进行，但应允许其他被告人、辩护人穿插发言，多轮交锋。第一轮辩论中控辩双方意见悬殊较大的，可进行第二轮辩论，但不得重复上一轮意见。审判长可限定双方发表意见的时间。

2. 合议庭可以将法庭辩论分段进行：对等辩论和互相辩论。

（1）对等辩论。首先进行对等辩论，指示公诉人、被告人及其辩护人依次进行辩论发言。有被害人和附带民事诉讼当事人出庭参加诉讼的，可以参加对等辩论。一轮辩论结束，法庭可以根据实际情况决定是否进行下一轮辩论；如果进行下一轮辩论的，应当强调辩论发言的内容不得重复。

（2）互相辩论。在对等辩论结束后，审判长应当告知控辩双方，要求辩论发言的，可以向法庭举手示意。经法庭许可，方能发言。在互相辩论中，控辩双方未经许可而进行自由、无序的辩论发言或者发言的内容重复的，法庭应予以制止。

3. 法官需适时、适度地对控辩双方的辩论进行引导。

（1）对辩论时机的引导。法庭辩论分为分散辩论和集中辩论两种。实际上，在法庭调查阶段中存在着分散辩论，分散辩论在质证时可随时进行。法官在法庭调查阶段就应该积极引导控、辩双方及时对有关证据和案件事实发表意见，展开辩论，而不必等到法庭调查结束。这样，才能以特定的事实为基础，使辩论更有针对性，有利于解除疑问，暴露问题，查明事实真相。而这里所说的法庭辩论是指作为庭审中一个诉讼阶段的集中辩论。

（2）对辩论重点的引导。法官应积极引导控、辩双方对影响定罪量刑和存在疑问的问题进行辩论，防止双方纠缠于无关紧要之处，从而提高辩论质量。一些对定罪量刑无关紧要的细枝末节上的辩论，要适时提醒注意和制止，以防辩论偏离正常轨道。

（3）对双方遵守辩论规则的引导。①禁止控辩双方将自己的观点强加于人，对于已经充分论证了自己的意见，为了让对方接受而喋喋不休的，审判长应予制止；②对人身攻击性言论，审判长应当予以制止，并且给予必要的批评，对于情节严重者，应敲击法槌予以警告；③禁止设问而无答，对于在法庭上表现出的一味滔滔不绝的设问，令对方不知其肯定性意见为何的表现，审判长应当予以禁止，并明确要求直截了当地提出肯定性意见。

（4）法官要及时合理地裁断争议和请求，制止各种不当行为。例如，辩方提出公诉人发问不当，或要求传唤某证人，法官应及时合理地作出裁决。

4. 公诉词与起诉书内容不一致时的处理。

经过法庭调查，可能查证属实的事实与起诉事实不同，控方在公诉词中可能会提出不同的指控意见。对此，对不同情形可作不同处理。

（1）如果公诉词对起诉书指控的主要犯罪事实和犯罪性质没有变更，只是对一些从重、从轻或不影响整体事实认定的情节提出了新的意见，可以在评议后在裁判文书中将起诉书指控及出庭支持公诉人员变更了的指控内容分别叙明，法官根据法庭审理后所认定的事实做出裁判。

（2）如果出庭检察人员认为起诉书指控的主要犯罪事实发生了变化，或有遗漏罪行、遗漏的同案犯罪嫌疑人，公诉人不得自行变更或追加起诉。如果公诉人发表了变更性意见，审判长应建议其按 2012 年《人民检察院刑事诉讼规则（试行）》第 458 条、第 459 条、第 460 条和第 461 条规定执行。变更、追加、补充或撤回起诉应当报经检察长或检委会决定，并以书面形式在人民法院宣告判决前向人民法院提出。

（3）对于公诉人变更罪名的处理。

①如果被告人的犯罪事实没有变化，仅改变起诉罪名的，一般可以准许，或辩方提出需要做抗辩准备的，可以延期审理；

②因指控被告人的犯罪事实发生变化而要求减少罪名的，可以准许；

③因指控被告人的犯罪事实发生变化而要求追加罪名的，不能允许。合议庭可以要求公诉人书面补充起诉，并给辩方准备辩护的时间，但被告人表示同意追加罪名的除外；

④因指控被告人的犯罪事实发生变化而要求将重罪名改为轻罪名的，可以准许；

⑤因指控被告人的犯罪事实发生变化而要求将轻罪名改为重罪名的，不能允许。合议庭可以要求公诉人书面补充起诉，并给辩方准备辩护的时间，但被告人表示同意追加罪名的除外；

⑥起诉书未认定被告人有自首、立功等情节，公诉人口头提出并予以认定的，可以准许；

⑦起诉书认定被告人有自首、立功等情节，公诉人在法庭上口头要求撤销的，一般可以允许。若辩方提出需要做抗辩准备的，可以延期审理。

实验内容演示 1. 法官主持控辩双方对等辩论

示例

审判长：法庭调查结束，现在进行法庭辩论。首先请公诉人发表公诉意见。

公诉人：审判长、审判员、人民陪审员，今天×××人民法院依法公开审理被告人杨坚琪、史庆故意伤害一案。根据《中华人民共和国刑事诉讼法》的规定和《中华人民共和国人民检察院组织法》的规定，我们受本院检察长的指派，以国家公诉人的身份出席法庭，代表国家出庭支持公诉，并依法履行法律监督职能，为进一步揭露犯罪，弘扬法制，现就本案发表如下公诉意见：规范完整合法的证据体系准确全面地证实了被告人杨坚琪、史庆故意重伤的犯罪事实。在刚刚结束的法庭调查的基础上，我们认为被告人杨坚琪、史庆……（略），对本案应当认定为构成了故意伤害罪。现本院针对以上所举事实和证据，特提起公诉，请法院依法判处。以上意见，请合议庭评议时予以考虑。公诉意见暂时发表到此。

审判长：诉讼代理人有何意见？

诉讼代理人：我同意公诉人的意见，本案定性准确，两被告人的行为足以致被害人重伤的结果。我认为，定故意伤害罪定性准确。

审判长：被告人，根据法律规定，在法庭上除了辩护人为你辩护外，你有自行辩护的权利，首先是杨坚琪，你要做自行辩护吗？

杨坚琪：要做。我认为我的行为不构成犯罪，田无忌的重伤与我没有直接关系。具体的辩护意见由我的辩护人代我发表。

审判长：请辩护人进行辩护。

辩护人一：审判长、审判员、人民陪审员：根据《中华人民共和国刑事诉讼法》的规定，上海同济律师事务所接受被告人杨坚琪的委托，指派我担任被告人杨坚琪的辩护律师，今天依法出庭为其辩护。开庭前我查阅了相关案卷材料，会见了被告人，走访了有关群众，刚才又听取了法庭对本案的调查，我认为被告杨坚琪是无罪的，现发表辩护意见如下：

一、本案在侦查阶段对本被告人连续进行讯问时间超过12小时，变相刑讯逼供；

二、……（略）

三、被告人的行为不符合故意伤害罪的构成要件。根据《刑法》规定……

谢谢审判长、审判员，我的辩护意见暂时发表到此。

审判长：下面由被告人史庆自行辩护。

史庆：我就是去劝架的啊。具体意见由我的辩护人为我发表。

审判长：下面由被告人史庆的辩护人发表辩护意见。

辩护人二：……（发表辩护意见）

综上所述，辩护人认为，被告人史庆的行为不符合故意伤害罪的构成要件，其行为只是去劝架而已。我的辩护意见暂时发表到此。

实验内容演示 2. 法官主持控辩双方互相辩论

示例

审判长：在刚才的第一轮的法庭辩论（对等辩论）中，公诉人、被告人、辩护人发表了各自的意见，本庭已经听取。本庭根据今天法庭调查所反应的基本事实情况以及控辩双方的基本观点，现将本案的争议焦点总结如下：

（1）被告人杨坚琪、史庆的行为是否构成故意伤害罪？

（2）被告人杨坚琪、史庆是否构成共同犯罪？

辩论各方可以围绕本案的争论焦点继续发表新的意见（互相辩论），重复的不用再行发表。控辩双方要求发表辩论意见，应当向法庭举手示意。经法庭许可，方能发言。

审判长：对本法庭总结的上述争议焦点，被告人杨坚琪、史庆有无意见？

杨坚琪：没意见。

史　庆：没有意见。

审判长：下面，请控辩双方就本案争议的焦点问题进行辩论。

审判长：首先，由公诉人发言。

公诉人：公诉人刚才听取了被告人和辩护人的辩护意见，针对法庭总结的焦点问题，公诉人发表如下意见。下面就两被告人的情况分别予以答辩。辩护人刚才提出被告人杨坚琪的行为不构成故意伤害罪，我方对此予以反对。……（略）因此，被告人杨坚琪的行为完全符合故意伤害罪的构成要件，已构成故意伤害罪，请法庭予以采纳。

审判长：辩护人对此有无异议？

辩护人一：有异议。我们认为……（略）

辩护人二：有异议。我们认为……（略）

审判长：公诉人是否还有新的意见？

公诉人：有。我们认为……（略）

审判长：辩护人对此有无异议？

辩护人一：有。我们认为……谢谢。

审判长：公诉人是否还有新的答辩意见？

公诉人：有。我们认为……（略）

审判长：辩护人是否还有新的辩护意见？

辩护人二：审判长，我方提议……（略）

审判长：可以讲。

辩护人二：……（略）

审判长：公诉人有无新的答辩意见？

公诉人：其他没有了。最后，公诉人希望法庭依据事实和法律，以惩治犯罪行为，维护法律的尊严和公民的人身权利为根本目的，做出公正合理的判决。

审判长：被告人杨坚琪，你是否还有新的辩护意见？

杨坚琪：有。我仍然觉得我的行为不构成犯罪，请法庭将我无罪释放，还我清……（被审判长打断）

审判长：被告人杨坚琪，这个意见刚才你已经说过了，请不要重复，还有新的意见吗？

杨坚琪：没了。

审判长：被告人杨坚琪的辩护人是否还有新的辩护意见？

辩护人一：有的。辩护人还有几点意见需要补充。……（略），我的辩护意见发表到此。

审判长：被告人史庆，你是否还有新的辩护意见？

史庆：没有。

审判长：被告人史庆的辩护人是否还有新的辩护意见？

辩护人二：没有。

审判长：公诉方还有什么新的提议？

公诉人：想……（略）

审判长：辩护人是否还有新的辩护意见？

辩护人：没有了。

（审判人员做商量动作）

审判长：公诉人和辩护人的意见已充分阐述，法庭已记录在案。鉴于双方再无新的意见发表，现在法庭辩论结束。

实验内容演示 3. 法官主持控辩双方进行量刑辩论

示例

审判长：定罪辩论结束，现在由控辩双方围绕本案量刑进行辩论，发表量刑建议或意见，并说明理由和依据。首先由公诉人宣读量刑建议书或发表量刑建议。

公诉人：（提出建议对被告人处以刑罚的种类、刑罚幅度、刑罚执行方式及其理由和依据）。

审判长：被害人（及其诉讼代理人）可以发表量刑意见并说明理由。

被害人（及其诉讼代理人）：……（略）

审判长：被告人有权对量刑事实发表辩护意见，现在进行量刑辩论的，不影响之前所做的无罪辩护。被告人也可以选择在庭审后提交书面意见。

审判长：被告人甲××，对公诉人的量刑意见有无答辩意见？

被告人甲：有。……（略）

审判长：被告人乙××，对公诉人的量刑意见有无答辩意见？

被告人乙：有。……（略）

审判长：辩护人对公诉人的量刑意见有无答辩意见？

辩护人一：有。……（略）

辩护人二：有。……（略）

审判长：法庭已经充分听取了各方量刑建议和意见。辩论各方可以围绕本案的争论焦点继续发表新的意见，重复的不用再行发表。

审判长：公诉方还有新的意见吗？

公诉人：没有。

审判长：被告人有新的意见吗？

被告人甲：没有了。

被告人乙：没有了。

审判长：辩护人有新的意见吗？

辩护人一：没有。

辩护人二：没有。

审判长：法庭已经充分听取了公诉人、被害人、被告人、辩护人等辩论各方的意见，并已记录在案。辩论各方如果还有意见，可以在退庭后用书面方式提供给法庭。

注意事项：

①辩论应主要围绕确定罪名、量刑及其他有争议的问题进行。在法庭辩论中，辩论发言应当经法庭许可；注意用语文明，不得使用讽刺、侮辱的语言；语速要适中，以便法庭记录；发言的内容应当避免重复。

②鉴于被告人不认罪（或辩护人作无罪辩护，不同意指控罪名的辩护），控辩双方应首先围绕本案犯罪事实与定性（罪与非罪、此罪与彼罪）问题进行辩论。在辩论前，法庭提请控辩双方注意，控辩双方应先进行定罪辩论，在定罪辩论结束后，再进行量刑辩论。

③如果各方有新的意见，定罪辩论可以继续进行。定罪辩论结束后，由控辩双方围绕本案量刑进行辩论，发表量刑建议或意见，并说明理由和依

据。先由公诉人宣读量刑建议书或发表量刑建议。提出建议对被告人处以刑罚的种类、刑罚幅度、刑罚执行方式及其理由和依据。

④在法庭辩论阶段如提出新证据或要求新的证人出庭，则审判长指挥诉讼程序应恢复到法庭调查阶段，待举证、质证完毕后再又回到法庭辩论阶段。

五、实验要求、步骤及方法

（1）先由指导教师向法官组同学集中讲解主持法庭辩论的法律规定与技能要求，以使学生知悉和掌握实验的步骤和要点。

（2）指导教师通过示例对法庭辩论程序的主持项目作实验演示。

（3）指导教师根据实验素材指导学生，先熟悉实验素材，再进行法庭辩论主持的庭审提纲和预案的制作。

（4）指导教师根据实验素材指导学生主持法庭辩论程序的各种技能技巧的演练。如对辩论重点的引导技能技巧演练；对辩论规则遵守的引导技能技巧演练；及时裁断辩论中的争议和请求的技能技巧演练；运用好法言法语，组织与掌控好整个法庭辩论程序流程的技能技巧演练等。指导教师并就可能出现的问题及时进行指导和交流。

（5）实验时，法官组每三位同学组成一个合议庭进行项目实验，其他同学可观摩。法官组的每一位同学均要担任一次审判长的角色进行法庭辩论程序的主持演练。每一位同学至少要有一次作为书记员做法庭记录的训练。合议庭演练时可以邀请公诉组和辩护组的同学按不同的角色分工进行共同演练。

（6）实验项目演练完毕后先由学生对项目演练情况作自评、他评，再由指导教师点评、总结和打分评定成绩，记入实验记录表中。

六、实验素材（略，教师自备）

实验项目四　被告人最后陈述的主持

一、实验程序环节

刑事案件第一审普通程序中"被告人最后陈述"阶段的主持。

二、实验目的

通过实验法官主持"被告人最后陈述"项目，意在使学生了解"被告人最后陈述"不仅是庭审程序中的独立阶段,也是法律赋予被告人的一项重要权利。因此,法官在主持"被告人最后陈述"时应遵循相关原理和法律规定。通过该项实验,让学生初步实践并掌握法官主持"被告人最后陈述"的技能技巧。

三、实验基本原理

(一)"被告人最后陈述"的程序组织和掌控之法律规定

《刑事诉讼法》第198条第3款规定:"审判长在宣布辩论终结后,被告人有最后陈述的权利。"最后陈述权是被告人在庭审中所享有的一项重要的诉讼权利,在性质上主要属于辩护权的范畴,也体现为一种情感宣泄权。其理论基础主要在于立法对刑事被告人弱势地位的特别关注以及对直接言词原则的体现。通过被告人最后陈述,让其将经过开庭调查、辩论所形成的对庭审、对案件的态度表达出来,使其还有一次为自己充分辩解的机会,使合议庭进一步听取被告人意见。因此,审判长应当明确告知被告人享有此项权利。

(二)"被告人最后陈述"的程序组织和掌控之司法解释规定

最高人民法院《刑诉法解释》第235-236条对"被告人最后陈述"程序环节的组织和掌控做出了如下规定:(1)审判长宣布法庭辩论终结后,合议庭应当保证被告人充分行使最后陈述的权利。(2)被告人在最后陈述中多次重复自己的意见的,审判长可以制止。(3)陈述内容蔑视法庭、公诉人,损害他人及社会公共利益,或者与本案无关的,应当制止。在公开审理的案件中,被告人最后陈述的内容涉及国家秘密、个人隐私或者商业秘密的,应当制止。(4)被告人在最后陈述中提出新的事实、证据,合议庭认为可能影响正确裁判的,应当恢复法庭调查;被告人提出新的辩解理由,合议庭认为可能影响正确裁判的,应当恢复法庭辩论。

(三)"被告人最后陈述"的程序组织和掌控之法理和实践探讨

1. 法理探讨

"被告人最后陈述"程序环节的设置,有助于法官更好地发现案件真实,凸显对被告人人格的尊重,还可对旁听民众起到现身说法的教育作用。但在我国司法实践中,被告人的最后陈述权似乎尚未被提至"一项重要的诉讼权利"的高度来体认,加之法律上缺乏明确的操作规定,被告人最后陈述阶段作为一个独立的程序环节的意义并未被充分重视,其设置往往被虚化,流于形式。如限制被告人陈述时间,以提问打断陈述,以问答代替陈述,对被告人在最后陈述中提出的新情况、新证据不予理睬等,导致被告人最后陈述往往草草收场。

2. 实践探讨

我们认为，法官（审判长）在被告人最后陈述阶段的程序组织与掌控，实践中应做到如下要求：

（1）进入被告人最后陈述阶段时，审判长除应告知被告人享有此项权利外，若被告人对此环节不太理解，还应作出简要解释，告知被告人应实事求是地总结归纳自己的诉讼意见，并可就案件的具体处理，向法庭提出最后请求。内容具体包括是否承认指控、是否悔罪、对案件事实和证据是否还有补充或需要强调的、是否有新的证据或事实要提出以及对本次庭审活动有何看法等。

（2）法庭应当保证被告人充分行使最后陈述的权利。虽然被告人最后陈述一般要求其内容简明扼要、言简意赅，但一般情况下，法庭不宜打断或制止其发言。①

①如果被告人的陈述过于臃长，陈述的内容多次不当重复，陈述的内容蔑视法庭、公诉人或损害他人及社会公共利益，或者陈述与本案无关的，方可适时给予提醒、劝阻和制止。

②陈述内容须"与本案有关"应做广义理解，不能仅限于与认定本案事实有关，被告人关于悔罪的倾诉、对犯罪心理的讲述以及对本案所适用法律的评判等都应当认作"与本案有关"。

③陈述内容的"不当重复"应当做狭义理解。有的被告人出于心理紧张等因素会一时思维停滞或者混乱，可能会在最后陈述中重复自己在前面程序中已做的陈述，或者会固执地咬定并多次重复自己某一方面的见解，这种情况下法官可以予以适当的制止。但是，一些为了保持逻辑上的系统连贯或者陈述的其他需要而不可避免的重复应当是允许的。

（3）在司法实践中，一些被告人因心情过于紧张或者语言口头表达能力欠佳，可能很难准确充分地陈述出自己内心想要表达的东西，这时应当允许辩护人进行一些提示性的引导。在没有辩护人的情况下，也可由主持庭审的法官给以必要的协助与引导。但应当注意的是，绝不能让这种引导或协助成为限定式的问答，变相地限制被告人的最后陈述权。

（4）被告人在最后陈述中提出了新的事实、证据，合议庭认为可能影响正确裁判的，应当恢复法庭调查；如果被告人提出新的辩解理由，合议庭认

---

① 由于整个庭审活动都在法庭主导下进行，被告人的陈述发言以及其他诉讼活动均受到法庭的约束，不能够自由、充分地发言。因此，在被告人作最后陈述时，法庭有必要给予其一次自由、充分的发言机会。

为确有必要的,应当恢复法庭辩论;若公诉人认为需要补充侦查,提出延期审理建议的,合议庭应当同意;公诉机关申请撤回起诉的,也应当裁定准许。

四、实验内容演示

示例1.

案例:2012年3月10日下午,学生钱××、顾××放学后,两人骑着自行车一起回家。途经一岔路口时,同校学生陈××骑车撞倒钱××,由此三人发生争执、打斗……结果,陈××当场晕倒,并住院治疗10天。

……

审判长:公诉人、辩护人是否还有其他辩论意见?

公诉人:没有了。

辩护人:没有了。

审判长:由于控辩双方没有新的意见发表,现在宣布,法庭辩论结束。根据《中华人民共和国刑事诉讼法》的规定,被告人有最后陈述的权利。你们两个被告人站起来。

(两被告人起立)

审判长:被告人钱××,首先由你做陈述。

钱××:我说什么?

审判长:现在你可以就本案的事实、证据、罪行有无及轻重,对犯罪的认识及定罪、量刑方面的要求等作最后陈述。

钱××:哦,我就打了陈××一下,而且我后来还劝说顾××不要再打,我觉得我这不算是犯罪。

审判长:说完了吗?

钱××:说完了。

审判长:被告人顾××,你也可以就本案的事实、证据、罪行有无及轻重,对犯罪的认识及定罪、量刑方面的要求等作最后陈述。

顾××:我现在很后悔,感觉到我真的做错了。我后悔自己很冲动,不够冷静,自己出手打人的时候没有好好想想后果,以至于自己做出这种愚蠢的事情。同时,我也感觉到,这件事的发生,也和自己的法律意识淡薄有关,平时总觉得法律离自己比较远,自己不可能违法犯罪,但是,现在,我却不得不面对法律的处罚。希望法庭能够从轻处罚我,给我一次改过自新、重新做人的机会,我保证以后再也不会做出这种事情了。

审判长:说完了吗?

顾××：完了。

审判长：当庭出示的证据，在休庭以后交给法庭。现在休庭，由合议庭对本案进行评议。待合议庭评议后当庭宣判。十分钟后继续开庭，法警，将被告人钱××、顾××带出法庭。

（敲击法槌）

示例 2.

……

审判长：第二轮辩论结束。经过第一轮控辩双方辩论观点的提出和第二轮辩论意见的深入，合议庭认真、充分听取了控辩双方的意见。合议庭认为，双方的意见和观点已经充分发表，无继续辩论的必要，法庭辩论结束。下面由被告人王远方做法庭最后陈述。

被告人：尊敬的法官大人，法律的问题我不太懂，我只想说：没想到 5 月 15 日早晨一别，竟成为我和莉莉的诀别，这已经使我痛不欲生了。其实，从某种角度上讲，我们两个人都是受害者，不同的是我现在还苟活在这个世界上。在我被关起来的时候，我几次想到了死，但是我想，我可以去死，但是我不能以这种方式——戴着一个杀害自己女朋友的帽子去死。所以今天，我请求审判长，请求法庭给我一个公正的答案，还我一个清白，也让莉莉能够瞑目。谢谢！

审判长：被告人法庭最后陈述完毕。经过今天上午的法庭调查，合议庭认真听取了被告人的陈述、辩解以及控辩双方对证据的质证意见和对事实、适用法律的辩论意见。合议庭认为，由于控辩双方在被告人是否构成犯罪这一问题上有重大分歧，加上本案案情重大、复杂，需待合议庭休庭后认真评议并充分考虑控辩双方意见后，才能做出决定，不能进行当庭宣判。

当庭出示的证据，在休庭以后交给法庭。现在休庭。

法警，将被告人王远方带出法庭。

（敲击法槌）[①]

五、实验步骤、方法与要求

（1）先由指导教师向法官组同学集中讲解主持"被告人最后陈述"阶段的基本原理、法律规定和组织掌控技能技巧。

（2）指导教师通过示例对"被告人最后陈述"阶段主持的项目作实验

[①] 顾永忠、苏凌：《中国式对抗制庭审方式的理论与探索》，中国检察出版社 2008 年版，第 63 页。

演示。

（3）指导教师根据实验素材指导学生研读、讨论实验素材，并对"被告人最后陈述"阶段的主持制作提纲和预案，对可能出现的问题及时与指导教师沟通交流。

（4）法官组的每一位同学均要担任一次审判长的角色来主持"被告人最后陈述"程序，合议庭成员可随机搭配。

（5）每三位同学组成一个合议庭主持"被告人最后陈述"时，法官组其他同学轮流客串被告人进行被告人最后陈述，客串被告人的同学在最后陈述中可以自设场景自由发挥，以考验合议庭同学对本庭审程序环节的组织掌控能力。

（6）实验项目演练完毕后先由学生对项目演练情况作自评、他评，再由指导教师点评、总结和打分评定成绩，记入实验记录表中。

六、实验素材（略，教师自备）

实验项目五　评议和宣判

一、实验程序环节

刑事案件第一审普通程序中"评议和宣判"阶段的组织和掌控。

二、实验目的

通过实验合议庭"评议和宣判"项目，让学生知悉合议庭进行"评议和宣判"的基本原理、原则，初步实践并掌握合议庭"评议和宣判"的基本技能技巧。也即实验法官在庭审调查和庭审辩论的基础上，如何对经法庭审理呈现出来的案件事实、证据和法律适用问题进行讨论、分析、判断并形成判决，以及如何作出宣判的技能技巧。

三、实验基本原理

(一) 评议和宣判的程序规定

1. 评议与判决、裁定

评议是合议庭成员在法庭审理的基础上,对案件事实和证据进行分析和判断,并依法对案件作出处理决定的诉讼活动。

《刑事诉讼法》第 200 条规定,在被告人最后陈述后,审判长宣布休庭,合议庭进行评议,根据已经查明的事实、证据和有关的法律规定,分别作出以下判决:

(1) 案件事实清楚,证据确实、充分,依据法律认定被告人有罪的,应当作出有罪判决;

(2) 依据法律认定被告人无罪的,应当作出无罪判决;

(3) 证据不足,不能认定被告人有罪的,应当作出证据不足、指控的犯罪不能成立的无罪判决。

人民法院在判决中,应当对查封、扣押、冻结的财物及其孳息的处理作出决定。

最高人民法院《刑诉法解释》第 240—244 条对此做出了更具体的规定:

(1) 合议庭应当根据已经查明的事实、证据和有关法律规定,并在充分考虑控辩双方意见的基础上,进行评议,确定被告人是否有罪、应当追究刑事责任;构成何罪,应否处以刑罚;判处何种刑罚;有无从重、从轻、减轻或者免除处罚的情节;附带民事诉讼如何解决;赃款赃物如何处理等,并依法作出判决、裁定。具体为:

①起诉指控的事实清楚,证据确实、充分,依照法律认定被告人的罪名成立的,应当作出有罪判决。

②起诉指控的事实清楚,证据确实、充分,指控的罪名与人民法院审理认定的罪名不一致的,应当按照审理认定的罪名作出有罪判决。

③案件事实清楚,证据确实、充分,依据法律认定被告人无罪的,应当判决宣告被告人无罪。

④证据不足,不能认定被告人有罪的,应当以证据不足,指控的犯罪不能成立,判决宣告被告人无罪。

⑤案件部分事实清楚,证据确实充分,应当依法作出有罪或无罪判决;对事实不清,证据不足部分,依法不予认定。

⑥被告人因不满 16 周岁,依法不予刑事处罚的,应当判决宣告被告人不负刑事责任。

⑦被告人是精神病人，在不能辨认或不能控制自己行为时造成危害结果，依法不予刑事处罚，应当判决宣告被告人不负刑事责任。

⑧犯罪已过追诉时效期限，并且不是必须追诉，或者经特赦令免除刑罚的，应当裁定终止审理。

⑨被告人死亡，应当裁定终止审理；对于根据已查明的案件事实和认定的证据材料，能够确认被告人无罪的，应当判决宣告被告人无罪。

（2）在宣告判决前，人民检察院要求撤诉的，人民法院应当审查人民检察院撤回起诉的理由，并作出是否准许的裁定。

（3）人民法院在审理中发现新的事实，可能影响定罪的，可以建议人民检察院补充或者变更起诉；人民检察院不能同意的，人民法院应当就起诉指控的犯罪事实，依照最高人民法院《刑诉法解释》第241条的有关规定依法作出裁判、裁定。

（4）依照该最高人民法院《刑诉法解释》第181条第1款第4项受理的案件，依法作出判决时，人民法院对于前案依据2012年《刑事诉讼法》第195条第3项①作出的判决，不予撤销。但应当在判决中写明："被告人×××曾于×年×月×日被人民检察院以××罪向××人民法院提起公诉，因证据不足，指控的犯罪不能成立，被××人民法院依法宣告无罪。"

2. 宣判

根据最高人民法院《刑诉法解释》第247条、第248条规定进行宣判。

宣判是人民法院将裁判的内容向当事人和社会公开宣告，使当事人和广大群众知道人民法院对案件的处理决定。不论庭审是否公开进行，宣判都必须公开。

《刑事诉讼法》第202条、第203条规定，判决宣告，一律公开进行。宣判方式有当庭宣判和定期宣判两种。当庭宣告判决的，应当在5日以内将判决书送达当事人和提起公诉的人民检察院；定期宣告判决的，合议庭应当在宣判前，先期公告宣判的具体时间和地点，传唤当事人并通知公诉人、法定代理人、辩护人和诉讼代理人；合议庭在定期宣判后应当立即将判决书送达提起公诉的人民检察院、当事人、法定代理人、辩护人、诉讼代理人，并可以送达被告人的近亲属。判决生效后，还应当送达被告人的所在单位或者原户籍所在地的公安派出所，或者被告单位的注册登记机关。

宣告判决时，法庭内全体人员应当起立。宣判时，公诉人、辩护人、诉讼代理人、被害人、自诉人或者附带民事诉讼的原告人未到庭的，不影响宣

---

① 此条文序号在2018年《刑事诉讼法》中为第200条第3项之规定。

判的进行。判决书应当由审判人员和书记员署名,并且写明上诉的期限和上诉的法院。

(二)评议和宣判的技能要求

1. 评议时的注意事项

(1)评议应在庭审结束后5个工作日内秘密进行,评议过程和内容不对外公开。

(2)评议由审判长主持,合议庭成员应充分发表意见,针对评议的每一个问题。审判长一般最后发表意见,以防止审判长率先定调而其他成员附和的情况出现,但在司法实践中往往出现审判长先发言的情况,应予纠正。

(3)评议的主要内容是案件事实是否清楚,证据是否确实、充分,根据刑法分则规定如何正确对被告人的行为定性,根据案件事实如何依照法律准确量刑。

(4)评议时要注意被告人承担刑事责任的前提条件,如是否属于告诉才处理而没有告诉;被告人是否系限制行为能力;是否已达刑事责任年龄;是否有其他法律、法规规定免于追究刑事责任的各种情形,包括案件是否属于本院管辖等。

(5)评议依据的事实和证据必须是经法庭查证属实的事实和证据,未经法庭调查核实的事实与证据不得作为评议的依据;评议时应当认真考虑被告人、辩护人提出的辩护意见。

(6)评议结果要有决议和理由,并制作评议笔录,合议庭成员应当在评议笔录上签名。

(7)评议后的表决实行少数服从多数原则,但少数人的意见应写入笔录,书记员只做记录,不参与讨论与表决。

(8)案件经过审判委员会讨论的,合议庭必须执行审判委员会的决定。

(9)合议庭成员应当在判决书、裁定书等法律文书上署名。

2. 宣判时的注意事项

(1)现行审判体制和法官素质造成了当庭宣判数量极少的不正常现状,因此,要做到能当庭宣判的尽量当庭宣判。

(2)当庭宣判为口头宣判的,审判长应口头交代被告人的上诉权问题,以及上诉的期限和上诉的法院。

(3)在定期宣判上应做到操作规范。如,必须先期公告宣判时间和地点;必须由合议庭成员宣判,不得由书记员代宣;应在法庭上宣判,而不是到看守所中宣判。

(4)宣判时,应当由书记员制作宣判笔录。

四、实验内容演示

实验内容演示 1. 合议庭评议

示例:

××省××市中级人民法院

合议庭评议笔录

案由:许某犯盗窃罪一案

时间:2007年8月31日

地点:××市中级人民法院刑二庭

合议庭成员:审判长×某、审判员甲、审判员乙

书记员:×××

记录如下:

审判长×某:被告人许某盗窃罪一案已开庭审理完毕,今合议庭就本案的定罪量刑及法律适用进行合议。本案的大致情况二位都清楚,我不再做过多的陈述,请你们先发表意见。

审判员甲:就我个人对此案的分析,我认为公诉机关指控的许某盗窃罪名成立,其行为已构成盗窃金融机构且盗窃数额特别巨大,依法本应适用"无期徒刑或死刑,并处没收财产"的刑罚。但考虑本案的社会危害性并不大以及犯罪的偶然性,我认为应该在法定刑之下进行处罚。鉴于辩护人提交了许某事后与家人积极筹钱准备退还银行的证据,可以认定许某有悔过表现,我觉得具体可以判处其五到十年有期徒刑并处以相应的罚金。

审判员乙:我也认为盗窃罪名成立,但对于甲的量刑意见我并不十分同意,我认为许某在第一次之后的170次取钱中都有主观恶意,并且具体实施了秘密窃取的行为,从主客观方面可以认定其构成盗窃金融机构,其行为虽有偶然性但也有很大的社会危害性。所以我觉得不应该在法定刑之下定罪处罚,应坚持罪刑法定,判处其无期徒刑。

审判员甲:我不同意乙的量刑意见,判处无期徒刑过于严厉。许某盗窃案因其存在特殊的社会性,也必须考虑其社会影响性。其行为应从以下两点考虑:一是许某的盗窃犯意和取款行为与有预谋、有准备的盗窃犯罪相比,主观恶性相对较小;二是许某利用自动柜员机出现异常窃取款项,与采取破坏性手段盗取钱财相比,犯罪情节相对较轻。

审判长×某:我同意盗窃罪罪名的认定,但根据许某的犯罪的具体情节及认罪表现以及辩护人提出的被告人许某系初犯,主观恶意不是很大,社会危害性相对较轻且有悔过表现的意见。我的意见是判处有期徒刑十三年,并

处罚金三万。看两位的意见。

审判员甲：同意以上量刑意见。

审判员乙：我坚持自己的意见。

审判长×某：好，根据合议庭合意，采取少数服从多数的原则。形成以下意见：被告人许某犯盗窃罪，判处有期徒刑十三年，并处罚金三万，追缴被告人许某的犯罪所得173826元，发还受害单位。以上意见报主管院长同意后下判。

实验内容演示 2. 合议庭宣判

示例1. 合议庭进行宣判

（书记员步入审判庭）

书记员：请审判长、审判员入庭。

（合议庭成员步入审判席，落座）

审判长：（敲法槌）现在继续开庭。提被告人孟×、何××到庭。

审判长：通过刚才的法庭审理，本法庭听取了被告人孟×、何××的供述、辩解以及最后陈述，公诉人提请的证人当庭做了证，公诉人向法庭宣读出示了有关的证据材料，控辩双方对证据进行了质证，并在法庭辩论阶段充分阐述了各自的辩论意见，合议庭对本案进行了认真评议。合议庭经评议认为，证人当庭所说证言及公诉人当庭出示宣读的未到庭的证人证言等证据材料形式来源合法，内容相互印证，能够作为定案依据，本院予以确认。

本院认为，被害单位ML公司作为T×公司、WY公司的代销商，其账户内的Q币和游戏点卡对应着其在现实生活中享有的财产，一旦失窃便意味着所有人丧失了对这些财产的占有、使用、收益和处分的全部财产权利。被告人孟×、何××以非法占有为目的，通过互联网共同窃取ML公司价值人民币25948.96元的Q币和游戏点卡，侵犯了ML公司的财产权利，构成盗窃罪，且盗窃数额巨大。公诉机关指控孟×、何××犯盗窃罪的事实清楚，证据确凿、充分，罪名成立，依法应当对孟×、何××予以刑事处罚。孟×、何××是初犯、偶犯，到案后能如实坦白自己的犯罪事实，在家属帮助下退赔了ML公司的全部损失，且何××还有自首、立功表现，依法均可从轻处罚。辩护人关于二被告人犯罪情节较轻、确有认罪悔罪表现、依法可适用缓刑的辩护意见，应予采纳。依照《中华人民共和国刑法》第264条和第64条规定，判决如下：

[书记员：请全体起立！（合议庭成员也起立）]

审判长（宣判）：

一、被告人孟×犯盗窃罪，判处有期徒刑三年，缓刑三年，并处罚金人民币三千元；二、被告人何××犯盗窃罪，判处有期徒刑一年六个月，缓刑一年六个月，并处罚金人民币二千元；三、扣押在案的被告人孟×犯罪所用的电脑硬盘 3 块和 725 号牡丹卡，予以没收。

宣判完毕！（敲法槌）

审判长：本判决为口头宣判，判决书将在五日内向你们送达，如不服本判决，可在接到判决书的第二日起十日内通过本院或者直接向××市中级人民法院提出上诉，书面上诉的应提交上诉状正本一份副本两份。被告人你们听清楚了吗？

被告人：听清楚了。

审判长：是否上诉？

被告人：不上诉。

审判长：各诉讼参与人，应当阅看核对庭审笔录。……确认无误后，应在笔录上签名。

审判长：现在宣布闭庭。把被告人孟×、何××带出法庭。（敲法槌）

书记员：请审判长、审判员退庭……现在散庭。

示例 2：制作合议庭宣判笔录

×××市×××区人民法院

宣判笔录

（刑事案件专用）

时间：×××年×××月×××日 10 时 30 分至 10 时 40 分

地点：×××区人民法院第 1 审判法庭

审判长：李成

人民陪审员：杨远

人民陪审员：苏鹏

书记员：赵燕

到庭的公诉人：郭蓉蓉

到庭的当事人和其他诉讼参与人：

被告人成敏，男，1965 年 9 月 1 日出生于四川成都市，身份证号码：××××××××××××××××，汉族，初中文化，无业，住成都市×××区×××街×号×栋×单元×号，2007 年 4 月 10 日因诈骗罪被判处拘役 6 个月，2007 年 7 月 7 日刑满释放。2008 年 12 月 3 日因涉嫌诈骗犯罪被成都市公安局××区分局刑事拘留，2009 年 1 月 6 日被逮捕，现羁押于××市看守所。

记录如下：

审判长：现在继续开庭，公诉机关出示的证据有：被害人李某某、王某某、曾某、刘某某、苏某某、魏某某、罗某、谢某某、龚某、唐某某、熊某的陈述，证人南某某、黄某某、张某的证言，被告人成敏的供述和辩解，辨认笔录，被告人指认作案现场照片，公安机关出具的"挡获经过"等证据证实，足以认定。

本院认为，被告人成敏以非法占有为目的，采用虚构事实的方法，骗取他人财物，数额巨大，其行为已构成诈骗罪。被告人成敏因诈骗罪被挡获后，主动交代了公安机关尚未掌握的其他诈骗罪行，与公安机关已掌握的罪行属同种罪行，且罪行较重，依照《最高人民法院关于处理自首和立功具体应用法律若干问题的解释》第4条之规定，一般应当从轻处罚。公诉机关指控被告人成敏诈骗的基本事实清楚，罪名成立，予以支持。

审判长宣读×××区人民法院2009年4月29日（2009）刑初字第×××号刑事判决书。判决如下：

一、依照《中华人民共和国刑法》第266条、第52条、第53条和《最高人民法院关于处理自首和立功具体应用法律若干问题的解释》第4条之规定，被告人成敏犯诈骗罪，判处有期徒刑三年，并处罚金人民币5000元。

二、依照《中华人民共和国刑法》第64条的规定，被告人成敏违法所得的一切财物，应当予以追缴或者责令退赔；对被害人的合法财产，应当及时返还。

如不服本判决，可在接到判决书的第二日起十日内，通过本院或者直接向成都市中级人民法院提出上诉，书面上诉的，应当提交上诉状正本一份，副本二份。

审判长：被告人你是否上诉？

被告人：不上诉。（说明：由被告人填写此内容）

审判长：各诉讼参与人应当阅看核对庭审笔录。……确认无误后，应在笔录上签名。

审判长：现在闭庭，法警将被告人带出法庭。（敲法槌）

被告人成敏　2009.4.29.（签名）
宣判人李　成（签名）
书记员赵　燕（签名）

五、实验步骤、方法与要求

（1）先由指导老师向法官组同学集中讲解评议和宣判的基本原理和法律规定、技能要求，以使学生掌握实验的步骤和要点。

（2）指导教师通过示例对评议和宣判项目作实验演示。

（3）指导教师根据实验素材指导学生认真研读实验材料，把握该案件经过审理后的总体情况，初步拟定各自的评议意见，了解把握进行合议庭评议的规律和要领。担任审判长的同学了解掌握法庭宣判的技能要领，就可能存在的问题及时与指导教师进行交流。

（4）每三位同学组成一个合议庭进行评议和宣判演练时，应运用相关技能进行分析、发言、讨论、记录和宣判，其他同学可进行观摩。

（5）法官组的每一位同学均要担任一次审判长的角色来主持评议和宣判，合议庭成员随机搭配；每一位同学至少要有一次作为书记员的演练。

（6）实验项目演练完毕后先由学生对项目演练情况作自评、他评，再由指导教师点评、总结和打分评定成绩，记入实验记录表中。

六、实验素材（略，指导教师准备）

实验项目六　庭审突发事件的处理

一、实验程序环节

刑事案件第一审普通程序中对"突发性事件"的处理。

二、实验目的

通过实验庭审过程中合议庭和审判长面对突发性事件的处理项目，让学生了解刑事庭审进程中可能出现的与审前预案不一致的情形，并初步实践应对与控制庭审中的意外情况，以确保庭审顺利进行的技能技巧。

三、实验基本原理

这里所说的"庭审中的突发事件"，主要是指在常规的审判流程中不常出现的偶发性诉讼程序事项，如被告人及其辩护人当庭申请回避、申请不公开审理、要求提交新证据、拒绝辩护、声称曾遭受刑讯逼供等。虽然刑事诉讼法设置了庭前会议制度可以用于解决前述事项，但并未强制规定这些事项只能在庭前会议阶段解决，因此当事人仍有可能在庭审开始后临时提出，也就仍需要合议庭和审判长及时作出程序性决定。当然，法庭上出现的违反法庭纪律或规则的言行也需由合议庭当庭决断。而"在押解、看管、值庭、安检过程中发生的"需要由司法警察处置的危及现场秩序和人员人身财产安全的意外事件,如被告人脱逃、袭警或旁听人员冲击法庭等,① 不在此列。

(一) 一方临时提出回避申请的处理

1. 程序规定

根据《刑事诉讼法》、最高人民法院《刑诉法解释》以及《最高人民法院关于审判人员在诉讼活动中执行回避制度若干问题的规定》(以下简称:《回避规定》)之规定:

(1) 审判委员会委员、合议庭组成人员及独任审判员符合相关法律和司法解释所列情形之一的,② 当事人及其法定代理人、辩护人、诉讼代理人有权申请其回避。③

(2) 在宣布开庭后,应当将合议庭组成人员、公诉人员、书记员的姓名、职务等相关信息依法告知当事人及其法定代理人、辩护人、诉讼代理人,并告知其有申请回避的权利。

(3) 当事人及其法定代理人、辩护人、诉讼代理人申请审判人员回避的,可以口头或者书面提出,由院长决定。

(4) 当事人及其法定代理人、辩护人、诉讼代理人申请院长回避的,应当由审判委员会讨论决定。审判委员会讨论院长回避问题时,由副院长主持,院长不得参加。

(5) 依照《刑事诉讼法》第30条规定提出回避申请的,申请人应当提供证明材料。

(6) 被决定回避的人员对决定有异议的,可以在恢复庭审前申请复议一次;被驳回回避申请的当事人及其法定代理人、辩护人、诉讼代理人对决定有异议的,可以当庭申请复议一次。

(7) 不属于《刑事诉讼法》第29条、第30条所列情形的回避申请,由法庭当庭驳回,并不得申请复议。

(8) 当事人及其法定代理人对出庭的检察人员、书记员提出回避申请的,人民法院应当通知指派该检察人员出庭的人民检察院,由该院检察长或

---

① 王少波:《人民法院司法礼仪手册》,中国法制出版社2010年版,第103页。

② 关于应当回避的情形,参见《刑事诉讼法》第29、第30条、第31条和第32条的规定,最高人民法院《刑诉法解释》第23条和第31条的规定,《回避规定》第1条、第2条和第3条的规定。

③ 在《法官法》《检察官法》上,还有另一种形式的回避,即"任职回避",《回避规定》第8条、第9条对此也有规定。而在《最高人民法院关于对配偶子女从事律师职业的法院领导干部和审判执行岗位法官实行任职回避的规定(试行)》中,对任职回避作出了更为严厉的规定。虽然相关规定并未明示当事人是否可以对违反任职回避规定的司法人员提出回避申请,但基于回避制度构建的基本法理,我们认为应当同理视之。

者检察委员会决定。

（9）上述有关回避的规定，同样适用于人民陪审员、法庭书记员、翻译人员和鉴定人，其回避问题由人民法院院长决定。

2. 技能要求

（1）开庭时，审判长应分别询问当事人及其法定代理人、辩护人、诉讼代理人是否申请回避，申请何人回避和申请回避的理由，如果无人申请，则继续庭审。

（2）对于当事人及其法定代理人、辩护人、诉讼代理人当庭提出回避申请的，如果合议庭认为其申请回避的理由符合法定情形的，审判长应宣布休庭（延期审理），然后按规定将该申请交由相关个人或组织审查决定。

（3）有回避决定权的个人或组织对回避申请进行全面审查后，无论是否同意该回避申请，都应当通过合议庭向申请人宣布其决定，不同意其申请的，还应告知其有申请复议的权利。

（4）如果申请回避的当事人当庭申请复议，合议庭应当宣布休庭。待作出复议决定后，决定是否继续法庭审理。

（5）同意或者驳回回避申请的决定及复议决定，由审判长宣布，并说明理由。必要时，也可由法院院长到庭宣布。

（6）根据《刑事诉讼法》的规定，针对法庭书记员、翻译人员、鉴定人的回避申请，也需由法院院长决定，而不是由审判长决定，这与《民事诉讼法》的规定不同，应注意区分。

这里需要特别指出的是，当事人提出的回避理由只要符合法定情形，无论该理由是否成立，合议庭都必须休庭，并交由相关个人或组织审查决定，而无权当庭作出处理决定；只有当申请回避的理由不符合法定情形时，合议庭才有权在向申请人说明缘由后当庭驳回其申请，继续审理。实践中应谨防出现错误的越权处理方式。

（二）当事人申请不公开审判的处理

《刑事诉讼法》和最高人民法院《刑诉法解释》之规定有：

1. 程序规定

（1）人民法院审判第一审案件应当公开进行。但是有关国家秘密或者个人隐私的案件，不公开审理；涉及商业秘密的案件，当事人申请不公开审理的，可以不公开审理。

（2）当事人提出案件涉及个人隐私或者商业秘密的，人民法院应当综合当事人意见、社会一般理性认识等因素，必要时征询专家意见，在合理判断基础上作出决定。

（3）不公开审理的案件，应当当庭宣布不公开审理的理由。

（4）依法不公开审理的案件，任何公民包括与审理该案无关的法院工作人员和被告人的近亲属都不得旁听。

2. 技能要求

（1）我国《刑事诉讼法》并未规定不公开审理程序由谁提起，目前司法实践中的做法都是由法院依职权提起。但是，对于自己隐私权的保护最为关切的是当事人本身，实践中，由于法庭的疏忽，不应公开审判而公开审判，或者在法官对不公开审判有自由裁量权，当事人对于公开审理的决定感到不合理时，都有权利向法庭提出不公开审理的要求。

因此，法庭接到当事人不公开审理的申请后，应询问其理由。如果符合不公开审理的法律规定时，应决定不公开审理，将公开审理立即转入不公开审理。如果不符合不公开审理的法律规定时，应驳回申请，并说明理由，继续公开审理。如果一时难以决断，可以宣布休庭。

（2）不公开审理既可以是整个审判过程不公开审理，也可能是对一部分审判内容不公开审理。比如，被告人触犯数个罪，若只有非主要罪行涉及个人隐私，则因为这些罪行往往出自被告人自行供述，其被害人或证人多不出庭参加诉讼，因此大多不适用个人隐私条款，即便其情节确实不宜公开审理，亦只需对该罪行部分不公开审理。①

因此，如果出现需要部分不公开审理情形的，审判长应当庭宣布理由，并要求旁听人员退庭，将公开审理转入不公开审理；待不公开审理部分结束后，再作出宣布，重新允许旁听。

（三）庭审中要求提供新证据

《刑事诉讼法》和最高人民法院《刑诉法解释》之规定有：

1. 程序规定

（1）法庭审理过程中，当事人和辩护人、诉讼代理人有权申请通知新的证人到庭，调取新的物证，申请重新鉴定或者勘验。

（2）审判长应当告知当事人、法定代理人在法庭审理过程中依法享有申请通知新的证人到庭、调取新的证据、重新鉴定或者勘验、检查的权利。

（3）当事人和辩护人申请通知新的证人到庭，调取新的证据，申请重新鉴定或者勘验的，应当提供证人的姓名、证据的存放地点，说明所要证明的案件事实，要求重新鉴定或者勘验的理由。审判人员根据具体情况，认为可

---

① 参见张帅：《论刑事诉讼中的不公开审判及其规制——以个人隐私为视角》，载《法律适用》，2010年Z1期，第63页。

能影响案件事实认定的,应当同意该申请,并宣布延期审理,延期审理的时间不计入审限。不同意的,应当告知理由并继续审理。

(4) 公诉人要求出示开庭前送交人民法院的证据目录以外的证据,辩护方提出异议的,审判长如认为该证据确有出示的必要,可以准许出示;但如果辩护方提出对新的证据质证要做必要准备时,可以宣布休庭,并根据具体情况确定辩护方做必要准备的时间。确定的时间期满后,应当继续开庭审理。

2. 技能要求

(1) 审判长在开庭阶段就应当告知当事人和辩护人、诉讼代理人享有提供新证据的权利。

(2) 如果被告人、辩护人当庭申请通知新的证人到庭,调取新的证据时,应当问清理由。如果与定罪量刑相关的,征求公诉人的意见后,宣布延期审理。如果与定罪量刑无关或无理取闹,应告之已记录在案,驳回申请,继续审理。

(3) 对辩护人要求重新鉴定的,法官应当问清理由,然后区别不同情况予以处理。如果有鉴定人出庭的应请鉴定人发表意见,解释理由充分的继续审理;如果鉴定人未出庭而辩护人的意见合理或有合理因素,可能影响定罪量刑的,可征求公诉人意见后,宣布延期审理。

总之,当控、辩一方或双方提出新的证据,法庭认为与案件有关的,都应当允许。不过对方认为需要进行质证准备的,法庭应当决定休庭。

(四) 被告人或辩护人提出拒绝辩护之要求

《刑事诉讼法》、最高人民法院《刑诉法解释》和《中华人民共和国律师法》的相关规定有:

1. 程序规定

(1) 在审判过程中,被告人可以拒绝辩护人继续为他辩护,也可以另行委托辩护人辩护。

(2) 被告人当庭拒绝辩护人为其辩护,合议庭应当准许,记录在案并继续审理;若被告人要求另行委托辩护人,合议庭应当同意,记录在案并宣布延期审理;若被告人申请法律援助机构另行指派律师为其提供辩护,合议庭同意的,应当宣布延期审理。

(3) 拒绝辩护的被告人具有应当指定辩护情形的(属盲、聋、哑人,或者是尚未完全丧失辨认或者控制自己行为能力的精神病人,或者可能被判处无期徒刑、死刑,或开庭审理时不满十八周岁的未成年人),合议庭应查明其拒绝辩护的原因,有正当理由的,应当准许,但被告人需另行委托辩护人,或者人民法院应在三日内通知法律援助机构另行指派律师为其提供辩护。

(4) 重新委托或指定辩护后,开庭后被告人再次当庭拒绝辩护的,合议庭应当分情形作出处理:

①被告人是成年人的,可以准许,但被告人不得再另行委托辩护人,人民法院也不再另行指定辩护律师,被告人只能自行辩护;

②被告人是盲、聋、哑人,或者是尚未完全丧失辨认或者控制自己行为能力的精神病人,或者可能被判处无期徒刑、死刑,或开庭审理时不满十八周岁的未成年人的,不予准许。

(5) 对于委托事项违法、委托人利用律师提供的服务从事违法活动或者委托人故意隐瞒与案件有关的重要事实的,律师有权拒绝辩护。

(6) 对于辩护人依照有关规定当庭拒绝继续为被告人进行辩护的,合议庭应当准许。如果被告人要求另行委托辩护人,合议庭应当宣布延期审理,由被告人另行委托辩护人或者由人民法院通知法律援助机构为其另行指派辩护律师。

(7) 因拒绝辩护而需另行委托、指定辩护人或者辩护律师的,自案件宣布延期审理之日起至第十日止,准备辩护的时间不计入审限。

2. 技能要求

(1) 拒绝辩护权只能由被告人本人行使,其他任何人不能代替被告人拒绝辩护人继续辩护,法定代理人也不例外,因此,合议庭在作出决定前应当当庭核实确认被告人本人的意见。

(2) 普通被告人拒绝律师辩护,法律上并不要求其提供明确的理由作为合议庭是否准许的依据;而属于指定辩护情形的被告人拒绝辩护时,则需要提供正当理由,否则不予准许。

(3) 被告人有两名辩护人,而只拒绝其中一名辩护人为其辩护的,则不影响审理继续进行。

(4) 被告人提出拒绝辩护的要求后,即使符合法律规定,审判长也应向被告人讲明拒绝辩护可能给其造成的不利后果,以帮助被告人做出理性的决定。

(5) 拒绝辩护后,被告人更换辩护人的,合议庭必须给予新辩护人必要的准备辩护的时间,这个期限自延期审理之日起一般不能少于 10 日。

(五) 被告人提出在庭前受到刑讯逼供

被告人以侦查期间遭受刑讯逼供而当庭翻供的情况在我国以往的刑事审判过程中并不鲜见。过去遇到这种情况,合议庭经常以被告人口说无凭为由，拒绝就此进行调查。但显然，让身陷囹圄的被告人举证证明侦查机关有刑讯逼供行为，缺乏法理上的正当性和现实中的可能性。因此，2010年以来我国新构建的非法证据排除程序具有重大的理论和实践意义。但是，作为一个新生事物，我国目前对非法证据排除程序的相关规定还比较简单粗略，模糊乃至缺失之处仍十分明显，比如刑讯逼供是否存在的具体认定标准以及非法证据的证明标准，非法证据是当庭认定即排除还是审毕合议后认定才排除，等等。此外，我国司法体制上的诸多缺陷、公检法三机关相互关系的现状以及重实体轻程序的传统观念，都严重制约着非法证据排除程序的正常运转。因此，实践中的非法证据排除程序究竟如何操作为妥，仍然处于逐渐地摸索与积累经验之中，广大司法人员也应当在实践中不断探索完善之。

1. 程序规定

《刑事诉讼法》、最高人民法院《刑诉法解释》以及"两高三部"《关于办理刑事案件排除非法证据若干问题的规定》之相关规定有：

（1）被告人及其辩护人在开庭时即提出被告人审判前供述是非法取得的，法庭在公诉人宣读起诉书之后，应当先行当庭调查取证的合法性问题。法庭调查结束前，被告人及其辩护人提出被告人审判前供述是非法取得的，法庭也应当进行调查。

（2）被告人及其辩护人提出被告人审判前供述是非法取得的，法庭应当要求其提供涉嫌非法取证的人员、时间、地点、方式、内容等相关线索或者证明材料。

（3）经审查，法庭对被告人审判前供述取得合法性有疑问的，应当进行取证合法性调查；认为没有疑问的，应当当庭说明情况和理由，继续法庭审理。

（4）对取证合法性的调查，根据案件具体情况，可以在当事人提出排除非法证据申请后即进行，也可以在法庭调查结束前一并进行。

（5）经审查，法庭决定对取证合法性进行调查的，可以要求公诉人向法庭提供讯问笔录、原始的讯问过程录音录像或者其他证据，通知讯问时其他在场人员或者其他证人出庭作证，仍不能排除刑讯逼供嫌疑的，提请法庭通知讯问人员出庭作证，对该供述取得的合法性予以证明。

（6）控辩双方可以就被告人审判前供述取得的合法性问题进行质证、辩论。

（7）法庭对于控辩双方提供的证据有疑问的，可以宣布休庭，对证据进行调查核实。必要时，可以通知检察人员、辩护人到场。

（8）庭审中，公诉人当庭不能举证的，或公诉人为提供新的证据需要补充侦查，建议延期审理的，法庭应当同意。

（9）被告人及其辩护人申请通知讯问人员、讯问时其他在场人员或者其他证人到庭，法庭认为有必要的，可以宣布延期审理。

2. 技能要求

（1）审判人员应站在尊重和保障人权和防止冤假错案的高度上，从思想上正确认识非法证据排除程序的意义，摒除对被告人审前供述真实性过分盲从的思维定式。

（2）对于当庭提出遭受了刑讯逼供而翻供的被告人，法官不能视而不见、充耳不闻，应高度重视，具体问题具体分析，理性、客观地视情况决定是否启动非法证据排除程序。

①首先应告知当事人放下思想包袱、讲出实情，并认真而耐心地倾听被告人及其辩护人的相关陈述，不宜粗暴打断其发言以失中立，对于确有相关线索和材料显示可能存在刑讯逼供的，应果断启动该程序。

②应注意区分非法证据排除程序的启动和审查是两个不同的阶段。被告人及其辩护人对启动该程序只承担形式上的责任，即提供涉嫌非法取证的人员、时间、地点、方式、内容等相关线索或者材料即可；至于被告人或辩护人所提供的线索或材料是否达到了足以对审前供述取证手段合法性产生疑问的程度，是该程序启动后合议庭才审查的实质内容。

③如果合议庭经过对上述线索或材料的审查，对审前供述取得的合法性产生了疑问，就应当要求控方对证据的合法性问题予以证明，因此，非法证据排除程序的启动条件并非要求辩方以确实、充分的证据来证明存在非法取证的事实，否则就又回到原来的老路上去了。

（六）发生违反法庭规则与秩序的言行

法官应努力创造良好的庭审环境，维护法庭秩序。为此，法官应及时制止各种违反法庭秩序的行为，并尽量防止庭外因素的干扰。

1. 程序规定

（1）最高人民法院《刑诉法解释》第 250 条、第 252 条规定，在法庭审理过程中，诉讼参与人或者旁听人员扰乱法庭秩序的，审判长应当按照下列情形分别处理：

①情节较轻的，应当警告制止并进行训诫；

②不听制止的，可以指令法警强行带出法庭；

③情节严重的，报经院长批准后，可以对行为人处 1000 元以下的罚款或者十五日以下的拘留；

④未经许可录音、录像、摄影或者通过邮件、博客、微博客等方式传播

庭审情况的,可以暂扣存储介质或者相关设备。

⑤聚众哄闹、冲击法庭或者侮辱、诽谤、威胁、殴打司法人员或者诉讼参与人,严重扰乱法庭秩序,构成犯罪的,应当依法追究刑事责任。

(2)《人民法院法庭规则》规定:

①审判长或独任审判员对违反法庭纪律的人员应当予以警告;对不听警告的,予以训诫;对训诫无效的,责令其退出法庭;对拒不退出法庭的,指令司法警察将其强行带出法庭。行为人违反《人民法院法庭规则》第17条第1款第4项规定的,人民法院可以暂扣其使用的设备及存储介质,删除相关内容。

②对哄闹、冲击法庭;侮辱、诽谤、威胁、殴打司法工作人员或诉讼参与人;毁坏法庭设施,抢夺、损毁诉讼文书、证据等,危及法庭安全或扰乱法庭秩序的,根据相关法律规定,予以罚款、拘留;构成犯罪的,依法追究其刑事责任。

2. 技能要求

(1)法官应当倡导文明用语,禁止对公诉人、辩护人等进行不涉及案情的人身攻击。

(2)法官应在庭前做好当事人的工作,如劝慰被害人避免在庭上有过激的语言或举动,被害人家属尽量保持克制等,以保障庭审不受非法律因素干扰而顺利进行。

(3)对于法庭上当事人亲属或其他群众可能闹事的,一般应事先根据不同的案情要有所预见。

(4)当事人在法庭审判过程中如有过激行为时,法官应及时制止。如果当事人情绪失控,对法庭使用不礼貌用语,法官应尽量克制,首先进行劝慰,经劝慰无效而严重影响庭审顺利进行的,则视情形依法处罚。

(5)如果控辩双方因观点不同争吵不休,或者发言内容与案件无关或者损害他人,但却不听法庭制止而与法庭无理争辩,严重影响法庭威严或妨害审判顺利进行的,审判长可宣布休庭,对违规人员依法进行处罚。"如需要也可以通报给违规人员的所属单位或主管部门,协助法院进行处理"。[①]

(6)旁听群众闹事的,应按照法庭纪律责令旁听群众自觉遵守,如个别旁听人员不听劝阻,责令法警将该旁听人带出法庭。如果影响了庭审,应及时宣布休庭,指令法警一方面及时平息事态,一方面注意将被告人安全回押。

---

① 赵日新:《庭审驾驭能力培训读本(刑事卷)》,人民法院出版社2005年版,第61页。

四、实验内容演示

示例1.

审判长：上海市杨浦区人民法院刑事审判第一庭，依照《中华人民共和国刑事诉讼法》第188条的规定，本院今天在这里依法公开开庭审理由上海市杨浦区人民检察院提起公诉的被告人杨坚琪、史庆故意伤害暨附带民事诉讼原告人田无忌诉杨坚琪、史庆民事赔偿一案。

审判长：被告人杨坚琪、史庆，本法庭依照法律规定宣布有关事项：负责审理本案的合议庭由审判员蔡葵、陈雷浩、人民陪审员宋雪晴组成，由蔡葵担任审判长，书记员晏妮担任法庭记录。上海市杨浦区人民检察院指派检察员吴盛源、汪雨蕾出庭支持公诉。附带民事诉讼原告人田无忌及其诉讼代理人杨茂艳出庭参加诉讼。

审判长：根据《刑事诉讼法》第29条、第30条规定，当事人、辩护人、诉讼代理人可以申请合议庭组成人员、书记员、公诉人、鉴定人等回避。申请回避的事由有：(1) 是本案的当事人或者是当事人的近亲属；(2) 本人或者他的近亲属与本案有利害关系的；(3) 担任过本案的证人、鉴定人、辩护人、诉讼代理人的；(4) 与本案当事人有其他关系，可能影响公正处理案件的；(5) 上述人员曾经接受当事人及其委托人的请客送礼，违反规定会见当事人及其委托人的。

审判长：被告人杨坚琪对出庭人员是否申请回避？

杨坚琪：不申请。

审判长：被告人史庆对出庭人员是否申请回避？

史　庆：不申请。

审判长：附带民事诉讼原告人田无忌对出庭人员是否申请回避？

田无忌：我申请审判员陈雷浩回避。

审判长：请向法庭陈述你的申请理由。

田无忌：据我所知，审判员陈雷浩曾接受第二被告人的请客送礼，一起吃过饭。

审判长：出示你的证据。

田无忌：别人曾经亲眼看见后告诉我的。

审判长：请说清楚别人是谁？能否作为证人出庭支持你的说法？

田无忌：是我一个同学告诉我的，我现在联系不上他。

审判长：就是说无法出庭作证。你还有其他证据证明这点吗？

田无忌：没有了，但他告诉我他亲眼看到的。

审判长：被告人杨坚琪、史庆在法庭审理过程中，可以提出证据；申请新的证人到庭、调取新的证据、重新鉴定或者勘验、检查。依照《中华人民共和国刑事诉讼法》之规定，被告人有权获得辩护。除自行辩护外，还可以委托辩护人为自己辩护。受第一被告人杨坚琪的委托，由上海市同济律师事务所律师宋丹丹担任被告人的辩护律师。被告人杨坚琪是否同意宋丹丹担任你的辩护人？

被告人：我同意。

审判长：受第二被告人史庆的委托，由上海市同济律师事务所律师孔颖娇担任被告人的辩护律师。被告人史庆是否同意孔颖娇担任你的辩护人？

被告人：我同意。

审判长：控辩双方在举证时，应当说明所举证据的来源及所要证明的内容。对证人、鉴定人不出庭的，应该说明原因。控辩双方向法庭所交证据，应当提交原件、原物。不能提交原件、原物的，应当说明理由，经法庭同意可以提交副本或者复印件。

审判长：公诉人除了开庭前向法庭提供的证据目录外，还有无新的证据需要在法庭上提出的？

公诉人：没有。

审判长：被告人及其辩护人有无新的证据需要在法庭上提出？

辩护人：没有。

审判长：请法警将两被告人带出法庭。

审判长：现在休庭十分钟，待我院做出是否回避决定后继续开庭。

书记员：全体起立！（待起立后）请审判长、审判员、人民陪审员退庭。

（退庭后）请大家坐下！

（坐下后，书记员退庭）。

（十分钟后，书记员入庭）

书记员：请全体起立！（待起立后）请审判长、审判员、人民陪审员入庭。（入庭后）请大家坐下！（书记员也坐下）

审判长：（敲法槌）现在继续开庭。请法警带两被告人到庭。

审判长：（被告人到庭后）关于附带民事诉讼原告人提出的审判员陈雷浩回避的申请，经合议庭合议报院长审核，现在当庭宣读院长决定。经查附带民事诉讼原告人无明确证据证明审判员陈雷浩与本案第二被告人曾有请客送礼行为，其回避申请缺乏足够理由，故依法驳回。合议庭继续由审判员蔡葵、陈雷浩、人民陪审员宋雪晴组成，由蔡葵担任审判长，书记员晏妮担任法庭记录。

示例 2.

（审判长主持开庭各事项……）

审判长：上述各项权利，被告人听清楚了吗？

李文强：听清了。

审判长：被告人李文强，你是否申请回避？

李文强：我申请审判员强亚玲回避。

审判长：请向法庭陈述你的申请理由。

李文强：据我所知，审判员强亚玲是被害人黄老师的同学。

审判长：你有什么证据吗？

李文强：黄老师给我们代课的时候，有一次我去他办公室补交作业，看见过审判员强亚玲，还听见黄老师说："老同学嘛，客气什么"之类的话。

审判长：请法警将被告人带出法庭。

审判长：现在休庭十分钟，待我院做出决定后继续开庭。

书记员：全体起立！（待起立后）请审判长、审判员退庭。（退庭后）请大家坐下！（坐下后，书记员退庭）。

（十分钟后，书记员入庭）

书记员：请全体起立！（待起立后）请审判长、审判员入庭。（入庭后）请大家坐下！（书记员也坐下）

审判长：（敲法槌）现在继续开庭。请法警带被告人到庭。

审判长：（被告人到庭后）关于被告人李文强提出审判员强亚玲回避的申请，经合议庭合议报院长审核，现在当庭宣读院长决定。经查被害人黄坤与审判员强亚玲确系同学关系，且一直有往来，被告人李文强提出的回避理由符合《中华人民共和国刑事诉讼法》第 29 条第 4 项之规定，本院予以支持。现决定由代理审判员赵虹霞、审判员傅轩、段兴涛组成合议庭，由傅轩担任审判长，书记员辛晓芳担任法庭记录。

审判长：被告人李文强，你是否申请回避？

李文强：我不申请。

示例 3.

审判长：请公诉人继续举证。

公诉人：现在出示上海市公安局杨浦分局于 2011 年 9 月 15 日提取的被告人杨坚琪的作案工具手套一副，证明 2011 年 9 月 14 日晚上被告人就是戴着这手套将被害人田无忌击打受伤。

审判长：请法警将此物证向法庭展示（顺序为附带民诉原告人及诉讼代理人、被告人、辩护人，最后交回公诉人）。

审判长：（待展示毕）被害人及附带民事诉讼原告人田无忌，你对公诉人出示的物证有无异议？

田无忌：没有异议。

审判长：被害人、诉讼代理人有无异议？

杨茂艳：没有异议。

审判长：被告人杨坚琪、史庆对此有无异议？

杨坚琪：有，那手套根本不是我的，是我买来送我女朋友的。案发当晚我根本没有戴过这个手套。

史　庆：我也没有见过他戴这个手套。

审判长：辩护人对此有无异议？

辩护人：有。我怀疑公诉方涉嫌栽赃，提供伪证。

……

审判长：被告人杨坚琪，你是否需要向法庭申请调取新的证据，申请通知新的证人到庭，要求重新鉴定或勘验？

被告人：没有申请。

审判长：辩护人有无上述申请？

辩护人：有。我想申请当庭勘验，证明我当事人无法戴上那只手套。

（合议庭短暂商议）

审判长：好的，请法警将手套交给被告人试戴。

（被告人从法警手中接过手套，试戴，但无法戴上）

审判长：辩护人有无新的申请？

辩护人：没有了。

审判长：法警，请将该证据交还公诉人。

示例 4.

审判长：下面由被告人陈军的辩护人发言。

辩护人：审判长、审判员，根据《刑事诉讼法》的规定的，天盈律师事务所接受本市法律援助中心的指派，指派本律师担任被告人陈军的辩护人。庭前，我查阅了案件的材料，会见了被告人，又参加了今天的法庭调查，现发表如下辩护意见：首先，对公诉人起诉书指控被告人陈军犯有抢劫罪不持异议……（被告人突然发言打断）

被告人：我不同意辩护人的意见！我拒绝他为我辩护！

审判长：被告人陈军，发言必须经过法庭准许！

被告人……

审判长：辩护人，请继续发言。

辩护人：审判长，我虽然对本案的罪名不持异议，但有以下几点需要提出意见。……我的意见发表完毕。

审判长：被告人陈军，你对辩护人的意见有什么要说的吗？

被告人：我不认为我犯罪了，辩护人他为我做有罪辩护，我不同意他再为我做辩护。

审判长：被告人陈军，你自己没有聘请律师，你的律师是法院通知法律援助中心为你指派的，你拒绝他为你辩护的话，你要慎重考虑。

被告人：……那我同意他继续为我辩护……

五、实验要求、步骤及方法

（1）先由指导教师向法官组同学集中讲解庭审突发事件处理的基本原理、法律规定及技能要求，以使其掌握实验的步骤和要点。

（2）指导教师通过示例对庭审突发事件处理项目作实验演示。

（3）指导教师根据实验素材指导学生认真研习实验材料，把握该案件审理进程的总体情况，并就可能存在的认知与理解问题及时与指导老师进行沟通交流。预测庭审突发事件场景与对策，制作处置庭审突发事件的预案。

（4）指导教师根据实验素材指导学生进行庭审突发事件处置的各种技能技巧演练。本项目包含六个分项场景实验，即被告人及其辩护人当庭申请回避；申请不公开审理；要求提交新证据；拒绝辩护；声称曾遭受刑讯逼供以及发生违反法庭规则与秩序的言行等六个分项实验。实验时，每一小组至少应选取其中三个分项进行实验，以达到训练之目的。

（5）法官组同学按照需要模拟的庭审突发事件场景，确定角色分工。法官组的每一位同学均要担任一次审判长的角色来处理庭审突发事件，合议庭成员与其他诉讼参与人随机搭配。实验时，法官组其他同学可观摩学习。法官组每一位同学至少要有一次作为书记员进行记录的训练。

（6）实验项目演练完毕后先由学生对项目演练情况作自评、他评，再由指导教师点评、总结和打分评定成绩，记入实验记录表中。

六、实验素材（略，指导教师自备）

实验操作篇——综合实验

第八章 模拟法庭刑事庭审基本法律技能综合实验

实验项目 刑事庭审一审普通程序综合实验

一、实验程序环节

在各单（分）项实验完成后，由法官组、检察官组、律师组等同时进入模拟法庭场地进行刑事案件第一审普通程序的综合实验，即模拟法庭审案演练。

二、实验的目的

通过此项综合实验，旨在训练学生亲自参与刑事案件审理全过程的技能技巧，以使法官组、检察官组、律师组等学生在单（分）项实验中习得的技能技巧在模拟法庭综合实验中得到进一步的实践检验，使分散的法律学知识得以统合运用。通过本综合实验使学生全面了解掌握公诉人、辩护人、诉讼代理人和审判人员等在庭审程序中的各项工作职责和工作内容。了解、掌握公诉人参加法庭调查、举证质证和进行法庭辩论的技能技巧和公诉文书的写作要求；了解、掌握庭审法官主持掌控整个庭审过程的技能技巧，掌握庭审中出现突发情况的应变处置方法和法院裁判文书的写作要求；了解、掌握刑事辩护人在调查核实案件事实与证据以及运用法律维护被告人合法权益方面的方法和技能技巧，感受和体会作为辩护律师所应具有的高度责任感和维护当事人合法权益的作用；明白刑事被告人、被害人、证人、鉴定人、有专门知识的人等在法庭调查核实案件事实和证据过程中的地位、作用，以及享有的诉讼权利和承担的诉讼义务。通过此项综合实验，使各种诉讼角色熟悉规范化的刑事庭审程序，直接体会参与法庭审判的感受。

通过本实验培养学生作为未来检察官、未来法官的严肃认真的工作态度和作风，客观公正地处理案件的业务素质和能力。培养作为未来律师应具备的严肃认真的工作态度和作风，尽力维护当事人合法权益的职业操守和道德品质，娴熟处理案件的业务素质和能力。

三、实验基本原理

法官组、检察官组、律师组的各单（分）项技能训练，最终是为综合性的法庭审理做准备的，法庭审理是这些训练活动成败的试金石。

1. 公诉人参加庭审承担以下任务：

（1）提起公诉。公诉人的扮演者应当认真审查案件材料和熟悉相关法律规定，制作刑事起诉书并向法院提起公诉。

（2）制作庭审预案。写好对被告人的讯问提纲、举证提纲、质证提纲、辩论提纲、公诉意见书及量刑建议书。

（3）出庭支持公诉，代表国家在法庭上指控犯罪、揭露犯罪和证实犯罪。庭审中的主要诉讼活动有：宣读起诉书；讯问被告人；向法庭举证；对辩方或法庭提出的证据进行质证；发表公诉意见和量刑建议；参加法庭辩论等。

（4）履行庭审监督职责。出席法庭的公诉人对法庭审理案件的全部庭审活动进行法律监督，对违反诉讼程序的行为，应当记明，并在庭审后及时向检察长汇报，以人民检察院的名义向人民法院提出纠正意见。对严重违反程序的行为，提起抗诉。

（5）维护诉讼参与人的合法权利。公诉人在追究犯罪的同时，负有依法维护诉讼参与人合法权利的职责。

（6）结合案情和旁听情况进行法制教育宣传。

2. 法官组织指挥庭审活动。

法官有组织、指挥庭审活动的职责，同时负有查明案件事实真相的义务。法庭中的审理活动是指法官对案件组织审理，指挥控辩双方进行举证、质证、相互辩论等，依职权查明相关案件事实，在审理基础上依法就案件的实体问题或某些程序问题作出公正的裁决。为保证庭审活动顺利、有序和高效地进行，需要法官具有较强的庭审驾驭能力和应变能力。

在庭审综合实验中审判长的职责是：

（1）组织合议庭成员做好庭审前准备工作。审判长需要在开庭前组织合议庭对案件进行讨论和分析，根据模拟审判案件材料准备好审判提纲。审判提纲是审判长开庭主持庭审活动的程序、步骤、用语、注意问题的提纲。确立案件审理预案，写好庭审提纲，合议庭成员做好庭审分工。

（2）主持庭审进行。一是指挥庭审进行。审判长应在开庭审理中按照法定程序引导和控制庭审程序进行，不得遗漏庭审环节，特别是不得忽略对各诉讼参与人的诉讼权利的保障。二是控制庭审节奏。合理调节庭审进度，适时地总结和归纳争讼焦点，积极引导控辩双方围绕争点进行法庭调查和辩论，使庭审活动紧凑高效。三是及时有效地处理庭审中可能出现的突发事件。四是积极发挥其他审判员的庭审作用，做好协调配合工作。

（3）主持合议庭对案件进行评议并作出裁判。

（4）制作裁判文书，审核、签发诉讼文书和宣判。

合议庭其他成员除不享有庭审组织、指挥权外，与审判长一样平等地参与案件的审理、评议和裁判，共同对案件事实认定和法律适用负责。在合议庭评议案件时，合议庭成员应充分发表自己的意见，不允许沉默或弃权。

3. 律师出庭维护当事人合法权益。

辩护律师出庭的目的是要依据事实和法律，在法律许可的范围内最大限度地维护当事人的合法权益。要达到此目标，在法庭上辩护律师必须尽可能地说服裁判者。辩护律师在法庭上应能展现自己的发问技能技巧、举证质证技能技巧、发表辩护词和辩论意见的技能技巧、提出诉讼异议的技能技巧等等。律师在法庭调查阶段和法庭辩论阶段中要站在己方当事人立场上，做到以理服人、以情感人，切忌诡辩。

在刑事公诉案件中，律师接受被害人及法定代理人或者近亲属的委托，担任被害人的诉讼代理人，有权参加法庭审判活动，参加对案件事实和证据的调查。与辩护人一样，在法庭调查阶段，经审判长许可，可以向被告人、证人、鉴定人等发问，可以申请通知新的证人到庭、调取新的物证、申请重新勘验或者重新鉴定，对法庭出示的其他证据发表意见。在法庭辩论阶段，可以对案件事实、证据和法律适用等问题发表代理意见，并可与被告人及辩护人进行辩论，以维护委托人的合法权益。

4. 被告人是法庭审判的对象。

被告人是刑事诉讼的辩方当事人，享有法律赋予的诉讼权利和承担相应的诉讼义务。被告人在法庭审判中可以通过行使诉讼权利与控方展开对抗。由于扮演被告人没有相应的专项训练，在此，要求扮演者在庭前做好如下准备工作：熟读案卷中的被告人供述或者辩解的内容；与辩护律师进行接触和交流，商讨诉讼对策，以利于在法庭上有效地配合律师的辩护；在法庭开庭审理前熟悉案件中相关的实体法和程序法规定等。被告人的扮演者还应仔细揣摩和体会被告人的心理，以辩方当事人的身份出席模拟法庭。在整个庭审过程中，被告人应遵从法官的程序指导和指挥，积极行使自己相关诉讼权利。如在开庭阶段要注意审判长是否履行了己方享有的回避申请权的告知义务；在法庭调查阶段，对指控的犯罪事实要自我陈述，接受控辩双方的讯问和发问；在举证质证环节有权对各种证据发表意见；有权提出新的证据等；在法庭辩论阶段有权自我辩护，针对指控的内容进行反驳与辩解；在被告人最后陈述阶段，可发表自己对案件事实、证据、法律适用的看法，也可以发表悔罪认识，争取从宽处理；案件宣判后，有当庭表示上诉的权利。

5. 刑事被害人是刑事诉讼中的控方当事人。

刑事被害人作为公诉案件中犯罪行为所侵害的对象具有控方当事人地位，有权参加整个庭审活动。在法庭审判中，有权参加对事实的调查，对证据发表意见，提出新的证据，参加法庭辩论等。同时，被害人如果因犯罪而遭受物质损失时，可以同时作为附带民事诉讼的原告人提起附带民事诉讼。被害人除亲自参加庭审外，也可以委托诉讼代理人参加诉讼，维护其合法权益。之前由于无被害人专项实验项目，在此则由客串扮演被害人的同学进行实验，其实验要求是：应首先熟悉案卷材料，了解掌握属于被害人的案件情况，记住被害人每一次陈述的内容；其次在庭审中正确行使其诉讼权利，如回避申请权，经审判长许可可以向被告人发问的权利、经审判长许可可以对证人、鉴定人发问，参加法庭辩论的权利等；再次，仔细揣摩和体会被害人的心理，进行相关诉讼活动。

6. 证人属于其他诉讼参与人。

证人是案件中向公安司法机关陈述自己所知道的案件情况的人，符合法定条件时具有出庭如实作证的法定义务。证人出庭作证的实验要求是：证人的扮演者应记住证人的身份情况；熟悉证人证言的内容；掌握出庭作证的程序，如在审判长核实其身份并告知作证义务及后果后，应在如实作证的保证书上签名；作证时，接受传唤方、对方及审判人员的询问或发问。

7. 鉴定人属于其他诉讼参与人。

鉴定人在刑事诉讼中是接受公安司法机关的指派与聘请，运用自己的专门知识和技能，对案件的专门性问题进行分析判断并提出科学意见的专家证人。在法庭审判过程中，当符合法律规定时，法庭将通知鉴定人出庭作证，接受询问和发问。鉴定人出庭接受询问和发问的实验要求是：鉴定人的扮演者应在庭审前做好相应准备，如熟记鉴定人的基本情况；熟悉了解鉴定对象、依据、设备、原理、方法及过程等细节；熟记鉴定结论；在法庭审判时接受传唤并回答提问，使自己在法庭上表现出一定的"专业性"。

有专门知识的人是诉讼的辅助人。公诉人、当事人和辩护人、诉讼代理人申请法庭通知其出庭，就鉴定人作出的鉴定意见提出专业性的意见。《刑事诉讼法》规定，对有专门知识的人适用鉴定人的规定，因此同鉴定人的扮演者一样，其实验要求是：有专门知识的人的扮演者在庭审前做好相应准备，如熟记有专门知识的人的基本情况；熟悉鉴定结论；查找相关资料，对鉴定对象、依据、设备、原理、方法及过程等细节注意识记；准备好自己对鉴定结论拟发表的意见；在法庭审判时接受传唤并回答提问，使自己在法庭上表现出一定的"专业性"。

8. 法警。

在法庭中的主要职责是负责警卫法庭，维持法庭秩序和纪律。其具体工作包括提押被告人到庭候审；押解被告人到法庭受审，并在旁警戒；及时制止妨害审判活动的行为；对法庭传唤的证人和鉴定人负责传唤和引带进法庭；对法庭上出示的证据负责传送给诉讼各方审查；随时听从审判长的调遣等。

9. 书记员。

书记员承担以下任务：①办理庭前准备过程中的事务性工作。②做好开庭前准备工作。③担任审理过程中的记录工作。包括庭审笔录、合议庭评议笔录、宣判笔录。④做好结案后的具体工作。⑤完成法官交办的其他工作。

四、实验内容演示

（一）实验素材及其他

苏燕敲诈勒索案模拟法庭审判脚本

案情简介

2018年10月中旬，被告人苏燕伙同刘心经预谋后，在××市××区春天大酒店7楼708号客房内安装针孔摄像机，由刘心充当嫖客，将被害人何晓诱至有针孔摄像机的房间内卖淫，并用针孔摄像机将何晓与刘心卖淫嫖娼过程录像。后被告人苏燕以把录像资料曝光为由对何晓进行要挟，要求何晓付给她人民币50000元，实际敲诈走何晓人民币28500元。2018年12月19日，被告人苏燕被公安机关挡获，追回部分赃款已发还。

本模拟法庭审判共有11人参加，其角色如下：

①审判长：包正

②审判员：况钟

③审判员：宋慈

④书记员：辛正红

⑤公诉人：杜丘

⑥公诉人：钟村

⑦被告人：苏燕

⑧辩护人：鲍西娅

⑨证人：刘心

⑩法警：沙威

⑪法警：王力君

模拟法庭审判法服、法物及道具

①法官袍：3套

②检察官服：2套

③书记员服：1套

④被告人：正装或便装1套①

⑤律师袍：1件

⑥法警服：2套

⑦法槌：1套

⑧仿真手枪：2支

⑨仿真警棍：2根

⑩证人如实作证保证书：1份

⑪证据：白色U盘一个

⑫其他各种准备好的证据材料

（二）刑事第一审普通程序庭审流程及实验内容演示

开庭前准备阶段

书记员（站立）：请旁听人员安静，现在宣布法庭纪律：

（1）不得随意走动及进入审判区；

（2）不得鼓掌、喧哗、哄闹和实施其他妨害审判活动的行为；

（3）不准吸烟、进食；

（4）不得拨打或接听电话，手机一律关闭；

（5）不得发言、提问；

（6）未经许可，不得记录、录音、录像、拍照和摄影，不得使用移动通信工具等传播庭审活动。

（7）对审判活动如有意见，可以在闭庭后以书面形式向本院提出。

（8）审判人员进入法庭以及审判长或独任审判员宣告判决、裁定、决定时，全体人员应当起立。

---

① 根据2016年《人民法院法庭规则》第13条规定："刑事在押被告人或上诉人出庭受审时，着正装或便装，不着监管机构的识别服。人民法院审理庭审活动中不得对被告人或上诉人使用戒具，但认为其人身危险性大，可能危害法庭安全的除外。"

对违反法庭纪律的人员，审判人员或者值庭法警将给予口头警告、训诫，不听劝告的，可以暂时扣留或没收手机、录音、录像等器材，责令退出法庭，或者依法予以罚款、拘留，直至追究刑事责任。法庭纪律宣布完毕。

　　书记员：请公诉人、辩护人入庭。（公诉人和辩护人入庭就座）

　　书记员：请全体起立。（稍停顿后）请审判长、审判员入庭。

（审判员纵队进入法庭）

　　审判长：（审判长坐下后）请坐下。

　　书记员：（转身面向审判长）报告审判长，开庭前的各项准备工作已经就绪，请审判长主持开庭。

　　开庭阶段

　　审判长：带被告人苏燕到庭。

（两名法警押解被告人到庭，解除其戒具并站在被告人身后值庭）

　　审判长：（敲击法槌后宣布）四川省××市××区人民法院刑事审判庭，现在开庭。

　　审判长：被告人你的姓名？

　　被告人：苏燕。

　　审判长：用过别名吗？

　　被告人：没有。

　　审判长：有没有绰号、外号或昵称？

　　被告人：没有。

　　审判长：你的出生年月日？

　　被告人：1981年6月30日出生。

　　审判长：民族？

　　被告人：汉族。

　　审判长：出生地？

　　被告人：四川省××市。

　　审判长：文化程度？

　　被告人：初中毕业。

　　审判长：工作单位和职业？

　　被告人：我现在××市××区××中学当食堂工人。

　　审判长：你的住址？

　　被告人：暂住××市××区××路10号3栋2单元3号，户籍所在地四川省××市××区××镇××街541号。

　　审判长：此前有没有受到过法律处分？

被告人：没有。

审判长：因为涉嫌本案，你在什么时间、被采取什么强制措施？

被告人：2018年12月20日因涉嫌敲诈勒索罪被刑事拘留，2019年1月21日被逮捕。

审判长：你是否收到××市××区人民检察院的起诉书副本？是什么时候收到的？

被告人：2019年4月4日收到。

审判长：你是否收到本院的开庭传票？是什么时候收到的？

被告人：2019年4月11日收到的。

审判长：根据《中华人民共和国刑事诉讼法》第183条、第188条的规定，今天四川省××市××区人民法院刑事审判庭在这里，依法公开开庭审理由四川省××市××区人民检察院提起公诉的、指控被告人苏燕犯有敲诈勒索罪一案。

审判长：本案由审判员包正担任审判长，与审判员况钟、审判员宋慈共同组成合议庭，书记员辛正红担任今天的法庭记录；××市××区人民检察院指派检察员杜丘、钟村出庭支持公诉；四川省新衡平律师事务所律师鲍西娅，接受被告人苏燕的亲属委托，到庭为被告人辩护。

审判长：根据《中华人民共和国刑事诉讼法》第29条、第30条、第32条的规定，被告人享有申请回避的权利。也就是说如果被告人和辩护人认为刚才宣布的合议庭组成人员、书记员、公诉人与本案有利害关系，或者与本案有其他关系，可能影响本案公正审理的，可以举出事实和理由，要求更换其中相关人员。

审判长：被告人苏燕，你享有申请回避的权利，是否听清楚？

被告人：清楚。

审判长：你对审判人员及书记员、检察员是否申请回避？

被告人：不申请。

审判长：根据《中华人民共和国刑事诉讼法》第33条、第34条的规定，被告人除自行辩护外，还可以委托他人辩护。被告人在押的，其近亲属可代为委托辩护人。本院送达起诉书副本的时候，被告人亲属表示委托四川新衡平律师事务所律师鲍西娅为其辩护，被告人你是否同意？

被告人：我同意。

审判长：辩护人是否申请回避？

辩护人：不申请。

审判长：根据《中华人民共和国刑事诉讼法》第197条的规定，被告人有权申请通知新的证人到庭,调取新的物证,申请重新鉴定或者勘验。根据《中华人民共和国刑事诉讼法》第198条规定,被告人享有最后陈述的权利。

审判长:被告人苏燕,上述权利你是否听清楚?

被告人:听清楚了。

法庭调查

审判长:法庭调查的准备工作已就绪,现在开始法庭调查。

审判长:首先由公诉人宣读起诉书。

公诉人(站立):

××市××区人民检察院

起诉书

××检刑诉字[2019]第81号

被告人苏燕,女,1981年6月30日出生,汉族,身份证号码×××××××××××××××××××,初中文化程度,在××市××区××中学当食堂工人,住四川省××市××区××镇××街541号,2018年12月20日因涉嫌敲诈勒索犯罪被刑事拘留,2019年1月21日经本院批准,同日由××市公安局××区分局执行逮捕。

本案由××市公安局××区分局侦查终结,以被告人苏燕犯敲诈勒索罪,于2019年2月23日向本院移送审查起诉。本院受理后,在法定期限内已告知被告人有权委托辩护人,依法讯问了被告人,听取了被告人的辩护人的意见,询问了被害人,审查了全部案卷材料。

经依法审查查明:

2018年10月中旬,被告人苏燕伙同刘某(另处)经预谋后,在××市××区春天大酒店7楼708号客房内安装针孔摄像机,由刘某充当嫖客,将被害人何某诱至有针孔摄像机的房间内卖淫,并用针孔摄像机将何某与刘某卖淫嫖娼过程录像。后被告人苏燕以把录像资料曝光为由对何某进行要挟,要求何某付给她人民币50000元,实际敲诈何某人民币28500元。2018年12月19日,被告人苏燕被公安机关挡获,追回部分赃款已发还。

认定上述事实的证据有:被告人的供述、被害人陈述、证人证言、物证、书证、搜查笔录、辨认笔录、视听资料等。

本院认为,被告人苏燕以非法占有为目的,使用要挟的方法勒索他人财物,数额巨大,其行为已触犯《中华人民共和国刑法》第二百七十四条之规定,犯罪事实清楚,证据确实充分,应以敲诈勒索罪追究其刑事责任。根据《中华人民共和国刑事诉讼法》第一百七十六条之规定,特向你院提起公诉,请依法判处。

此致

××市××区人民法院

公诉人　杜丘　钟村

二〇一九年三月十日

附：1. 卷宗二册；

2. 证据目录、证人名单各一份；

3. 被告人现羁押于××看守所。

公诉人：审判长，起诉书宣读完毕。

审判长：被告人苏燕，公诉人宣读的起诉书你听清楚没有？

被告人：听清楚了。

审判长：公诉人所宣读的起诉书与你收到的那份是否一致？

被告人：一致。

审判长：你对被指控的敲诈勒索事实及罪名有无异议？

被告人：对起诉书指控的敲诈金额有异议，我只拿了11000元。

审判长：鉴于被告人对指控的犯罪事实有异议，本庭采用普通程序审理。在法庭调查过程中，本庭将先调查本案的犯罪事实，再调查量刑事实。在犯罪事实调查过程中，应当围绕本案犯罪事实中影响定性的定罪事实以及与犯罪有关的量刑事实，比如犯罪数额、手段等。在量刑事实的调查过程中，应当围绕被告人所具有的其他罪前、罪后量刑情节展开调查，比如坦白、立功、退赃等情节。

审判长：下面先进行犯罪事实的调查。

审判长：被告人苏燕，你可以坐下（两名值庭法警也坐下）。你是否需要对被指控的犯罪事实进行陈述？

被告人：我只强调一点，我只拿了何某11000元。

审判长：公诉人是否需要讯问被告人？

公诉人：需要。

审判长：可以讯问。

公诉人：被告人苏燕，公诉人现就本案的犯罪事实对你进行讯问，你应当如实回答，听清楚了吗？

被告人：听清楚了。

公诉人：你对起诉书指控的犯罪事实有无异议？

被告人：对事实有异议。我没有说具体要给我多少钱，但我只收到11000元。

公诉人：你以前在公安机关的交待是否属实？

被告人：我在公安机关的交代属实，被害人一共给了我 2 万多，但有一万多元是在录像之前给我，事发后只给了我 11000 元。

公诉人：是什么事情引起你设计摄像敲诈被害人的？

被告人：我和被害人一起到深圳玩，我花了一万多元，被害人分文未花，用的比我还多。另外被害人说帮我还账，可回来后推脱不帮我还。

公诉人：还什么账？

被告人：我欠的赌债。

公诉人：有多少赌债？

被告人：有十多万吧。

公诉人：她说要帮你还多少？

被告人：没说定。

公诉人：你的赌债欠了多久了？

被告人：好几年了。越积越多。

公诉人：你将录像的事告诉被害人后，达成什么协议没有？

被告人：记不清了。

公诉人：没有说到数额问题吗？

被告人：好像没有。

公诉人：被害人给你打钱，你要多少她打多少，没有个总额度吗？

被告人：（沉默）。

公诉人：审判长，对被告人苏燕的讯问暂时到此。

审判长：下面由辩护人向被告人发问。

辩护人：苏燕，你现在是否记得给你打卡的卡号？

被告人：我不记得卡号。

辩护人：你与被害人是什么关系？

被告人：被害人是我认的妹妹，从 2011 年到 2012 年我们住在一起，平时我们的钱都是共同使用。

辩护人：在金钱往来中你们俩会不会记账，会不会严格地有借必还？

被告人：不会。

辩护人：审判长，我的发问完毕。

审判长：公诉人是否需要继续讯问？

公诉人：不需要。

审判员况钟[①]：被告人苏燕，那 11000 元被害人要付给你，是不是因为

[①] 根据庭审分工，由审判员况钟主要负责定罪部分的庭审。

有发生性关系的录像在你手里？

被告人：是的。

审判员况钟：那11000元被害人是如何交给你的？

被告人：7000元是通过转账，4000元是直接打到我卡上的。

审判员况钟：这两次被害人打钱给你，每次是你要求被害人给的，还是被害人主动给的？

被告人：是被害人主动给的。

审判员况钟：为什么被害人主动给你？

被告人：因为开始我们说好了的。

审判员况钟：就是你拿录像威胁被害人之后说好的？

被告人：是的。

审判长：下面由公诉人举证，并说明证据的种类、来源及要证明的事实。

公诉人：公诉人现在出示有关证据：

第一类证据是被告人苏燕的供述（六次），来源于被告人苏燕在侦查阶段向公安机关侦查人员所作的供述。证实2018年10月中旬，苏燕偷拍了何某与刘某卖淫嫖娼的过程，以曝光录像资料要挟何某，何某同意给苏燕5万元人民币，并实际支付给苏燕2万多元。见预审卷P78-112。下面我摘要宣读被告人的第一次讯问笔录，见预审卷P82最后一行和P83：

我说我录她的像就是要她履行她给我的承诺，如果她不履行承诺，我就要将我掌握的录像交给她的父母看，还要将录像交给公安局。何某就害怕了，她主动说她愿意给我5万元，了结这件事，她给了我钱以后要我将录像交给她。我就同意了。何某又说如果她给了我钱，我还可以拷贝录像，继续要挟她。我说我绝不会，并且我承诺她给了我钱，我可以给她打8万元的欠条，我不履行承诺，她可以凭欠条找我还钱。之后何某就同意在今年之内给我钱。当天她给了我1千多元。之后何某分多次通过转账或给现金的方式给了我2万多元。

问：何某将钱转到你的哪张卡上？

答：是一张卡号为622700381103……的建设银行储蓄卡，卡号是用我自己的身份证办的。

问：这张卡和你偷拍的录像在哪里？

答：卡和录像都在我位于××市××区××路10号3栋2单元3号的暂住地里。

问：你敲诈的钱到哪里去了？

答：我都拿来还赌账了。

其他五次关于犯罪事实的供述与宣读的供述一致，相互无抵触，不再宣读。

被告人供述宣读完毕。

审判长：被告人苏燕对被告人供述有无异议？

被告人：办案人员问我拿了被害人多少钱，并不是说敲诈，当时我也不知道我的行为触犯了法律。

审判长：被告人苏燕的辩护人，你对公诉人举证的被告人供述有无异议？

辩护人：公安机关在对被告人进行讯问时，被告人明确回答出了卡号，但当庭被告人却记不得卡号。按一般常理，几乎没有人记得住自己银行卡号。所以对被告人供述真实性持异议。

审判长：公诉人针对被告人、辩护人的意见是否需要答辩？

公诉人：被告人在六次供述中对金额都一致认定，而从案发到现在时间很长，被告人记不清楚卡号很正常。所以辩护人的推断不成立。

审判长：公诉人可以继续举证。

公诉人：第二类证据是被害人何某的陈述（两次），是本案侦查阶段由公安机关侦查人员制作的。证实被敲诈的时间、地点、经过及被敲诈金额大概28500元的情况。见预审卷P53－59。现摘要宣读被害人陈述：

问：苏燕是怎么对你敲诈的？

答：2018年10月中旬，具体时间我记不清楚，苏燕私自在春天酒店客房部的房间内（具体哪间房我记不清楚）偷拍我和一个客人做爱的全部过程。

问：你是怎么知道苏燕偷拍了你和一个客人做爱的全过程？

答：2018年10月中旬的一天，苏燕约我到春天酒店对面的一家茶楼谈事情，苏燕叫我借钱给她，她要还账。因为在此之前苏燕借了我很多钱没有还，而且最近我感觉她在利用我，所以我当时没同意借钱给她。这时苏燕就对我说她已经偷拍下了我和一个客人做爱的全过程，如果不拿钱给她就会在网络上曝光和拿给我家人看。

问：苏燕向你要多少钱？

答：她说她差别人十多万的账，让我将这部分钱帮她还。

问：继续讲。

答：由于我害怕此事被家里人知道，所以我答应和她协商，准备给她钱让她为我保密此事。这时苏燕就给我提出两个条件，第一就是给苏燕四万元钱，为我保密此事，过后再继续借钱给她直到她的账还清为止。第二就是给苏燕 8 万元钱，这件事就此了结。我叫苏燕给我一天时间考虑，过后我选择了苏燕提出来的第二种解决办法。当时我就在茶铺里当面给了苏燕 1500 元钱。

我又和苏燕约到春天酒店对面的茶楼再谈这件事，我就对苏燕说钱太多了我承受不了，我和苏燕商量后同意我在 2019 年 1 月份之前先给她 5 万元钱，过后如果苏燕还差的账在 4 万元以内我就不用帮她还账，如果苏燕的账在 4 万元以上我就明年还要拿 1 万元给她。

此后，我就陆续分很多次拿给苏燕大约 28500 元钱。其中 17500 元钱是现金拿给苏燕本人的，剩下钱中有 7000 元钱是通过苏燕给我的账号为 622700381103……的建设银行转账给苏燕的，我用的是我朋友的建设银行卡转的账。卡号是：622700127151……户主名是：林奕。最后 4000 元钱是我的朋友林娟在彩旗路附近的建设银行直接将 4000 元钱存到苏燕建设银行卡上的，卡号和上次一样的。

问：帮你存钱的朋友的基本情况？

答：她叫林娟，是我的朋友，是我叫她帮我给的这笔钱。因为当时我没有钱给苏燕，所以就借林娟的钱转给苏燕的。

第二份被害人陈述说明了给钱的数额和经过，和第一份被害人陈述一致，不再宣读。

被害人陈述宣读完毕。

审判长：被告人苏燕，对被害人陈述有无异议？

被告人：对被害人陈述其敲诈的金额有异议。案发后我只收到 11000 元，但在录像后我找她谈话时，她给了我 1 千多元，我和她去深圳耍共同花了 1 万多元，但她花了大部分，所以我认为这是被害人应还我的钱。

审判长：辩护人对被害人陈述有无异议？

辩护人：被害人称通过林奕向被告人打款，但现无林奕的证言予以证明。

审判长：公诉人针对被害人和辩护人的意见是否需要答辩？

公诉人：从被害人陈述中可以证明被害人与被告人无债务纠纷，且在案发时被告人向被害人索要的金额为 5 万元。敲诈数额被害人称 28500 元，而被告人庭前供述中称 2 万多元，二者基本一致。值得注意的是，敲诈第一次拿钱被害人清楚记得是 1500 元，而被告人只说了一个约数即 1 千多元。被告人庭上称有一万多元是敲诈前被害人给被告人的，这无事实依据。

审判长：公诉人可以继续举证。

公诉人：第三类证据是提请法庭传证人刘心出庭，就被告人从其店铺租用针孔摄像机并安装后要求其与被害人卖淫嫖娼的事实作证。

审判长：传证人刘心出庭作证。

（一名法警出庭带证人到庭后）

审判长：现在核实证人身份。请证人讲清你的名字？

证人：我的名字叫刘心。

审判长：证人刘心，你的出生年月？

证人：1976年8月26日出生。

审判长：你的住址？

证人：住址是××市××区××路668号1栋1单元2楼3号。

审判长：你的职业？

证人：在××市××区二环路南二段创世纪商城74楼大众化数码经营部销售经理。

审判长：你与当事人以及本案有什么关系吗？

证人：我认识被告人，帮她录过一次别人卖淫嫖娼的录像。

审判长：你应如实提供证言。有意作伪证或隐匿罪证要负法律责任。你听明白了吗？

证人：听明白了。

审判长：请证人阅读《如实作证保证书》，并在《如实作证保证书》上签名，捺指印。

（《如实作证保证书》已放在证人席上，证人刘心在《如实作证保证书》上签字，捺指印）

审判长：证人刘心，现在就你知道的本案情况作证。

证人：2018年10月初的一天，上午11点钟左右，我当时在××市××区二环路南二段创世纪商城74楼大众化数码经营部上班。这时被告人苏燕来了，问我有没有微型摄像机卖，我给她介绍了一种录音录像笔。之前我们并不认识。苏燕嫌录音录像笔价格650元太贵，就和我谈好用100元租给她用一次。当时没拿。两三天后苏燕打电话叫我把摄像机送到××市××区春天大酒店下，我简单地教给苏燕使用方法后就离开了。第二天晚上6—7点钟，苏燕又叫我到那个宾馆去，将我带到大酒店708客房内，帮她安装摄像机，我将摄像机调试好。第二天七点多钟，苏燕又打电话叫我到那个房间去，叫我帮她，充当嫖客，叫她妹妹过来给我提供性服务，然后将交易过程拍下来。之后我将那个卖淫小姐叫过来，和我发生性行为，就将过程摄下来了。苏燕不知道录像怎样取下来，我告诉她用U盘拷下来，第二天我帮她买了个 U 盘,并帮她拷下来交给她。

审判长:公诉人,可以向证人发问了。

公诉人:证人刘心,你帮被告人苏燕安装摄像机时知道她这样干的目的是什么吗?

证人:在安装摄像机的那天,我开始也怕苏燕干违法的事,就问她是不是要拍别人什么东西。她告诉我她要拍的人是她的一个妹妹,那个人欠了她的钱,叫我不管,保证这事跟我没关系。

公诉人:你帮被告人做这事有什么报酬吗?

证人:没什么报酬。苏燕开始说将卖淫女欠她的钱拿到后分我一些,我不同意。苏燕给了我 600 多元钱嫖资,我自己付的嫖资。苏燕另给了我租摄像机的钱连同 U 盘钱 250 元。

公诉人:你为什么要帮被告人偷拍你和别人卖淫嫖娼的录像?

证人:我就是想占点小便宜,可以免费嫖娼。

审判长:被告人苏燕,对证人刘心的证言有什么意见吗?

被告人:没有。

审判长:辩护人可以向证人刘心发问。

辩护人:证人刘心,偷录别人卖淫嫖娼的事情你为什么敢干呢?不怕受牵连吗?

证人:因为苏燕说她妹妹欠她钱,是让她妹妹还钱。

辩护人:提请法庭注意,这说明被告人和被害人之间存在着债务纠纷,起因是债务纠纷。

审判长:公诉人是否答辩?

公诉人:被告人只是在找理由开脱。

审判长:请证人阅读校对笔录,确认无误后签名或盖章。

(证人核对笔录后签名)

审判长:法律规定,证人不得旁听对本案的审理。请证人退出法庭。

(一名法警引导证人出庭后返庭,继续在被告人身后值庭)

审判长:公诉人可以继续举证。

公诉人:第四类证据是书证:

(1)公安机关出具的"抓获经过报告"。证实被告人的归案情况,见预审卷 P6。抓获报告记载(宣读):

2018 年 12 月 16 时 00 分许,我所接到何某(女,18 岁,户籍地址:四川省×县××镇××村 5 组 28 号,身份证号:5130211990……)口头报案:2018 年 10 月中旬的一天,一个叫苏燕的女子用偷拍的何某与一个客人在春天大酒店客房部内卖淫录像敲诈她。经侦查，苏燕有重大作案嫌疑。2018年12月19日22时许，我和黄河在××市××区××路10号3栋2单元3号房间内挡获一女青年。经盘问，该人自称是苏燕，27岁，四川××市人。后民警将该名女子带回我所审查。

春天刑警中队民警　长江
2018年12月19日

抓获报告宣读完毕。

审判长：被告人对上述证据有无异议？

被告人：无异议。

审判长：辩护人对上述证据有无异议？

辩护人：无异议。

审判长：公诉人可以继续举证。

（2）扣押、发还物品清单。是公安机关侦查阶段制作的。证实扣押物品U盘和银行卡，见预审卷P12－15。扣押发还物品清单记载（宣读）……（略）

审判长：被告人对上述证据有无异议？

被告人：无异议。

审判长：辩护人对上述证据有无异议？

辩护人：无异议。

审判长：公诉人可以继续举证。

（3）公安机关在侦查阶段对涉案卡调取的银行清单，即活期存款账户明细账。证实该卡转入7000元和4000元的情况。见预审卷46－51页。银行清单出示完毕。

审判长：将银行清单交被告人和辩护人辨认。

（法警将银行清单依次交被告人和辩护人辨认）

审判长：被告人对上述证据有无异议？

被告人：无异议。

审判长：辩护人对上述证据有无异议？

辩护人：无异议。

审判长：公诉人可以继续举证。

（4）被告人苏燕的户籍材料及辨认说明。公安机关在侦查阶段收集和制作。证实被告人苏燕的身份情况。见预审卷P39－42。户籍材料及辨认说明记载（宣读）……（略）宣读完毕。

审判长：被告人对上述证据有无异议？

被告人：无异议。

审判长：辩护人对上述证据有无异议？

辩护人：无异议。

审判长：公诉人可以继续举证。

公诉人：第五类证据是物证。公安机关在侦查阶段制作的照片（指认作案现场）。证实作案现场××市××区春天大酒店708号房间。见预审卷P8。照片出示完毕。

审判长：将照片交被告人和辩护人辨认。

（法警将照片依次交被告人和辩护人辨认）

审判长：被告人对上述两项证据有无异议？

被告人：无异议。

审判长：辩护人对上述两项证据有无异议？

辩护人：无异议。

审判长：公诉人可以继续举证。

公诉人：第六类证据是搜查笔录和辨认笔录。公安机关在侦查阶段制作。搜查笔录证实从被告人搜查物品内容的情况，见预审卷P7。在讯问笔录二里，记录了被告人被民警带去指认春天大酒店7楼708号房间情况和指认××市××区××路10号3栋2单元3号存放作案工具地点的情况，与搜查笔录相互印证。

搜查笔录记载：

时间2018年12月20日09时30分至2018年12月20日09时45分

××市公安局春天刑警中队公安局侦查员长江、东海根据2018年12月20日××区公安局签发的公×搜字［2019］第19号搜查证，在渤海的见证下，对犯罪嫌疑人苏燕位于××市××区××路10号3栋2单元3号暂住房进行搜查。

搜查的简要情况：侦查人员长江、东海在见证人渤海在场的情况下，对犯罪嫌疑人苏燕位于××市××区××路10号3栋2单元3号暂住房进行搜查。侦查员在对该房间进行搜查时，在该房间内床边柜子上发现一个粉红色女式挎包，从该挎包内搜出一个白色的U盘及一张卡号为622700381103……的建设银行储蓄卡。犯罪嫌疑人苏燕指认其用于敲诈何某的卖淫录像资料就保存在这个U盘上；案发时何某被敲诈后就是将钱转到被搜出的这张银行储蓄卡上。

被搜查人或家属：苏燕
侦查人员：长江、东海

见证人：渤海

记录人：长江

搜查笔录宣读完毕。

审判长：被告人对上述证据有无异议？

被告人：无异议。

审判长：辩护人对上述证据有无异议？

辩护人：无异议。

审判长：公诉人可以继续举证。

公诉人：辨认笔录，公安机关在侦查阶段制作。说明被告人、被害人与证人刘某相互辨认的情况，证明本案关联人员确为本案庭审中的被告人、被害人和证人。见预审卷P26-37。

辨认笔录一的内容是（宣读）：……（略）

辨认笔录二的内容是（宣读）：……（略）

辨认笔录宣读完毕。

审判长：被告人对上述证据有无异议？

被告人：无异议。

审判长：辩护人对上述证据有无异议？

辩护人：无异议。

审判长：公诉人可以继续举证。

公诉人：第七类证据是视听资料。被告人涉案的U盘，U盘存储有被害人何某和刘某卖淫嫖娼的录像，该U盘是侦查人员在被告人的住处搜查到的。

视听资料出示完毕。

审判长：将U盘交被告人和辩护人辨认。

（法警将U盘依次交被告人和辩护人辨认）

审判长：被告人对公诉人出示的证据有无异议？

被告人：没有。

审判长：辩护人对公诉人出示的证据有无异议？

辩护人：没有。

审判长：由于该视听资料内容有伤风化和涉及他人隐私，且辩护方对该证据无异议，因此不再当庭播放。

审判长：公诉人可以继续举证。

公诉人：审判长，关于犯罪事实部分的证据，公诉人已举证完毕。

审判长：被告人，对犯罪事实部分有无相关证据出示？

被告人：没有。

审判长：辩护人，对犯罪事实部分有无相关证据出示？

辩护人：没有。

审判长：本庭现就本案的量刑事实部分进行法庭调查。被告人苏燕，就量刑事实部分，你是否需要进行陈述？

被告人：没有。

审判长：公诉人就量刑事实可以讯问被告人。

公诉人：被告人苏燕，你母亲还（huán）给被害人11000元，是不是你让你父母还的？

被告人：是的。

公诉人：为什么你只还11000元？

被告人：因为我认为其他一万多元是我和何某在深圳玩时的花费，全是我出的钱，她应还（huán）给我的。

公诉人：审判长，公诉人讯问完毕。

审判长：辩护人就量刑事实可以讯问被告人？

辩护人：被告人，你曾经得过比较严重的疾病没有？

被告人：得过。

辩护人：什么病？

被告人：继发性癫痫病。

辩护人：审判长，我的发问完毕。

审判长：公诉人就量刑事实举证。

公诉人：公安机关出具的"扣押、发还物品清单"，前面已出示过。证实被告人苏燕退还赃款11000元，已发还被害人。公安机关在侦查阶段对被告人母亲的询问笔录。证明其母来春天派出所退还敲诈赃款11000元情况。见预审卷P61-62。被告人母亲的询问笔录记载（宣读）：

问：你今天到派出所来干什么？

答：我帮我女儿还她敲诈别人的赃款。

问：你女儿是谁？

答：她叫苏燕。在××市××中学当食堂的工人。

问：还多少钱？

答：11000元。

公诉人：审判长，本案的有关证据现已全部出示完毕，以上证据确实、充分，足以证明起诉书指控的犯罪事实和情节，请合议庭依法采信。

审判长：被告人，你对公诉人出示的量刑证据有无异议？

被告人：无异议。

审判长：辩护人，你对公诉人出示的量刑证据有无异议？

辩护人：无异议。

审判长：被告人，你就量刑部分有无证据向法庭提交？

被告人：没有。

审判长：辩护人，你就量刑部分有无证据向法庭提交？

辩护人：有。

1. ××市××区人口计生委出具的"证明"，证实苏燕年幼患继发性癫痫病。上面写道："因其女苏燕患继发性癫痫病，苏某某和李某某夫妻符合生育二胎的法律规定，准予生育二胎。"

2. 被害人何某的"请求书"，请求对苏燕从宽判处。（念）：

请求书

××市××区人民法院：

我和苏燕平时亲同姐妹，这次她由于赌债所迫，向我敲诈，实在令人痛心。但她能认识到自己的错误，并向我还了部分赃款，我已从心里谅解了她，我请求法院能对她从轻处罚。

何某
二〇一九年三月十三日

审判长：法警将证明和请求书交公诉人质证。

（法警将证据交公诉人）

审判长：公诉人对辩护人提交的证据有无异议？

公诉人：关于被告人患有癫痫病，辩护人提交的证据只能证明被告人曾经患有癫痫病，不能证实其在案发时患有癫痫病，且无权威机构的认定，所以不能作为法定从轻情节。关于被害人的谅解书，因无其他证据证明该证据的真实性与合法性，所以对该证据不发表意见。

审判员宋慈[①]：辩护人，询问被害人前到检察机关办手续没有？

辩护人：因为时间来不及，没有去。

审判长：被告人是否申请通知新的证人到庭、调取新的证据、重新鉴定或者勘验？

被告人：不申请。

审判长：辩护人是否申请通知新的证人到庭、调取新的证据、重新鉴定或者勘验？

---

① 根据庭审分工，由审判员宋慈主要负责量刑部分的庭审。

辩护人：不申请。

法庭辩论

审判长：以上证据是否采信将由合议庭评议后再作决定，法庭调查结束。下面进行法庭辩论。在法庭辩论阶段，控辩双方先进行定罪辩论；在定罪辩论结束后，进行量刑辩论。首先由公诉人围绕本案就定罪问题发表公诉意见。

公诉人：审判长、审判员：

根据《中华人民共和国刑事诉讼法》第189条、第198条、第209条的规定，我们受检察长的指派，代表本院，以国家公诉人的身份，出席法庭支持公诉，并依法履行法律监督职责，现对本案证据和案件情况先就定罪问题发表如下公诉意见：

规范、完整、合法的证据体系，准确、全面、有效地证实了被告人苏燕的敲诈勒索事实。通过刚才的法庭调查，公诉人依法讯问了被告人，当庭宣读了被害人陈述、被告人供述，出示了相关物证、书证、搜查笔录、辨认笔录、视听资料等，并传唤了证人出庭作证。公诉人所出示的证据都由××市公安局××区公安分局春天刑警中队侦查人员依法收集，证据内容客观真实，证据与案件事实、证据与证据之间相互印证，形成了一个完整的证据锁链。

被告人苏燕的犯罪事实，有其在公安机关的供述和被害人何某的陈述所直接证实。有证人刘某的出庭证言间接证实，有视听资料U盘、涉案卡的银行清单、搜查笔录、辨认笔录等多种证据的相互印证，且经过法庭出示并质证，足以证明本院起诉书指控苏燕敲诈勒索的犯罪事实。被告人以非法占有为目的，偷拍被害人何某卖淫过程的录像，用以向何某要挟，索取何某的私人钱财，数额巨大，应以敲诈勒索罪追究其刑事责任。

审判长，公诉意见发表完毕。

审判长：下面由被告人自行辩护。

被告人：我认罪。我敲诈了何某。

审判长：下面由辩护人发表辩护意见。

辩护人：根据法庭调查查明的事实，被告人虽然客观上实施了敲诈勒索行为，但其敲诈勒索的数额并没有达到起诉书所说的数额巨大。××区检察院审查查明："被告人以把录像资料曝光为由对何某进行要挟，敲诈何某人民币28500元。"辩护人认为，检察机关对敲诈勒索数额的确定没有确实充分的证据支持。相应的证据没有形成完整的证据锁链，法庭应在对证人证言、被告人当庭供述及相关书证综合审查后，对被告人实际敲诈勒索数额做出公平公正的认定。

首先，被告人在侦查阶段的六次供述不能作为定案的依据，被告人在今天的供述更具真实性。被告人在庭上的供述也不是翻供。在庭审过程中，辩护人对苏燕六次供述中回答侦查人员的询问时能清晰回答出自己卡号19位数数字的真实性提出了质疑。因为银行卡因其操作的方便性，一般人并不会像记忆自己的身份证号那样熟悉到随口说出的地步，在庭审过程中，被告人也不能回答出自己的卡号。因此，不排除被告人是在侦查人员的提示下或者告知其号码的情况下作出的记录，因此，其他口供也不能排除在侦查人员的提示下由被告人作出的不真实的表达。比如说，拿了被告人多少钱和敲诈了被告人多少钱。根据《中华人民共和国刑事诉讼法》第50条、第54条、第56条、第58条的规定，被告人的六次供述是不能作为定案的依据。当然，被告人在庭审的不同供述也不能成为其属于翻供的依据。

其次，在法庭调查阶段，通过对检察院出示的系列证据看，唯一印证检察院的指控的数额的证据只有被害人的陈述，而被告人除了在侦查阶段12月20日陈述是28500元以外，在其他五次供述中都是说的2万多，而且对这2万多的给付时间在五次供述中都没有提供。在今天的庭审中，被告人明确陈述在给被害人录像以前收到被害人的还款，而且在另案处理的同案刘某的供述中两次提到被告人告诉他为了报复被害人和被害人欠他钱的相关事实，而被告人告诉刘某的时候是在被告人实施敲诈勒索之前，刘某之前与被害人、被告人之间并不认识，也没有利害冲突，因此刘某的证词有一定的可信度。相应的，本案被害人的陈述的真实性值得怀疑，被害人与被告人之间存在的经济纠纷很容易导致被害人做出夸大事实真相的陈述，以期加重被告人罪责。因此，被害人与被告人这一组一对一的证据中，被告人的辩解更具可信性。

第三，认定被告人敲诈勒索数额的现金部分，被害人与被告人唯一吻合的是在实施敲诈勒索的第一次在茶楼被害人给被告人的1500元钱。而其他部分因为没有其他的证据来印证，比如给付的时间、地点、数额等，在被害人的陈述中都找不到只言片语来印证在被告人敲诈勒索后还是敲诈勒索前给付被告人的17500元现金，是在什么地方给的、数额大小、票面金额、张数等。而在今天的庭审中，被告人做出的陈述与被害人的陈述又出现矛盾，因此，对现金给付的部分缺乏相应的证据支撑，不足以认定。

最后，对被害人通过转账方式打到被告人卡上的事实，也没有足够确实充分的证据来证明是被害人被要挟后迫不得已给被告人的。从指控证据看，虽然被告人的建行卡确实有11000元的进账，但从被害人与被告人情同姊妹、钱财混同的事实看，不排除被害人是主动给被告人的。指控证据中并没有该数据是由被害人付给被告人的直接证据，而在公安机关提供的说明来看，7000元转账的银行卡并非被害人个人所有，卡的真正主人另有其人，通过技侦手段是完全可以找到真正主人的，而该证据不能证明被害人与卡主人之间的委托转款关系，同样的问题也在另一笔银行转账中存在。因此客观事实并不能成为指控这11000元是被告人敲诈勒索被害人所得的证据，而需要有足够证据支撑的证明敲诈勒索金额的法律事实并不存在。

辩护人认为，指控被告人敲诈勒索金额的证据不足，只能认定被告人向被害人敲诈时被害人向被告人所付的1500元。

审判长：下面由公诉人答辩。

公诉人：审判长，公诉人坚持前面发表的公诉意见。现针对辩护意见答辩如下：

首先，关于卡号问题，实际上被告人记不记得住自己的卡号并不影响这张卡属于被告人的真实性，更不影响被害人两次通过这张卡向被告人打钱的事实。也许存在辩护人提出的不排除侦查人员的提示这种情况，如果是这样的话，如实将这种情况记录下来当然不影响该供述的证明力，比如侦查人员可到银行把单据打出来，让被告人承认是自己的卡的单据。但这样做书写较麻烦。实际上在笔录中并非每一个字每一句话都是被告人的原话，因为记录过程中有个删减合并的过程，只要没有偏离被告人的本意，不涉及实质性问题，被告人签字加以认可就行了。侦查人员提示这种可能性并不能推出内容的不真实性，显然，作为初中生的被告人，对于敲诈数额这样的关键性问题不会放过而贸然签字。因此苏燕的供述与何某的陈述相互印证，何某现金交付刘某17500元钱的事实能成立。另外，通过公诉人对被告人的讯问，何某在被敲诈前没有帮苏燕还过赌债，而苏燕欠赌债已好几年了，何某为什么会在敲诈前给苏燕17500元？没有理由嘛。被告人认为其他一万多元是她和何某在深圳玩时的花费，所以只退还11000元，恰恰说明了这17500元是在敲诈以后何某给苏燕的，因为敲诈的起因之一就是深圳的花费全是苏燕付的。

其次，被害人的陈述清楚地说明了被告人敲诈的数额是28500元，而被告人有一次清楚地说明了是28500元，其他说2万多元说的是约数，符合人们日常表达的习惯，这两个数字并未冲突，相反是互相印证和补充的。但被告人最初提出的数额为8万元，从二人后来达成的协议看，数额至少是5万元，何某已给了28500元给苏燕没超出当初的协议。

第三，证人刘某听到的何某欠苏燕的钱不可能是苏燕说的实话。苏燕本身欠赌债十多万，怎么可能何某还要欠苏燕的钱。苏燕之所以这么说，是为了让刘某放心，免去了刘某怕被连累的担心，才可能帮自己摄像，从苏燕的供述和刘某的证言中，也看到如果没有苏燕的不会连累刘某的口头保证，刘某也不会这么轻易就帮苏燕摄像的。当然也可能这么理解，因为去深圳花了钱，苏燕认为何某欠她的。但是由于苏燕后来意图敲诈数额达8万之多，因此，不能以债务纠纷为由将这一万多元从敲诈数额中除去。

最后，关于被告人的银行卡主要是印证被害人通过转账给被告人11000元。摄像敲诈行为发生于2018年10月中旬，用林奕的银行卡转账发生于2018年11月26日，其间的因果联系是非常清楚、毋庸置疑的，被害人的陈述、被告人的供述对此也是完全一致的。因而不需要其他的证据来补强，辩护人的质疑没有合理的事实依据和理由。

审判长：辩护人有无新的辩护意见？

辩护人：没有了。

审判长：定罪辩论结束。现在进行量刑辩论，先由公诉人宣读量刑建议书。

公诉人：

四川省××市××区人民检察院量刑建议书

被告人：苏燕

案由：敲诈勒索案

起诉书文号：××检刑诉字［2019］第81号

被告人苏燕敲诈勒索一案，经本院审查认为，被告人苏燕的行为已触犯《中华人民共和国刑法》第二百七十四条之规定，犯罪事实清楚，证据确实充分，应当以敲诈勒索罪追究其刑事责任，且再根据最高人民法院、最高人民检察院《关于办理敲诈勒索刑事案件适用法律若干问题的解释》第一条和第八条的规定，所犯罪行数额巨大，其法定刑为三年以上十年以下有期徒刑，并处罚金。

因其具有以下量刑情节：

酌定从轻处罚情节：（1）被告人主动退赃11000元。（2）被告人有未遂情节。（3）被告人在押期间遵守监规、表现较好，说明其有悔改表现。

故根据《中华人民共和国刑法》第二百七十四条、第六十一条和最高人民法院、最高人民检察院《关于办理敲诈勒索刑事案件适用法律若干问题的解释》第八条之规定，建议判处被告人苏燕有期徒刑三至四年，并处罚金人民币一万元。

此致

四川省××市××区人民法院

公诉人：杜丘　钟村

2019年3月10日

(院印)

公诉人：审判长，量刑建议书宣读完毕。

审判长：被告人对公诉人的量刑意见有无答辩意见？

被告人：其实，如果不是何某在我们去深圳时用了我一万多元，并且她答应帮我还款却又说话不算数，我根本不会去这样做。至于如何量刑，我还是尊重法院，我确实犯罪了，尽管我开始没意识到。我希望法院对我从轻处罚。

审判长：辩护人对公诉人的量刑意见有无答辩意见？

辩护人：有。首先，被告人已经通过各种方式表现出其悔罪。被告人被挡获后，被告人对自己的主要犯罪事实做了如实供述，对犯罪给被害人造成的身心伤害表示了自己的歉意，同时按照公安机关的要求积极赔付被害人，通过在羁押期间对法律知识的学习，被告人也对自己的行为有了深刻的认识。

其次，被告人有癫痫病史，对其认识能力和行为方式等有所影响。

第三，被害人自己对被告人表示了充分的谅解。从本案的发生来看，有一定的偶然性，被告人并不是一个天生的罪犯，她和被害人之间并没有因该案而反目成仇，在辩护人的会见中，被告人多次谈到她没想到她会对她的妹妹做出这种敲诈勒索行为，谈及和被害人之间的关系时也多次流下悔恨的泪水。

最后，被告人是初犯，情节较轻。

综上所述，辩护人对检察机关指控被告人犯敲诈勒索罪没有异议，但同时认为能证实的犯罪金额没达到数额巨大，只有1500元，按法律规定，应处三年以下有期徒刑、拘役和管制。至于处罚刑期，应按规范化量刑方法计算得出，辩护人这里不给出具体结论。考虑到被告人对被害人的积极赔付，虽然对被害人造成一定伤害，但被害人财产未受实际损失，对被害人实施要挟也没有将录像扩散到更大的范围，犯罪情节较轻。考虑到被告人系初犯，犯罪原因也由被告人和被害人之间的经济往来和亲密关系所引发，被告人有悔罪表现，被害人也对被告人表示谅解，加之被告人的间隙癫痫病史，随时可能发生意外和危险。因此，根据《中华人民共和国刑法》第72条、第73条之规定，辩护人请求法庭对被告人适用缓刑，给被告人一个改过自新的机会。

审判长：被告人，是否同意你的辩护人发表的量刑辩护意见？是否有补充意见？

被告人：我同意，没有补充意见。

审判长：下面由公诉人答辩。

公诉人：其一，关于敲诈金额前面公诉人已说得够清楚了，不再重复。其二，被告人当庭并无认罪态度，在法庭上所作陈述与以前供述有矛盾。其三，无证据证明被告人与被害人亲密关系达到这种程度，使其对其谅解。其四，辩护人说被告人有癫痫病，此说法并无权威的医学证明。总之，辩护人所谓的量刑范围和判处缓刑的主张无事实和法律依据。其五，被告人虽是初犯，但敲诈勒索数额巨大，并非情节较轻。

审判长：辩护人有无新的辩护意见发表？

辩护人：（1）被害人陈述的 28500 元与被告人供述的 2 万多有差别，被告人供述的 2 万多是在办案人员的诱供下所承认的。（2）被告人当庭对自己的犯罪事实并没有予以否认。

审判长：公诉人有无答辩意见？

公诉人：审判长，辩护人所提意见，公诉人已在前面的辩论中作出了答辩，鉴于辩护人没有提出新的意见，公诉人不作重复答辩。

审判长：控辩双方有无新的辩论观点？

公诉人：没有了。

被告人：没有了。

辩护人：没有了。

审判长：法庭已经充分听取了公诉人、被告人、辩护人等辩论各方的意见，并已记录在案。辩论各方如果还有意见，可以在休庭后用书面方式提供给法庭，如果打印，欢迎提供电子文档。现在法庭辩论终结。

被告人最后陈述

审判长：根据《中华人民共和国刑事诉讼》第 198 条规定："审判长在宣布辩论终结后，被告人有最后陈述的权利。"被告人苏燕，关于本案，你最后还有什么向法庭陈述的？

被告人苏燕（站立）：我已认识到自己的错误。希望法院对我从轻处理。

评议和宣判

审判长：下面合议庭将休庭进行评议，评议大约需要 20 分钟，在 11 时 10 分继续开庭。请控辩双方将当庭质证的证据提交法庭，请值庭法警带被告人退庭，现在休庭（轻敲法槌一次）。

书记员：请全体起立！请审判人员退庭评议。

（审判长率合议庭人员从法官通道纵队退出法庭）

书记员：现在休庭。

……

（以下进入宣判程序）

书记员：请公诉人、辩护人入庭，各就各位。

书记员：请全体起立。（稍停顿后）请审判长、审判员入庭。

（审判长率合议庭成员从法官通道纵队步入审判台就坐）

审判长：请坐下。法警带被告人苏燕到庭。

（两名法警带被告人入庭，并站在被告人身后值庭）

审判长：（轻敲法槌一次后宣布）现在继续开庭。由××市××区人民检察院提起公诉的被告人苏燕敲诈勒索一案，经过刚才的法庭调查、法庭辩论及被告人最后陈述，合议庭认真听取了控辩双方的意见，审阅了本案的全部证据材料，庭后合议庭认真进行了评议认为：

一、关于案件事实的认定及定性

公诉机关起诉指控，2018年10月中旬，被告人苏燕伙同刘某（另处）经预谋后，用针孔摄像机将何某与刘某卖淫嫖娼的过程录像。后被告人苏燕以把录像资料曝光为由对何某进行要挟，意图敲诈何某人民币50000元，实际敲诈何某所得人民币28500元。

为证明上述事实，公诉机关提交的证据有：

1. 被告人苏燕在侦查阶段的多次供述证实，2018年10月中旬，苏燕偷拍了何某与刘某卖淫嫖娼的过程，以曝光录像资料要挟何某，何某同意给苏燕5万元人民币，"当天她就给了我1千多元，之后何某分多次通过转账或给现金的方式给了我2万多元钱"。

2. 被害人何某的陈述证实，2018年10月中旬的一天，苏燕以曝光何某卖淫的录像资料要挟何某，要何某帮助还赌债。何某承诺给苏燕人民币50000元，实际给付人民币28500元，其中有17500元是现金给苏燕本人的，剩下的11000元是通过银行分为7000元和4000元由林奕和林娟转账和存入苏燕银行卡的。何某被要挟当天给了苏燕1500元人民币。

3. 证人刘某的证言证实，苏燕要求刘某帮助安装针孔摄像机，并将苏燕与刘某卖淫嫖娼的过程进行录像。

4. 被告人苏燕指认作案现场及作案工具的照片，庭审中经被告人苏燕辨认属实。

5. 辨认笔录，证实被告人苏燕、被害人何某、证人刘某相互辨认出对方。

6. 公安机关的"搜查笔录"，证实从被告人苏燕处搜出拷贝卖淫嫖娼录像的U盘及苏燕的银行卡。

7. 被告人苏燕的银行卡"活期存款账户明细账"，证实苏燕的银行卡在2018年11月26日和12月2日由林奕和林娟分别存入7000元和4000元。

8. 扣押、发还物品清单。证实扣押物品内容，预审卷P12-15。

9. 公安机关出具的"抓获报告"，证实被告人苏燕的归案情况。

10. 记录被告人苏燕偷拍的被害人何某与刘某卖淫嫖娼的U盘。

被告人苏燕辩称，只敲诈了何某 11000 元，另外的一万多元是何某之前归还的欠款。辩护人提出的辩护意见是：敲诈数额的认定无确实充分的证据支持，能认定的只有 1500 元。

上述证据经庭审质证，对控方证据 3、4、5、6、7、8、9、10，被告人苏燕及其辩护人无异议，予以采纳。又证据 1 中，苏燕供述"当天她就给了我 1 千多元，之后何某分多次通过转账或给现金的方式给了我 2 万多元钱"。可以看出在敲诈的当天，何某给了苏燕 1 千多元，苏燕后来得到的 2 万多元，都是之后敲诈何某所得，与证据 2 何某陈述被敲诈的经过和金额一致，且何某将苏燕未记清楚的敲诈金额，准确描述为 1500 元和 28500 元，没有提及其中有归还的欠款。被告人只是提到与被害人二人到深圳的费用全是被告支付，何某应承担部分，如果所指欠款是该部分，则何某支付给苏燕的这 17500 元只能发生在敲诈行为之后，因为按苏燕所述，敲诈行为的诱因之一就是何某没有承担去深圳的花费。因此对控方证据 1、2，被告人苏燕辩称何某所给的两万多元中，有些是在敲诈犯罪前何某归还的欠款的辩解理由不予采纳。并且从证据 1 和证据 2 中可知，为还赌债，苏燕意图敲诈金额超过 5 万元。在此情况下，即使苏燕认为在深圳的花费何某应负担一部分，这部分金额也不应当从敲诈所得的数额中扣除。辩护人所谓 17500 元无时间、地点、数额等证据证明的意见不予采纳；辩护人的对证据 1 的真实性的质疑没有事实依据，不予采纳；辩护人对证据 1 中苏燕供述敲诈所得 2 万多属诱供所得的意见也缺乏事实依据，不予采纳；证据 1、证据 2 及证据 7 即银行卡"活期存款账户明细账"均能证实存入银行卡的 11000 元属敲诈所得，辩护人所谓还需转账人林奕的证言等意见不能采纳。由此，证据 1、2 能相互印证，且与其他证据相互印证，形成证据锁链，本院对证据 1、2 予以采纳。

根据上述证据，本庭确认以下犯罪事实：

2018 年 10 月中旬，被告人苏燕伙同刘某（另处）经预谋后，在××市××区春天大酒店 7 楼 708 号客房内安装针孔摄像机，由刘某充当嫖客，将被害人何某诱至有针孔摄像机的房间内卖淫，并用针孔摄像机将何某与刘某卖淫嫖娼过程录像。后被告人苏燕以把录像资料曝光为由对何某进行要挟，意图敲诈人民币 50000 元，实际敲诈何某人民币 28500 元，其中通过银行卡转账存款 11000 元，现金支付 17500 元。

综上，本院认为，被告人苏燕以非法占有为目的，使用要挟的方法勒索他人钱财，数额巨大，其行为已构成敲诈勒索罪。公诉机关起诉指控被告人苏燕敲诈勒索的基本事实清楚，罪名成立，予以支持。被告人苏燕及其辩护人提出敲诈金额为 28500 元的证据不足的辩解、辩护意见，不予采纳。本院认为，被告人苏燕在侦查阶段的多次供述及被害人陈述，均能相互印证，形成证据锁链，证实苏燕意图敲诈人民币 5 万元，实际敲诈所得总金额为 28500 元。

二、关于本案量刑情节的认定和适用

公诉机关出示公安机关出具的"扣押、发还物品清单"，证实被告人苏燕退出赃款 11000 元，已发还被害人。该证据本庭予以采纳。公诉机关当庭提出量刑建议，认为被告人具有以下量刑情节：（1）被告人有未遂情节。（2）被告人赔付被害人 11000 元的酌定从轻量刑情节。（3）被告人在押期间遵守监规、表现较好，说明其有悔改表现。该量刑意见本庭予以采纳。

对于辩护人提供的两份量刑证据，辩方证据 1，仅证明苏燕小时候患继发性癫痫病，其父母可再生育一个子女，不能证明苏燕现在的健康状况。因此辩方证据 1 不具有关联性，没有证明力不予以采信。辩方证据 2，是被害人何某所写的"请求书"，根据《中华人民共和国刑事诉讼法》第四十三条第二款之规定："辩护律师经人民检察院或者人民法院许可，并且经被害人或者其近亲属、被害人提供的证人同意，可以向他们收集与本案有关的材料。"辩护人未经××市××区检察院或本院许可，向被害人取证，违反了法律规定，取证程序不合法，对该证据不予采信。

辩护人提出被告人系初犯的意见予以采纳，但认为其情节较轻的意见不予采纳。对辩护人提出的被告人有悔罪表现予以采纳。

因此本庭确认被告人有如下量刑情节：（1）被告人有未遂情节。（2）被告人赔付被害人 11000 元的酌定从轻量刑情节。（3）被告人有悔改或悔罪表现。（4）被告人系初犯。

为了保护公民的财产权利不受侵犯，维护社会治安秩序，综合考虑以上事实和量刑情节，本院对被告人所犯敲诈勒索罪，判决如下：

书记员：请全体起立。

（合议庭成员和书记员，以及公诉人、诉讼参与人、旁听人员等均起立）

审判长：

一、依照《中华人民共和国刑法》第二百七十四条的规定，被告人苏燕犯敲诈勒索罪，判处有期徒刑三年零六个月，并处罚金一万元。

（刑期从判决执行之日起计算。判决执行以前先行羁押的，羁押一日折抵刑期一日，即自 2018 年 12 月 20 日起至 2022 年 6 月 19 日止）

二、依照《中华人民共和国刑法》第六十四条的规定，被告人苏燕违法所得的一切财物，应当予以追缴或者责令退赔；对被害人的合法财产，应当及时返还。（轻敲法槌一次）

审判长：宣判完毕。请坐下。

审判长：以上是当庭口头宣告的判决，判决书将在五日内送达当事人和公诉机关，同时送达辩护人。

如不服本判决，可在接到判决书的第二日起十日内，通过本院或者直接向四川省××市中级人民法院提出上诉，书面上诉的，应当提交上诉状正本一份，副本二份。

审判长：被告人你是否上诉？

被告人：不上诉。

审判长：各诉讼参与人，应当阅看核对庭审笔录或向其宣读。如认为对自己的陈述记录有遗漏或者差错的，有权申请补正或改正。确认无误后，应在笔录上签名，拒绝签名的，应当记录在案。要求改变庭审陈述的，不予准许。

审判长：四川省××市××区人民法院刑事审判庭，今天对四川省××市××区人民检察员提起公诉的被告人犯敲诈勒索罪一案的开庭审理到此结束，现在闭庭！（轻敲法槌一次）。法警将被告人带出法庭。

书记员：请全体起立！请审判人员退庭。

（审判长率合议庭人员从法官通道纵队退出法庭，两名法警将被告人带出法庭）

书记员：请公诉人、辩护人退庭。

书记员：现在散庭。

附：送达被告人的刑事判决书

××市××区人民法院

刑事判决书

（2019）××刑初字第193号

公诉机关××市××区人民检察院。

被告人苏燕，女，1981年6月30日出生于四川省××市，汉族，身份证号码××××××××××××××××××，初中文化程度，××市××区××中学食堂工人，住四川省××市××镇××街541号，2018年12月20日因涉嫌敲诈勒索犯罪被刑事拘留，2019年1月21日由××市公安局××区分局执行逮捕。现羁押于××市看守所。

辩护人鲍西娅，四川新衡平律师事务所律师。

公诉机关以××检刑诉字（2019）第81号起诉书指控被告人苏燕犯敲诈勒索罪，于2019年3月16日向本院提起公诉。本院依法组成合议庭，公开开庭审理了本案。公诉机关指派检察员杜丘、钟村出庭支持公诉，被告人苏燕及其辩护人鲍西娅到庭参加诉讼。现已审理终结。

公诉机关指控，……（略）

公诉机关认为，……（略）

被告人的辩护人提出如下辩护理由，……（略）

经审理查明：

……（略）

本院认为，……（略）

为了保护公民的财产权利不受侵犯，维护社会治安秩序，综合考虑以上事实和量刑情节，本院对被告人所犯敲诈勒索罪，判决如下：

一、依照《中华人民共和国刑法》第二百七十四条的规定，被告人苏燕犯敲诈勒索罪，判处有期徒刑三年零六个月，并处罚金人民币一万元。

（罚金限判决生效后一个月内缴清。刑期从判决执行之日起计算。判决执行以前先行羁押的，羁押一日折抵刑期一日，即自 2018 年 12 月 20 日起至 2022 年 6 月 19 日止。）

二、依照《中华人民共和国刑法》第六十四条的规定，责令被告人苏燕违法所得一万七千五百元退赔给被害人。扣押在案的被告人苏燕犯罪所用的 U 盘一个予以没收。

如不服本判决，可在接到判决书的第二日起十日内，通过本院或者直接向成都市中级人民法院提出上诉。书面上诉的，应当提交上诉状正本一份，副本二份。

审判长　包正

审判员　况钟

审判员　宋慈

2019 年 4 月 15 日

本件与原件核对无异　　　　　　　　　　　　　　　　（院印）

书记员　辛正红

附：本判决所适用的法律条文
《中华人民共和国刑法》第×条规定：（略）
《中华人民共和国刑法》第×条规定：（略）
《中华人民共和国刑事诉讼法》第×条规定：（略）

五、实验要求、步骤及方法

1. 先由指导教师对学生作刑事庭审综合实验概述。

模拟法庭审判实验是一种专业性的综合技能训练，它能加深学生对刑事实体法、刑事诉讼法、证据法和司法文书等法学知识和法律技能知识的深入理解和运用，加深对刑事诉讼程序过程的熟练把握，综合性地培养学生的法律实践能力。

在模拟法庭审案中，学生充当各种诉讼角色，借助模拟法庭实验室的场所和设施设备，模仿一个或若干个真实法庭的审判情形，再现刑事案件审理过程，使学生全面参与诉讼活动。学生作为模拟法庭的主角，亲自参与担任模拟法庭的全部角色进行实际演练，独立参与完成审判的全过程，能够较为直观地感受和领悟所涉及的诉讼程序问题、证据问题和实体问题等，从而训练学生的应变能力和开展司法工作的技能技巧。

在模拟法庭审案中，指导教师并不在诉讼中担任角色，其主要任务是在审理前的准备阶段给学生们以指导，解答学生在准备过程中提出的问题，或者提供解决问题的思路。在庭审实验完毕后，对学生们在庭审中的表现进行总结评议。在庭审过程中，指导教师一般不打断庭审程序，使庭审活动能连续、有序地推进。

模拟法庭实验具有实践性、公开性、知识性、综合性、表演性、观赏性等诸多特点，能极大地激发学生的参与热情和学习积极性，可以给学生提供独立分析思考研究问题和发挥创造性思维能力的空间，有利于全面提高法科学生的综合素质和能力。

2. 指导教师通过示例（建议选择 1-2 个庭审视频资料）对刑事庭审综合实验项目作实验演示。

3. 指导教师根据实验素材指导学生进行刑事庭审综合实验准备。

一是指导教师选择合适的案例或案件素材。其选择标准是：①案件不要太复杂，被告人人数不要太多，涉嫌犯罪行为不要太多，否则庭审时间如果超过了两小时，就使庭审要分多次课才能完成，显得拖沓。②不要太简单。如果在事实上、法律认定上都毫无争议，就不能发挥学生的积极性和创造性，达不到训练的效果。即案件的选择要具有一定的典型性，要有一定理论深度，要具有可辩性和争议性。③教师提供的案件材料一般只提供检察机关在审查起诉阶段的卷宗和证据材料的内容。

二是指导教师对学生扮演的各种诉讼角色所应具备的庭审技能技巧，如何在刑事庭审综合实验中运用和发挥给予庭前指导和训练。

4. 指导教师指导学生熟悉掌握整个刑事庭审综合实验流程及做好庭前准备工作。

第一步做好庭审前的准备工作。

公诉方角色（包括公诉人、公诉案件被害人、诉讼代理人）：

公诉人:
①根据提供的案卷材料制作好起诉书。
②根据提供的案卷材料制作好庭审预案,包括讯问被告人提纲、举证提纲及出示证据的顺序、质证提纲、公诉意见书、量刑建议书和答辩提纲等。

公诉案件被害人:
①了解和熟悉被害人在庭前和庭审中的地位与诉讼程序。
②做好庭前各项准备工作,熟悉案情并准备对案件事实的陈述内容。

诉讼代理人:
①制作阅卷笔录,在开庭前讨论案情,熟悉案件情况。
②会见被害人,了解被害人对案件的处理意见。
③拟定法庭审理中将发表的代理意见。

审判方角色(包括法官、书记员、法警):

法官和书记员:
①确定审判长及合议庭组成人员。
②将人民检察院的起诉书副本至迟在开庭10日以前送达被告人、辩护人。
③根据案件的情况,可以召开庭前会议。
④将开庭的时间、地点在开庭3日以前通知人民检察院。
⑤将传唤当事人和通知辩护人、诉讼代理人、证人、鉴定人等的传票和通知书,至迟在开庭3日以前送达。
⑥公开审判的案件,在开庭3日以前公布案由、被告人姓名、开庭时间和地点。

法警:
了解和熟悉法警在庭审中的主要任务和职责,并注意法警在庭审中应表现出的仪容仪表。

辩护方角色(包括被告人、辩护人):

被告人角色的准备工作:
①了解和熟悉被告人在庭前和庭审中的地位与诉讼程序。
②做好庭前各项准备工作,熟悉案情并准备供述和辩解的内容。

辩护人角色的准备工作:
①做好庭前阅卷工作,制作阅卷笔录,研究讨论案情。
②庭前会见被告人,了解被告人的态度和意见。
③制作法庭审理中的举证提纲和质证提纲,同时设计辩护方向和方法,准备辩护词。

证人、鉴定人、有专门知识的人角色：

证人可分为公诉方证人或辩护方证人；鉴定人不由辩方直接委托，只能由公安司法机关委托；有专门知识的人可分别由公诉方聘请或辩护方聘请。

①了解和熟悉证人、鉴定人、有专门知识的人在庭前和庭审中的地位与诉讼程序。

②做好庭前各项准备工作，准备证人证言笔录和鉴定结论以及对鉴定结论的意见。鉴定人和有专门知识的人应当了解和掌握鉴定所需要的基本知识、诉讼程序、设备名称和鉴定结论等内容。

第二步 熟悉掌握庭审程序流程。

(1) 开庭前的准备。

①查明公诉人、当事人等到庭情况。

②公诉人、辩护人入庭。

③宣布法庭纪律。

④审判人员入庭。

(2) 开庭。

①宣布开庭、核对被告人的身份信息。

②宣布案由案号。

③宣布到庭人员的姓名及其身份。

④告知被告人等相关的诉讼权利。

⑤征询回避。

(3) 法庭调查。

①宣读起诉书。

②被告人、被害人陈述案情。

③讯问、询问和发问。

④定罪事实的调查。

⑤量刑事实的调查。

⑥申请通知新的证人到庭。

⑦宣布认证结论。

⑧对附带民事诉讼部分进行法庭调查。

(4) 法庭辩论、量刑建议。

①公诉人发表公诉词。

②辩护方发表辩护词。

③控辩双方定罪辩论。

④控辩双方量刑辩论。

⑤刑事部分法庭辩论小结。

⑥附带民事部分法庭辩论小结。

（5）被告人最后陈述。

（6）休庭评议。

①告知定期宣判。

②告知当庭宣判。

③休退庭程序。

④评议。

（7）宣判程序。

①入庭程序。

②继续开庭。

③起立宣判。

④闭退庭程序。

（8）送达。

5. 指导教师对刑事庭审综合实验作组织安排。

（1）全班大约30人左右，根据控、辩、审三大诉讼角色分为3个大组，即公诉大组、辩护律师大组、法官大组。各大组内再分成若干小组，先进行各单（分）项实验，然后各三方小组组合成若干次控、辩、审三方参与进行的刑事庭审综合实验。其中，被告人（由辩护组同学客串）、被害人（由公诉组同学客串）、鉴定人（由公诉组同学客串）、证人（由公诉组同学客串或辩护组同学客串）、翻译人员（由法官组同学客串），或由其他同学客串扮演，每一位同学都有扮演庭审中诉讼角色的机会。

（2）每一组次庭审综合实验时，其他同学必须全程观摩，互相学习交流。

（3）庭审综合实验在学院的模拟法庭进行。

6. 刑事庭审综合实验点评及成绩评定。

可先由参加庭审的同学及旁听同学对模拟法庭综合实验进行自评和他评，如可从对该案件的事实认定、证据的运用、实体法律的适用、程序法律的适用及程序过程和法律文书写作等方面发表点评意见，对存在的问题进行探讨。指导教师在此基础上进行综合点评，肯定成绩，指出问题和不足，并分析其产生原因，提出改进建议。最后，由指导教师评定出综合实验成绩，记入综合实验教学记录表中。

六、实验素材（略，指导教师自备）

附　录

1. 四川师范大学法学院模拟法庭刑事庭审实验课程单（分）项实验教学记录表
2. 四川师范大学法学院模拟法庭刑事庭审实验课程综合实验教学记录表
3. 四川师范大学模拟法庭刑事庭审实验课程总成绩记录表

四川师范大学法学院模拟法庭刑事庭审实验课程单（分）项实验教学记录表

姓名		学号			
班级		实验时间		实验地点	
实验项目					
实验目的					
实验要求					
实验内容					
实验成绩		教师签名			

四川师范大学法学院模拟法庭刑事庭审实验课程综合实验教学记录表

姓名		学号			
班级		实验时间		实验地点	
实验项目					
实验目的					
实验要求					
实验内容					
实验成绩		教师签名			

四川师范大学模拟法庭刑事庭审实验课程总成绩记录表

姓名		学号			
班级		实验时间		实验地点	
实验项目					
实验目的					
单(分)项实验成绩					
综合实验成绩					
实验课总成绩		教师签名			

参考文献

陈亮，2017. 攻防之道：刑事诉讼控辩攻略与技巧［M］. 北京：法律出版社.

陈卫东，刘计划，2016. 法律文书写作（第四版）［M］. 北京：中国人民大学出版社.

陈学权，2009. 模拟法庭实验教程［M］. 北京：高等教育出版社.

顾永忠，2005. 中国律师办案全程实录——刑事诉讼［M］. 北京：法律出版社.

顾永忠，2007. 中美刑事辩护技能与技巧研讨［M］. 北京：中国检察出版社.

顾永忠，苏凌，2008. 中国式对抗制庭审方式的理论与探索［M］. 北京：中国检察出版社.

黄海波，2012. 出庭公诉实战技能［M］. 北京：中国检察出版社.

何家弘，2000. 新编证据法学［M］. 北京：法律出版社.

霍宪丹，2005. 当代法律人才培养模式研究（上卷）［M］. 北京：中国政法大学出版社.

姜伟，钱舫，徐鹤喃，卢宇蓉，2008. 公诉制度教程［M］. 北京：中国检察出版社.

廖美珍，2009. 法庭语言技巧［M］. 北京：法律出版社.

娄秋琴，2016. 常见刑事案件辩护要点（第二版）［M］. 北京：北京大学出版社.

刘仁文，2017. 论我国刑事法庭被告人席位的改革［J］. 政法论坛（4）.

龙宗智，2001. 刑事庭审制度研究［M］. 北京：中国政法大学出版社.

马军，2010. 法官的思维与技能［M］. 北京：法律出版社.

宁致远，2007. 法律文书学（第五版）［M］. 北京：中国政法大学出版社.

孙懿华，2006. 法律语言学［M］. 长沙：湖南人民出版社.

宋英辉，甄贞，等，2016. 刑事诉讼法学（第五版）［M］. 北京：中国人民大学出版社.

王国忠，2007. 刑事诉讼交叉询问之研究［M］. 北京：中国人民公安大学出版社.

王俊民，2012. 辩护人庭审发问原理及方法［M］. 上海：上海人民出版社.

王少波，2010. 人民法院司法礼仪手册［M］. 北京：中国法制出版社.

王勇，2015. 公诉人出庭的方法与技巧［M］. 北京：法律出版社.

熊红文，2007. 公诉实战技巧［M］. 北京：中国检察出版社.

徐宗新,2014. 刑事辩护实务操作技能与执业风险防范(最新修订版)[M]. 北京:法律出版社.

杨华,2009. 有机化学实验[M]. 北京:科学出版社.

杨凯,2010. 书记员与法官助理职业技能培训教程[M]. 北京:人民法院出版社.

尹丽华,严本道,2008. 刑事诉讼法学实验教程[M]. 北京:北京大学出版社.

赵日新,2005. 庭审驾驭能力培训读本(刑事卷)[M]. 北京:人民法院出版社.

张帅,2010. 论刑事诉讼中的不公开审判及其规制——以个人隐私为视角[J]. 法律适用(Z1).

张伟军,2008. 公诉人法庭辩论实务与技巧[M]. 北京:中国检察出版社.

张伟军,韦兴顺,闫沛垠,2014. 公诉人出庭辩论攻防谋略[M]. 北京:中国检察出版社.

后 记

几度草荣草枯，花开花谢。本书终于在 2019 年的 1 月定稿，是猪年伊始的一件喜事。数年前，在进行"刑事诉讼法学"课程教学时，对传统一言堂填鸭式教学方式存在的缺陷感到不满，于是独自尝试进行实践性教学改革，即在教学过程中增加实践性教学环节，让所教班级学生分成四个小组，各自课下准备案例材料进行模拟法庭审案准备，然后安排四次课（一次课有两节课时）的时间进行课堂模拟法庭审案演练，演练完毕后由教师进行点评。这样的教改尝试改变了原来课堂教学的沉闷气氛，使课堂教学气氛活跃起来了，学生的学习积极性、主动性被调动，感到欣喜。随后不久，学校部署开展实践性教学改革，我院安排骨干教师创新创设实践性教学课程。我们诉讼法教研室和刑法教研室的教师组成了两个模拟法庭实验教学团队，创新开设了模拟法庭实验教学课程，此时模拟法庭实验课程正式创设为独立的学期课程，在大三的下期开课，课时共有四十八节课，每周四节课，共十二周。

课程开起来了，却苦于没有合适的教材，两个教学团队只得各自设计教学方案进行模拟法庭实验教学探索，在这种情况下，我萌生了要编著一本用于模拟法庭实验教学的教材的想法，遂申请了我校的校级模拟法庭实验教学改革研究项目并获立项。最初，我写出了一个教材的编著大纲，但写作进行了一半后始终感觉不合心意，因认为其与已有的同类教材一样仍然没有解决相关知识和案件素材如何转化为法律技能的问题，就是说，按原大纲编写出来的教材仍然是相关知识、案件素材、法律技能"三张皮"，没有有机地结合起来，还没有寻找到将相关知识和案件素材转化为法律技能的路径和载体，教师拿着这样的教材还要再进行"深加工"来解决教学的可操作性问题，这样的话，教学的规范性仍较差而随意性仍较强，教学的有效性不足，不能保证教学质量。

在寻找解决方案时忽然想起了我的挚友我校化学学院的汪必琴教授，打算到她那里去拜访一下，看是否可以寻到他山之石来攻玉。来到她的办公室说明来意，汪教授推荐了刚好摆放在她办公桌上的一本高等学校教材，即杨

后 记

华主编的《有机化学实验》（科学出版社 2009 年版），当翻看该教材目录时，"实验一、实验二"的字眼顿时吸引了我，我迫不及待地翻看书中相关内容，感觉问题的解决方案可能找到了，又详细请教了汪教授关于有机化学实验的基本原理和方法步骤，她给了我耐心细致的讲解，并就我的想法提出了宝贵意见和建议，让我受益匪浅，颇受启发。有了新创意后，我将这种自然科学学科的实验教学法的基本原理和方法，尝试运用到法学学科中的模拟法庭实验教学中来，并与教学团队的部分老师沟通交流获得认同，又吸纳了老师们的一些好建议后，我重新构思设计，编写了模拟法庭实验教程的体例、写作大纲和样章，重新布置了写作任务。该教程的编著体例中的亮点是：首先将控、辩、审三方在刑事庭审中的各项法律技能分别设计为 N 个实验项目，并对每一个实验项目的实验目的和原理进行介绍阐述，其次由指导教师就每一个实验项目向学生先作实验示例演示，学生有了直观印象和认知后，再在指导教师指导下由学生自主进行各实验项目的实验，实验完毕后由教师点评记分。这样的教学模式解决了相关知识、案件素材转化为法律技能的路径和载体的问题，使得学生的法律技能技巧的训练落到了实处，保证了教学的实际效果。

教学团队的老师们对模拟法庭实验教学教改活动热忱参与、鼎力相助，边摸索教学边辛苦写作。其间还遇到许多困难和问题，如合适成熟的示例资料稀缺难找，特别是辩护方的庭审法律技能技巧的固化经验成果较少，一定程度上影响了写作的进程。还好，最终我们克服了困难完成了书稿写作任务。

七年的教学实践证明，采用这样的教学模式开展模拟法庭实验教学成效显著，不仅得到了广大学生的赞同，还获得了我校的校级教改成果三等奖。感到欣慰的同时，我们感慨创新的不易和坚持不懈努力的必要！

本书的出版为学院本科教学的建设发展尽了一份微薄之力，在此，先以我个人的名义衷心地感谢参与这项工作的老师们！感谢学院和陈山院长！感谢汪必琴教授（现为四川师范大学发展规划与学科建设处处长）和杨华教授！感谢成都市高新区法院徐永红庭长、蒲军法官！感谢默默支持我们、理解我们的同事们！快要过春节了，在此顺祝大家春节快乐！阖家幸福！

李文汇
2019 年 1 月 20 日于狮子山家中